Ivan Illich
Kirche ohne Macht

EPIPHANIA

Herausgegeben von
Barbara Hallensleben, Guido Vergauwen, Nikolaus Wyrwoll
in Zusammenarbeit mit
dem Zentrum für das Studium der Ostkirchen
der Universität Freiburg Schweiz

Band 16

Ivan Illich

Kirche ohne Macht

Beiträge zur Feier des Wandels

Zusammengestellt von
Valentina Borremans und Sajay Samuel

Übersetzt und herausgegeben von
Barbara Hallensleben

Vorwort von
Giorgio Agamben

Münster
2023

Titel der englischen Originalausgabe

Ivan Illich
The Powerless Church and Other Selected Writings, 1955-1985
Foreword by Giorgio Agamben
Assembled by Valentina Borremanns and Sajay Samuel
The Pennsylvania State University Press 2018

Veröffentlicht mit Unterstützung des
Hochschulrates der Universität Freiburg Schweiz

Satz: Institut für Ökumenische Studien der Universität Freiburg Schweiz

Für die deutsche Ausgabe:

www.aschendorff-buchverlag.de

ISBN 978-3-402-12058-3

Inhalt

Geleitwort der Herausgeberin

Vom 2. bis 4. September 2022 fand an der Universität Fribourg Schweiz eine Tagung über Ivan Illich statt. Anlass war sein 20. Todestag; er starb am 2. Dezember 2002 in Bremen. Die Tagung endete auf symbolische Weise am 4. September, seinem Geburtstag im Jahr 1926. Es ging nicht um die pietätvolle Archivierung, sondern um die Lebendigkeit seines Werkes, das ökumenisch und interdisziplinär neu ins Gespräch gebracht wurde. Auch die hier vorgelegte Übersetzung bringt die Stimme von Ivan Illich heute zu Gehör – in der Hoffnung auf eine Rezeption, die vielen bedeutenden Denkern erst nach ihrem Tode vergönnt ist.

Ivan Illich, der Gesellschaftskritiker, hat einen gewissen Grad an Bekanntheit bewahrt, wie die Neuauflagen seiner Werke bezeugen, auch wenn seine radikalen Anfragen eher ratlose Verwunderung als Umdenken auslösen: Schulen machen dumm.[1] Krankenhäuser machen krank.[2] Die Gender-Bewegung trägt zur Unterdrückung der Frauen bei.[3] Die Fürsorge schafft die Armen.[4] Fortschritt hemmt die Entfaltung des Lebens[5] usw. Wir haben uns an die Phänomene gewöhnt, die Ivan Illich benennt, und so belächeln wir eher den Propheten, als seinem Aufruf zum Handeln zu folgen.

Dieses Buch möchte vor allem die prophetische Stimme von Ivan Illich für die Kirche freisetzen. Unter diesem Gesichtspunkt sind die Beiträge der englischen Textvorlage ausgewählt worden. Seine Gedanken stammen nicht vorrangig aus dem Studium der Theologie, das Illich in Rom absolviert hat. Dazu würde er wohl sagen: Was geht mich die Theologie an? Sie gehört zu dem institutionalisierten Christentum,

---

1 Ivan Illich, Entschulung der Gesellschaft, München 1995, [7]2017.

2 Ivan Illich, Die Nemesis der Medizin. Die Kritik der Medikalisierung des Lebens, München 1995, [5]2007.

3 Ivan Illich, Genus. Zu einer historischen Kritik der Gleichheit, (Hamburg 1983) München [2]1995.

4 Ivan Illich, Selbstbegrenzung. Eine politische Kritik der Technik, München 1998, [3]2014.

5 Ivan Illich, Almosen und Folter. Verfehlter Fortschritt in Lateinamerika, München 1970.

das die Perversion des Evangeliums darstellt. Er selbst ist eher Historiker mit einem Schwerpunkt auf der Geschichte des Mittelalters, und gerade diese Qualifikation gibt ihm oft die nötige Tiefenschärfe und Gelassenheit im Blick auf eine Kirche im Wandel.

Die Quelle der prophetischen Kraft von Ivan Illich liegt in seinem Glauben, in dem er das Evangelium ernst nimmt und auf alle Lebensbereiche bis hin zur politischen Ordnung bezieht. Die Mitte seiner Entdeckung benennt er immer wieder klar und einfach: „Ich glaube, dass die Inkarnation ein überraschendes und gänzlich neues Erblühen von Liebe und Erkenntnis möglich macht. Christen können nun den biblischen Gott im Fleisch lieben“.[6] Das Gleichnis vom barmherzigen Samariter erschließt die Erfahrung der Zuwendung, aus der Gemeinschaft hervorgeht, „Konvivialität“, wie Ivan Illich gern sagt.

Auf diese Weise hat Ivan Illich Zeit seines Lebens Menschen verschiedener Herkunft und Ausrichtung zusammengeführt und in einen Austausch gebracht. Durch seine Lebensumstände lernte er Gegensätze auszuhalten, die schon für die Vorstellungskraft schwer erträglich sind: großbürgerliche Kindheit in Wien und Flüchtlingsexistenz wegen seiner jüdischstämmigen Mutter nach dem Anschluss Österreichs, römische Theologie und Seelsorge unter Puerto-Ricanern in Manhattan, Priester der katholischen Kirche und voll Liebe zu ihr als Mutter, aber scharfer Kritiker ihrer institutionellen Beharrung, akademische Karriere und herzlich-schlichte Nähe zu den Menschen, brillanter Redner und Prediger und mit Schweigen belegt durch den Vatikan, geliebt und schroff attackiert, begeistert rezipiert und totgeschwiegen. Hier ist nicht der Ort für eine ausführliche biographische Einführung, die an anderer Stelle zu finden ist.[7]

6 Ivan Illich, In den Flüssen nördlich der Zukunft. Letzte Gespräche über Religion und Gesellschaft mit David Cayley, München 2006, S. 71; es ist das erste Wort des Buches von Ivan Illich selbst. Der Band stellt die wohl beste Einführung in Person und Denken von Ivan Illich dar, indem ihm selbst das Wort gegeben wird.

7 Vgl. David Cayley, Ivan Illich. An Intellectual Journey, The Pennsylvania State University Press 2021; Thierry Paquot, Ivan Illich. Denker und Rebell, München 2017 (eine umfassendere „intellektuelle Biografie“ über Ivan Illich von Thierry Paquot auf Französisch steht kurz vor dem Abschluss); Wolfgang Palaver, Ivan Illich (1926-2002): Kritiker der Moderne und apokalyptischer Christ, in: M. Benedikt u.a. (Hg.): Verdrängter Humanismus – verzögerte Aufklärung, Band VI,

Zu einem Spiegel seiner vielschichtigen Persönlichkeit wurde die Fribourger Tagung. Die Referenten und Referentinnen kamen aus den Bereichen Philosophie, Theologie, Geschichte und Soziologie, Physik, Ökonomie, Politologie, Architektur, Urbanistik, darunter ehemalige Freunde und Weggefährten, aber auch Vertreter und Vertreterinnen einer jungen Generation, die das „Phänomen Ivan Illich" für sich neu entdeckten. Es war erstaunlich zu erleben, wie einander weitgehend unbekannte Personen sich über Sprach- und Kulturgrenzen hinweg rasch verständigten. Freunde von Ivan Illich werden leicht Freunde untereinander – und tragen seine Impulse in die Welt von heute hinein.

Spricht er auch zu der Kirche von heute? Ein Priester des Fleisch gewordenen Gottes ist Ivan Illich geblieben, auch wenn er angesichts vatikanischer Rügen auf die Ausübung seiner priesterlichen Rechte verzichtete. Das Titelbild des Buches zeigt ihn als jungen, traditionell wirkenden Priester, „vorkonziliar" sozialisiert.[8] Bald galt er für diese Kirche als Kritiker und Rebell. Die Weise, wie er selbst sich in dieser Spannung situiert, zeigt eine seltene und gerade deshalb einladende Verbindung: tief verwurzelt in der Kirche und ihrer Tradition, treu bis zur Selbstverleugnung gegenüber ihrer biblischen, asketischen und liturgischen Tradition einschließlich der Bejahung des ordinierten Dienstamtes und des Zölibats als nicht verzweckter Berufung – zugleich in einer hellsichtigen Liebe, die Perversionen am Leib Christi unerbittlich benennt und ihn bereit macht, zeitbedingte irdische Gestalten der Kirche ohne Angst preiszugeben, vor allem wenn sie durch Machtinteressen kontaminiert sind.

Selten ist auch seine „Theologie der säkularen Welt": Gerade weil diese Welt die Wohnung Gottes geworden ist, verdient sie bis zur Müllhalde in den Slums unsere unbedingte Liebe, deren einziger Ort und deren einzige Zeit das Hier und Jetzt ist. Die Kirche braucht der Welt den Umgang mit ihrer Unrettbarkeit nicht abzunehmen. Die „säkulare Religion" der immer effizienteren Planung und Organisation befreit die Kirche zu ihrem ureigenen Zeugnis für die Freiheit und Freude der Kinder Gottes. Hier geht Ivan Illich bis zu der grenzwertigen Entscheidung, die kirchliche Verteilung von Nahrungsmitteln während einer

---

Wien 2010, 1160-1170; Martina Kaller-Dietrich, Ivan Illich (1926-2002). Sein Leben, sein Denken, Wien 2008.

8 *Ein herzlicher Dank gilt Fabio Milana, der das Foto zur Verfügung gestellt hat.

Hungersnot zu unterbinden. Sehr wohl und umso mehr ist die Kirche dieser Welt das Zeugnis des Evangeliums schuldig, das inmitten der Menschheit das befreite Lachen der Erlösten erklingen lässt. Nicht die machtvolle Institution, die ihren Einfluss verteidigt, sondern die Diakonie wird in seiner Sicht die kirchliche Gemeinschaft der Zukunft stiften.

So können „Reform“ und „Erneuerung“ von Kirche und Welt keine andere Gestalt haben als die des Feierns: die eucharistische Feier der Hingabe Jesu am Kreuz und der Auferstehung, die alltägliche Feier der Gegenwart Gottes in der Armseligkeit unseres Fleisches. Der „Wandel“, der die Kirche ebenso erfasst wie jedes andere soziale Gemeinwesen, verliert seine Bedrohlichkeit. Wenn wir darauf verzichten, ihn erfolglos durch Planung beherrschen zu wollen, können wir ihn zweckfrei und dankbar feiern. So benennt der Untertitel dieses Bandes Ivan Illichs Texte als „Beiträge zur Feier des Wandels“.

Es ist fraglich, ob ohne seine so skizzierte Radikalität des Glaubens ein einziger Gedanke bei Illich an seinem rechten Ort erfasst werden kann. Fraglicher ist es auch, ob bei ihm ein einziger Gedanke ohne das entsprechende Handeln überhaupt verstanden ist. Insofern kann die hier vorgelegte Textauswahl geradezu als Schlüssel zum Gesamtwerk von Ivan Illich dienen.

Seine eigenen kirchlichen Erfahrungen sind eng mit seiner Aufgabe als Gründer und Leiter des „Centro Intercultural de documentacion“ in Cuernavaca (Mexiko) verbunden. Hier gehört er auf seine Weise zu den Anfängen einer „Befreiungstheologie“, die sich zur Anwältin der lateinamerikanischen Kirche machte und dadurch sowohl mit der Sicht des Vatikans auf Lateinamerika als auch mit US-amerikanischen politischen Interessen in Konflikt geriet. Mexiko wird für ihn zum Erfahrungs- und Experimentierfeld für die Zukunft nicht nur der Kirche, sondern der Menschheit: „Bei der Befreiung der Welt von den Götzen des Fortschritts, der Entwicklung, der Effizienz, des Bruttosozialprodukts und der Bruttosozialbildung hat die Dritte Welt eine entscheidende Verantwortung. Ihre Massen sind noch nicht völlig süchtig und abhängig vom Konsum, insbesondere durch Konsum von Dienstleistungen. Die meisten Menschen heilen, versorgen und unterrichten sich noch gegenseitig, und sie könnten es besser, wenn sie etwas bessere Arbeitsmittel hätten. Die Dritte Welt könnte dem Rest bei der Suche nach einer Umwelt, die modern und zugleich menschlich ist, vorangehen“ (S. 176).

Als Übersetzerin und Herausgeberin dieses Buches bin ich keine Expertin bezüglich Ivan Illich. Eigentlich hätte ich ihn zu seinen Lebzeiten kennenlernen können, aber es war mir nicht vergönnt. Inzwischen bin ich von dem Phänomen Ivan Illich erfasst. Giorgio Agamben und Wolfgang Palaver verdanke ich die nachdrücklichen Hinweise. Mit Studierenden habe ich Illich in einem Seminar gemeinsam entdeckt, und es war eine der lebendigsten und kreativsten Lehrveranstaltungen, die ich je gehalten habe, mit sehr persönlichen Stellungnahmen der Teilnehmenden. Diese Entdeckungsfreude wünsche ich auch den Lesern und Leserinnen der hier gesammelten Beiträge. Sie dokumentieren auf ihre Weise zugleich ein Stück Zeitgeschichte der weltweiten katholischen Kirche im Gefolge des II. Vatikanischen Konzils.

Einige kurze Hinweise zur Textvorlage und zum Umgang damit dürfen nicht fehlen: Zunächst gilt mein herzlicher Dank Valentina Borremans, die gemeinsam mit Sajay Samuel den englischen Originalband herausgegeben hat und als Verwalterin des literarischen Nachlasses von Ivan Illich großzügig ihre Zustimmung zu der deutschen Übersetzung gab. Aufgrund ihrer Bitte wurde der letzte Text „Verlust von Welt und Fleisch" hinzugefügt, der im Original deutschsprachig ist und in der englischen Ausgabe fehlt. Für den Beitrag „Ästhetische und religiöse Erfahrung" wurden die spanischen und die deutschen, allerdings von Illich selbst nicht autorisierten Aufzeichnungen mit herangezogen. Giorgio Agamben stellte für die Übersetzung das italienische Original seines Vorworts zur Verfügung. Dem Aschendorff Verlag und insbesondere Herrn Dr. Bernward Kröger sei herzlich für die kompetente Begleitung der Publikation gedankt.

Ein besonderer Dank gilt Fabio Milana, dem Übersetzer, Herausgeber und Kommentator der gesammelten Werke von Ivan Illich in italienischer Sprache.[9] Seine fast monographische Einleitung und die zahlreichen Anmerkungen, vor allem die Rekonstruktion der oft komplexen Redaktionsgeschichte und der vorliegenden Editionen sind von unschätzbarer Hilfe. Nicht selten gab der Vergleich mit dem italienischen Text eine Anregung für die Übersetzung. Der fast 900 Seiten umfassende Band 1 mit den Schriften von 1951-1971 zeigt nicht zuletzt, wie ausschnitthaft die hier dokumentierten Beiträge sind.

9 Bislang ist Band 1 erschienen: Ivan Illich, Celebrare la consapevolezza. Opere complete, Band I, hg. von Fabio Milana, Vicenza 2020.

Im vorliegenden Band beschränken sich Anmerkungen der Herausgeberin, eingeleitet mit *, auf kontextbedingte Bezüge, deren Kenntnis nicht vorausgesetzt werden kann. Obwohl kein Zweifel an der „Gendersensibilität“ von Ivan Illich besteht, wurde bei der Übersetzung – bis auf leichte Anpassungen – auf die heute üblichen Formen inklusiver Sprache verzichtet; sie gehörten nicht zu seiner Sprachwelt.

Wie nahe der chronologisch fern Gerückte uns sein kann, erfährt, wer ihn liest und dabei in ein Gespräch mit ihm eintritt. Die Aufmerksamkeit für diese Nähe hat Giorgio Agamben in seinem einleitenden Beitrag zur Fribourger Tagung geschärft. Die deutsche Übersetzung dieser Studie hat er als „Ouvertüre“ zu diesem Band zur Verfügung gestellt.

Fribourg, Epiphanie 2023
Barbara Hallensleben

Was ist Nähe?

Giorgio Agamben

In seinen Gesprächen mit David Cayley, die später unter dem Titel *Perversion des Christentums* veröffentlicht wurden, sagt Illich an einer Stelle: Unser Zeitalter ist ausdrücklicher das christliche Zeitalter, da es „recht nahe am Ende der Welt sein könnte *(quite close to the end of the world)*".

Wie können wir diese Nähe zum Ende zu verstehen? In meinem Beitrag werde ich versuchen, die Bedeutung dieser Nähe zu befragen. Denn meine Hypothese lautet: Der Begriff der „Nähe" *(vicinanza, proximité, voisinage)* ist in Illichs Denken ein wesentlicher Begriff, den wir daher so weit wie möglich zu definieren versuchen müssen. Das betrifft nicht nur die Eschatologie, die Nähe zum Ende, sondern auch die Nähe, von der Illichs Interpretation des Gleichnisses vom Samariter spricht. Wie Sie sich erinnern, geht es hier (Lk 10,29) um die Beantwortung der Frage „quis est proximus meus?" Who is my neighbour, chi è il mio πλησίον, il mio vicino? Wer ist mein Nachbar, mein Nächster? Auch hier handelt es sich also um eine Frage der Nähe.

Zunächst halte ich es für angebracht, den ersten Aspekt unseres Problems, den eschatologischen, mit den Stellen der Evangelien (Mt 3,2 und 10,7; Mt 1,15; Lk 10,9) in Beziehung zu setzen. Dort lesen wir: Das Reich „ist nahe herbeigekommen" (ἤγγικεν). Die Bedeutung des griechischen Verbs ἐγγίζω ist nicht streng zeitlich, sondern eher pragmatisch und räumlich. ἐγγύς, nahe, von dem das Verb abgeleitet ist, wurde von Philologen mit dem alten Namen für die Hand (ἐγγύη) in Verbindung gebracht und würde demnach „sous la main", zur Hand, bedeuten.

Die Gegenwart des Reiches nimmt hier die Form einer Nähe an; eine unbestimmte und pragmatische Nähe ist die Form, in der das Reich existiert und gegeben ist – das ist wichtig. Nähe ist also ein ontologisches Konzept und nicht nur ein zeitliches. Es gehört zum Wesen des Reiches (und des damit einhergehenden Endes), nahe zu sein. Die Eschatologie geht hier in Ontologie über, und wie mir scheint, impliziert dies einen radikalen Wandel in der Art und Weise, wie wir uns das *Eschaton* vorstellen. Das Ende ist kein punktuelles Ereignis, kein letzter Augenblick in einer Chronologie, sondern etwas, das seinem Wesen nach schon immer nahe ist, als Nähe besteht und da ist.

Nützlich kann hier die mathematische Definition von Nähe in der Topologie sein; sie bezieht sich nicht auf einen messbaren Abstand, sondern auf eine unmessbare Lage. Zwei Punkte heißen benachbart, wenn sie sich in derselben „Umgebung" *(intorno, entourage)* befinden, die wir als Kugel mit dem Radius x darstellen können. Es ist nicht wichtig, den Abstand zwischen diesen Punkten und den Abstand zwischen diesen Punkten und dem Rand der Kugel zu messen: im Wesentlichen liegen die Punkte innerhalb der „Umgebung". Seltsamerweise wird eine solche Gesamtheit, die alle Punkte in sich umfasst, als offen definiert. Ich werde auf dieses Konzept der Offenheit zurückkommen.

Wie kann man in dieser nicht rein zeitlichen Perspektive die Nähe zum Ende, von der Illich spricht, denken? Hier sei an Spinozas Definition der Endlichkeit erinnert, nach der das Ende, die Be-Grenzung, nicht zur Sache, sondern zu deren Nicht-sein gehört: *Omnis determinatio est negatio.*[1]

Die Nähe zum Ende setzt etwas in Beziehung zu seinem Nicht-sein, fügt ihm, wie Kant sagen würde, eine negative Ausdehnung hinzu. Die Erfahrung des Endes zu machen, bedeutet, sich in Beziehung zu einer Zeit – oder eine Raumzeit – zu halten, in der man nicht ist. Zumindest vorläufig scheint mir dies eine gute Definition von „Nähe zum Ende" zu sein.

Etwas dieser Art denkt Kant mit dem Ausdruck „Grenzbegriff", mit dem Noumenon als Grenzbegriff. Die Grenze, schreibt Kant, fügt dem Intellekt, den sie begrenzt, nichts Positives hinzu, sondern nur einen leeren Raum, ein reines „Außen", in das wir nichts hineinlegen können. Das In-Beziehung-sein zu diesem Außen, zu diesem Raum, in dem man nicht ist, verwandelt jedoch den Intellekt wie auch das sinnenhafte Erkennen, indem es sie zugleich öffnet und begrenzt.

Kehren wir zurück zu unserer Idee der Nähe zum Ende, so bedeutet das: Diejenigen, die diese Nähe erfahren, die in Beziehung zu einem Außen stehen, sind offen. Auch hier geht es nicht um einen Endpunkt, sondern um eine im Hier und Jetzt erfahrene Nähe, die als solche un-

1 Brief an Jarrig Jelles, 2. Juni 1674, *in: Baruch de Spinoza, Briefwechsel, Hamburg 2017, 193-195.

messbar ist. Und diese Nähe verbindet untereinander diejenigen, die sie erfahren, die sich in derselben offenen Umgebung befinden.

Etwas Ähnliches gilt für die Nähe zwischen dem Juden und dem Samariter in dem von Illich kommentierten Gleichnis. Wesentlich ist nicht die Zugehörigkeit zu derselben Stadt oder zu derselben politischen Gruppierung, die schlechthin definierbar sind. Illich besteht darauf: Es ist nicht möglich zu kategorisieren, wer mein Nächster sein soll. So wie die Nähe zum Reich nicht messbar ist, so kann auch die Nähe zum Nächsten nicht im Voraus bestimmt werden. Und doch ist das, was in der Begegnung zwischen dem Samariter und dem Juden stattfindet, gerade eine Nähe, auch diese eher praktisch als geometrisch.

Eine Haggada aus dem Talmud kann uns helfen, die besondere Struktur dieser unmessbaren Nähe zu verstehen. Nach dieser Haggada warten auf jeden Menschen zwei Orte, einer im Paradies und der andere in Gehenna. Der Gerechte, der für unschuldig befunden wurde, erhält im Paradies sowohl den Platz, der ihn erwartete, als auch den seines Nächsten, der verdammt ist. Der Böse erhält in der Hölle seinen Platz und den seines Nächsten, der gerettet ist. Jeder Mensch empfängt also immer einen Platz daneben, jeder Mensch nimmt auch den Platz seines Nächsten ein.

Wenn wir Lohn und Strafe beiseite lassen, wenn wir den Ort „daneben" im Himmel und in Gehenna nicht lokalisieren können, dann will die Haggada sagen: Jeder Mensch nimmt nicht nur seinen eigenen Platz ein, sondern auch den seines Nächsten. Jeder Mensch steht an der Stelle des anderen, und diese unumgängliche Nähe, dieses nicht zuweisbare Verweilen am Ort oder anstelle des Nächsten definiert die *conditio humana*. Der Mensch ist ein Wesen von unermesslicher Nähe.

Wer mit Heideggers Denken vertraut ist, wird hier einen Widerhall von § 23 aus *Sein und Zeit* gehört haben. Dort lesen wir: „Dasein ist wesenhaft ent-fernend", und *„Im Dasein liegt eine wesenhafte Tendenz auf Nähe"*.[2] Die alleinige Ausrichtung auf das Problem der Zeit im weiteren Verlauf des Buches hat diese ursprüngliche Räumlichkeit des Daseins verdunkelt. Und nicht zufällig gab Heidegger in seinen späten Jahren zu, der Versuch in *Sein und Zeit*, den Raum auf die Zeit zu reduzieren, habe nur scheitern können. Was ich hier in den Spuren von

---

2 *Martin Heidegger, Sein und Zeit, Tübingen [16]1986, 105.

Illich aufzuzeigen versuche, besteht gerade darin, das Problem des Raumes zu überdenken und, ausgehend vom Begriff der Nähe, die Konzeption des Raums, wie sie die moderne Wissenschaft seit Descartes beherrscht, fallen zu lassen. Raum und Zeit in messbarer Form gibt es nicht: es gibt nur Nähe und Entfremdung, es gibt nur den Ort daneben, den jeder vom anderen empfängt, es gibt nur die Zeit, in der wir nicht sind. Die kritischen Bemerkungen von Illich über die Pseudogeschwindigkeit der Verkehrsmittel haben hier ihre Grundlage.

In unserer Sprache gibt es einen Begriff, der dieses Verweilen an einem Ort daneben bezeichnet, an einem zusätzlichen Ort und in einer zusätzlichen Zeit. Es ist der italienische Begriff „agio" (französisch *aise)*, der sich etymologisch von *adiacens* und *adiacentia* ableitet und den nahen Raum bezeichnet, in dem man sich frei bewegen kann, „ungezwungen" *(a proprio agio, à son aise)*, wie man sagt, in einer Nähe, die auch eine Freiheit ist. „Ungezwungen" sein heißt, einen Freiraum zur Verfügung zu haben, sich einer Nähe zu erfreuen. Diese Ungezwungenheit ist die Gabe der Nähe. Und nicht zufällig haben die Dichter der Provence diesen Begriff – *aizi* oder *aizimen* – zu einem *terminus technicus* ihrer Poesie gemacht, der den Ort der Liebe selbst bezeichnet.

Leben in Nähe – sei es zum Reich Gottes oder zu anderen Menschen – ist jedoch nicht einfach ein Zustand. Wir müssen uns in Beziehung halten, zu unserem Ziel und zum Reich Gottes wie auch zu dem, was unerwartet auf uns zukommt. In beiden Fällen bedeutet dies: sich in Beziehung halten zu dem, was wir nicht sind, zu einer Zeit und einem Ort, wo wir nicht sind, und zu dem halbtoten Unbekannten (ἡμιθανῆ, wörtlich halbtot, nicht halb lebendig, wie die Vulgata übersetzt), verlassen am Boden. Und diese Nähe ohne vordefiniertes Wissen muss uns in unseren Eingeweiden bewegen (das ist im Gleichnis der Sinn des Ausdrucks ἐσπλαγχνίσθη, den die Vulgata abschwächt, indem sie *misericordia motus* übersetzt).

Und in diesem Sinne, meine ich, ist Illich uns hier und heute nahe, auch wenn keiner von uns, die wir zu dieser merkwürdigen *entourage* von Nächsten gehören, den Anspruch erheben kann, diese Nähe, die Illich ihm entgegenbringt, zu messen und zu definieren.

Vorbemerkung zur englischen Ausgabe

Ivan Illich hat Valentina Borremans als seine literarische Nachlassverwalterin gebeten, die meisten dieser Texte nach seinem Tod neu drucken zu lassen. Sie bilden einen Großteil derjenigen Schriften aus seinem Publikationsverzeichnis, die er als „Geistlicher für katholische Gläubige" hinterlassen hat. Verfasst wurden sie alle zwischen 1955 und 1985.[1] Einige sind in mittlerweile eingestellten Zeitschriften wie *Integrity* und *The Critic* oder in dem vergriffenen Buch *The Church, Change, and Development* veröffentlicht. Andere sind schwer auffindbar, entweder in den elektronischen Archiven von *The Catholic Messenger* und *America*, oder sie sind in sehr begrenzter Auflage erschienen. In einer Notiz vom 15. Juli 1977 erklärte Illich, die Aufgabe der Neuveröffentlichung solle von einer Person seines Vertrauens übernommen werden. Er wollte diese Texte nicht von einer „nicht hinreichend verständnisvollen Hand" paraphrasiert oder redigiert sehen. Auch sollten sie nicht von einem geschäftstüchtigen „religiös orientierten Verleger" zur Massenware gemacht werden.

Viele sorgsame Hände haben dazu beigetragen, dieses Buch zu verwirklichen. Unser Dank gilt vor allem Giorgio Agamben, der inmitten eines strengen Schreibprogramms großzügig seine Zeit einsetzte, um ein subtiles und aufschlussreiches Vorwort zu diesem Band zu schreiben. „Ästhetische und religiöse Erfahrung" wurde auf Spanisch verfasst. Die Übersetzung erwies sich als schwierig, und es war ein Glücksfall, Luis Xavier Lopez Farjeat und Venancio Ruiz zu finden. Ihnen gelang, was andere zum Straucheln brachte. Patrick Alexander sind wir zu Dank verpflichtet, weil er diesen Band als ersten in die Ivan Illich-Reihe, herausgegeben von der Pennsylvania State University Press, aufgenommen hat. Zusammen mit dem *International Journal of Illich Studies* und den *Ivan Illich Papers*, die in den Sondersammlungen der Bibliotheken an der Pennsylvania State University aufbewahrt werden, liegt darin eine angemessene Würdigung von Ivan Illich, der während eines be-

---

1 *Auf Bitte von Valentina Borremans wurde der deutschen Ausgabe der Geburtstagsbrief von Ivan Illich an seinen Freund Hellmut Becker aus dem Jahr 1992 hinzugefügt: siehe unten S. 199-202.

trächtlichen Anteils seiner letzten Lebensjahre mit dieser Universität verbunden war. Wir danken *The Catholic Messenger*, *Commonweal* und *America* für die Erlaubnis zum Nachdruck der Essays, die ursprünglich bei ihnen erschienen sind. Die Angabe der Originalveröffentlichung finden sich jeweils in der ersten Fußnote.

Valentina Borremans und Sajay Samuel
März 2018

Vorwort

Das Reich Gottes und das Lachen

Giorgio Agamben

Die Texte, die Valentina Borremans und Sajay Samuel hier zusammengestellt haben, erlauben uns, Illich auf seinem intellektuellen Weg im Zeitraum von 1955 bis zur Veröffentlichung seines ersten Buches zu folgen – eine Zeit, über die wir sehr wenig wussten. Es waren die Jahre seines pastoralen Einsatzes als Pfarrvikar der *Iglesia de la Encarnación* in New York, dann als Vizerektor der Katholischen Universität in Puerto Rico, die Zeit der Teilnahme am II. Vatikanischen Konzil in Rom und an der Gründung des *Centro intercultural de documentacion* in Cuernavaca. Da Illich hier als Priester innerhalb der Kirche auftritt, ist die Versuchung groß, den Autor dieser Texte von dem Illich zu unterscheiden, der am 15. März 1969 unter Verzicht auf „die ihm von der Kirche verliehenen Vorrechte und Vollmachten" erklärte, für immer auf die öffentliche Ausübung des Priestertums zu verzichten, und der durch seine Tätigkeit als Schriftsteller und Referent innerhalb weniger Jahre zu einer weltweit bekannten und diskutierten Persönlichkeit wurde. Wer jedoch die hier zusammengestellten Texte aufmerksam liest, wird hinreichend klar erkennen, warum keine Trennung zwischen Illich innerhalb der Kirche und Illich außerhalb (oder am Rande) der Kirche vorgenommen werden kann. Sicher, auf den ersten Blick scheinen die Themen nicht aus den Überlegungen eines Pfarrers zu stammen, der nach Zukunft und Sinn seiner Kirche fragt: die Möglichkeit, eine Pfarrei in Manhattan umzugestalten *(The American Parish,* 1955), die Bedeutung der Jungfräulichkeit *(Sacred Virginity,* 1955), der Sinn des Todes im Christentum *(Rehearsal for Death,* 1956; *The End of Human Life,* 1958), die Ausbildung von Missionaren *(Missionary Poverty,* 1961), religiöse Erfahrung und Mystik *(Aesthetic and Religious Experience,* 1966), die gewandelte Rolle des Klerus *(The Vanishing Clergyman,* 1967), die Frage der Weitergabe des Glaubens *(How will we pass on Christianity,* 1972). Achtet man jedoch auf die Paradigmen, die den jungen Priester in seinen Überlegungen leiten, ist die Nähe zu Illichs Denken außerhalb der Kirche erstaunlich.

Wir möchten folgende Hypothese vorschlagen: Illichs Denkweise als Kritiker der Moderne und Archäologe der Konvivialität geht als radikale und kohärente Entwicklung aus theologischen Kategorien hervor, die im Denken des Priesters bereits vorhanden sind.

In den hier zusammengestellten Texten interpretiert Illich die angesprochenen Fragen jeweils im Lichte einiger weniger genuin theologischer Begriffe: Gebet, Armut im Geist und Reich Gottes. So gipfeln die beiden Artikel über den Tod nicht nur in der Aussage über eine tiefe Parallele zwischen Tod und Gebet, sondern über den Tod als spezifisch menschlichen Akt („der letzte Akt im Leben eines Menschen"), der in der Tat die „reine und höchste Form" des Gebets ist. Zwei Jahre später geht es um das Schweigen, das die Armut im Geist als den Zustand des Missionars bestimmt, der alles aufgegeben hat, was ihm gehört, einschließlich seiner Sprache – analog zum Gebet, in dem das Schweigen jedem Wort vorausgeht, eine „eine Gabe des Gebets, erlernt im Gebet vor dem unendlich fernen, unendlich fremden Gott" (S. 52). 1972 macht der Beitrag *How will we pass on Christianity*? wiederum Gebet und Armut zum Paradigma für die Sichtbarkeit der Kirche, die „in der bewussten Interpretation des Gebets im Licht des Evangeliums" (S. 185) und nicht in der Interpretation irgendeiner politischen oder organisatorischen Struktur zu suchen ist. Fragt man nun aber, was Illich hier unter Gebet versteht, so antwortet derselbe Text, indem er zu den „explizit formalen Gebetsformen" neben dem Schweigen und den Nachtwachen auch „gutes kulinarisches Essen zu bestimmten Anlässen, Schwelgen und sogar orgienhaftes Verhalten, oder gemeinsames Rezitieren von Gedichten" (ebd.). Für Christen mündet also „jede Handlung des Lebens letztlich in das Gebet" (S. 44). Was Illich Gebet nennt, ist folglich keine rituell abgesonderte Handlung, sondern die Verwandlung jeder Tat des Lebens durch die Wirkung der Gnade und die Begegnung mit dem Göttlichen hier und jetzt. In dem bereits erwähnten Beitrag über die Weitergabe des Glaubens, der viele von Illichs reiferen Thesen vorwegnimmt, heißt es: „Als Christ zu leben bedeutet, im Geist des *Maran Atha* zu leben: Der Herr kommt in diesem Augenblick. Es gilt am Rande der Zeit zu leben und sich des Lebens zu erfreuen, im letzten Moment der Zeit" (S. 181).

Daher wundert es nicht, wenn die in jeder Hinsicht entscheidende Kategorie im Denken des jungen Illich gerade der eschatologische

Begriff der Gottesherrschaft ist, die seit jeher als zentraler Inhalt der Verkündigung Jesu anerkannt ist und dennoch mehr und mehr aus dem Wortschatz und der pastoralen Praxis der Kirche verschwindet. Der umfangreichste Beitrag des Buches handelt von Ästhetik und religiöser Erfahrung und endet in der Tat mit einer kurzen Abhandlung über die Gottesherrschaft, die aufmerksam gelesen werden sollte, weil sie sozusagen die theologischen Grundlagen für das Denken von Illich enthält.

Zunächst muss der Abstand zwischen Illichs Aufruf zum Reich des Evangeliums und der *Reichsideologie* ermessen werden, wie sie sich im Bereich der Theologie zwischen den beiden Weltkriegen als Reaktion auf die millenaristischen Ideologien des europäischen Faschismus entwickelt hatte, gipfelnd in der nationalsozialistischen Lehre vom „Dritten Reich".

Pius XI. hatte bereits 1927 als Reaktion auf die totalitäre Mobilmachung des Volkes durch den Faschismus das Christkönigsfest eingeführt, das im Zeichen der antiken Akklamation *Christus vincit, Christus regnat, Christus imperat* stand. Und im deutschen Katholizismus, in der Benediktinerabtei Maria Laach, wurde die Kirche nachdrücklich erneut mit der Gottesherrschaft identifiziert – und zugleich forderte man die Bedeutung der Liturgie als Mysterium ein. Neben einer Position wie derjenigen von Ildefons Herwegen, der ausdrücklich dem Nationalsozialismus nahestand, hatte hier Thomas Michels unter Berufung auf Erik Peterson argumentiert: Die Geschichte des Reiches Gottes auf Erden fällt mit dem Heilswerk der Kirche zusammen.[2]

Völlig anders führt Illich in seinem Text das Reich Gottes an. Er verzichtet auf jede unmittelbare politische Identifikation zwischen Kirche und Reich Gottes und beginnt mit den Gleichnissen des Evangeliums über die Gottesherrschaft, die er bezeichnenderweise auf Englisch als „kingdom" klein schreibt: „Ein großer Teil der Geschichten in den Evangelien bezieht sich auf das ‚Reich'. Das Reich kommt, und es gibt keine Möglichkeit, es aufzuhalten; wer Ohren hat zu hören, der höre. Es

2 Zum möglichen Einfluss von Michels auf Illich vgl. Fabio Milanas Überlegungen in seiner beachtenswerten Biografie über Illich (in Vorbereitung). Das Buch von Michels trägt bezeichnenderweise den Titel „Das Heilswerk der Kirche: Ein Beitrag zu einer Theologie der Geschichte", Salzburg 1935.

kommt in der Nacht, unerwartet, wie ein Dieb; der Tag des Herrn bricht an; er ist eine Quelle von Frieden und Freude für die Gläubigen und ein Ärgernis für diejenigen, die ihn ablehnen" (S. 93-94). Das Reich ist bereits hier und jetzt „unter uns" gegenwärtig als objektive Realität, nicht nur „in uns":

> „Das Reich kommt, und doch ist es bereits da. Es ist das Reich Gottes, das kommt und das schon unter uns ist (nicht subjektiv ‚in' jedem von uns, geschweige denn kosmologisch jenseits von uns, sondern unter uns). Dies wird enthüllt und offenbart durch den Messias. Wie der Messias immer vor der Tür steht, so ist das Reich Gottes immer ‚schon' gegenwärtig: in diesem Augenblick, im Tod, in der Parusie. Diese drei Momente sind nur schwer zu unterscheiden, denn nach der Heiligen Schrift ist das Reich Gottes bereits erfüllt, obwohl noch nicht vollendet (ganz erfüllt). Es ist eine paradoxe Realität: ‚schon' und zugleich ‚noch nicht'" (S. 94).

Gerade die Unmöglichkeit, zwischen den drei Zeiten zu unterscheiden, macht bei Illich die Auffassung des Reiches aus: Es handelt sich keineswegs um drei chronologische Momente eines Prozesses, der sich erst künftig verwirklichen wird, sondern um eine ganz besondere Art der Gegenwart, hier und jetzt.

In diesem Sinne setzt das Reich bei Illich eine äußerst kämpferische Interpretation des Evangelientextes voraus, die sich auch auf dessen patristische und scholastische Kommentare bezieht und die vor den Missverständnissen der „Heilsgeschichte" rettet. Nach den Worten Jesu ist das Reich „mitten unter euch" (das ist der Sinn des ἐντὸς ὑμῶν in Lk 17,21), und zugleich ist es nicht von dieser Welt (ἡ βασιλεία ἡ ἐμὴ οὐκ ἔστιν ἐκ τοῦ κόσμου τοῦτου, Joh 18,36), es ist gekommen (ἔφθασεν, Lk 11,20), und zugleich ist es nahe (ἤγγικεν, Mt 3,2); und doch sagen die frühen Kommentatoren damit nicht, es sei anderswo. Mit den Worten des Augustinus: „Jesus hat nicht gesagt: ‚es ist nicht *in* dieser Welt', sondern ‚es ist nicht *von* dieser Welt'".[3] Noch deutlicher bei Thomas[4]:

---

3 *Augustinus, In Ioannis evangelium, Tractatus CXV: „non ait, Regnum meum non est in hoc mundo; sed, non est de hoc mundo".

4 *Thomas von Aquin, Super Ioannem, caput 18, lectio 6: „concludit quod regnum suum non est hinc, idest, non habet principium de hoc mundo; est tamen hic, quia ubique est".

„Indem er sagt, sein Reich sei nicht hier, meint er, sein Ursprung liege nicht in dieser Welt, und doch ist es hier, weil es überall ist *(est tamen hic, quia ubique est)*". Das eschatologische Ereignis unterbricht und verwandelt nicht nur die lineare Zeit der Chronologie, indem es Vergangenheit, Gegenwart und Zukunft in sich zusammenzieht; es hat auch eine räumliche Bedeutung oder, wie Illich schreibt, „eine überzeitliche Dimension" (S. 96), die den Bezug der Menschen untereinander betrifft: „So wird der Realismus deutlich: Das Gottesreich existiert bereits unter uns in einem sozialen Sinn, und es besteht im Voranschreiten der Liebe" (ebd.). Jesus antwortet auf die Frage des Pilatus, ob er König sei, indem er den Diskurs abrupt vom Reich auf das Zeugnis für die Wahrheit verlagert, als ob Reich und Wahrheit synonym seien („Du sagst es: Ich bin König. Dazu bin ich geboren und in die Welt gekommen: um für die Wahrheit Zeugnis abzulegen": Joh 18,37); ebenso verbindet Illich untrennbar die Gegenwart des Reiches mit einem Zeugnis: Die Weitergabe des Glaubens an das Reich „ist die Frucht des Zeugnisses, nicht der begrifflichen Lehre; Frucht der Erfüllung des Reiches Gottes im Herzen des Zeugen" (S. 98). Die Gegenwart des Reiches hängt nicht vom eschatologischen Warten auf das Ende der Zeiten ab, sondern von dem Zeugnis, das die Menschen hier und jetzt davon geben. Daher kann – um einen zentralen Begriff im Denken von Illich vorwegzunehmen – die Zeugenschaft nur die Form der Konvivialität und des Feierns annehmen:

> „Das Reich ist eine soziale Realität auf transzendenter Ebene. Daher kann es nur durch eine gemeinschaftliche und geschwisterliche Lebensform vermittelt werden. ... Der Glaube manifestiert sich rituell in der Feier der Mysterien des Reiches, der Symbole seiner Gegenwart. Und ich sage ‚Feier', nicht ‚Zustimmung' oder ‚Kontemplation'. Der Glaube wird nur im Mitfeiern erworben, in der Konvivialität eines geschenkhaften Handelns, wie es im Mahl von Brot und Wein zum Ausdruck kommt, in dem es zwar Nahrung gibt, aber eine rituelle Nahrung. Die Gläubigen glauben an die Feier des Reiches, das wirklich gegenwärtig ist. Indem der neu Bekehrte mit seinen Gesten und Worten mitfeiert, bindet er sich im Glauben. Die Gläubigen unterscheiden sich von den Nicht-Gläubigen, insofern sie ihr ganzes Leben ‚feiern', so wie sie dieses Mahl bzw. diese Zusammenkunft feiern" (S. 98-99).

Das gesamte Denken von Illich erweist sich in dieser Perspektive als ein Denken des Reiches und seiner besonderen Gegenwart unter uns, die bereits vollendet ist – und doch noch nicht. Die Unerfülltheit, um die es hier geht, ist nicht zeitlicher Art, sie bedeutet weder eine zeitliche Abfolge noch eine künftig zu verwirklichende Aufgabe. Erfülltheit und Unerfülltheit sind beide in der Gegenwart enthalten, denn „nur in der Gegenwart erlöst sie [die Kirche] der Herr. Wir haben keine Ahnung, ob es eine Zukunft gibt" (S. 181). In diesem Sinne besteht nicht, wie die Kirche behauptet, eine „Heilsgeschichte", eine göttliche *oikonomia*, die sich nach und nach in der Geschichte kundtut und erfüllt. Das Heil hat keine Geschichte, „der Herr kommt in diesem Augenblick" (ebd.), und hier und jetzt legen Gläubige Zeugnis von seinem Kommen ab – daher im späteren Denken bei Illich das ständige Misstrauen gegenüber der Zukunft: „Ich werde dem Schatten der Zukunft nicht gestatten, sich auf die Begriffe zu legen, mit denen ich zu denken versuche, was ist und was gewesen ist".

Mehrmals vergleicht Illich die Gegenwart des Reiches mit dem Verstehen eines Witzes oder eines Spaßes. Der Gläubige und der Ungläubige, schreibt er, sind wie zwei Menschen, die einen Witz hören: „Beide verstehen die Worte, aber nur einer von ihnen lacht und begreift den Sinn der Geschichte" (S. 99). Vermutlich zitiert Illich mit seiner außergewöhnlichen theologischen Belesenheit hier einen Abschnitt von Origenes, in dem das Reich mit dem Verstehen des geistigen Sinns der Heiligen Schrift verglichen wird. Nach Origenes ist der geistige Sinn nicht ein weiterer buchstäblicher Sinn, der dem vorhergehenden folgt, sondern fällt mit dessen Verständnis zusammen und erschöpft sich in ihm; in Illichs Worten: indem derjenige, der den Witz hört, lacht. Ebenso birgt für Illich die Erfahrung des Ereignis gewordenen Reiches nicht ein weiteres historisches Ereignis, das künftig zu verwirklichen ist –wie im Paradigma, das die westlichen Politik, auch der Kirche, beherrscht hat. Sie fällt völlig mit dem gegenwärtigen Augenblick zusammen, und wer die Ankündigung verstanden hat, bezeugt sie durch Lachen.

Die amerikanische Pfarrei*

In einer modernen Stadtpfarrei finden viele Menschen nicht, was sie suchen. Viele der Unzufriedenen äußern ihre Enttäuschung nie; viele merken nicht einmal, wie enttäuscht sie sind. Manche schieben die Schuld für ihre Unzufriedenheit auf den Pfarrer, den Bischof oder den Kirchenvorstand. Sobald wiederum der Pfarrer und seine Mitarbeiter sich der Kritik ihrer Leute bewusst werden, schieben sie die Schuld auf die unangemessenen Wünsche oder die mangelnde Hilfsbereitschaft ihrer Gemeindemitglieder.

Suchen die Menschen in ihrer Pfarrei nach etwas, das die Pfarrei nicht bieten kann, oder bietet die moderne Stadtpfarrei grundsätzlich nicht das, was sie sollte?

Eher praktische Untersuchungen könnten sich auf die Analyse der Methoden richten. Hier fragen wir grundlegender, „was" angeboten werden sollte, und überlassen das „wie" anderen Beiträgen.

Nehmen wir José: Ich traf ihn eines Sonntags, als ich während des 11-Uhr-Hochamtes durch die Haupttür unserer Kirche hinausging. Dort sah ich ihn inmitten von fünf dunkelhaarigen Menschen mit gebräunter Haut. Von weitem schon hätte man ihre Herkunft erraten können, die Herkunft von 37 % der getauften Katholiken in New York City: Puerto Rico. Warum waren sie in die Kirche gekommen und dann draußen geblieben? Waren sie hineingegangen oder warteten sie auf die nächste Messe? Sie standen alle in einer kleinen Gruppe und unterhielten sich träge. Ich ging auf sie zu und sagte „que tal", was „Hallo" bedeutet, und langsam drehten sie sich um und sahen mich an. Nach einigen weiteren Worten begannen ihre Augen zu leuchten. Zuvor hatten sie nichts mit der Umgebung zu tun gehabt: Ihre Kleider waren fast unmerklich anders geschnitten als die der anderen Pfarreimitglieder, ihre Sprache war anders, und während die anderen in der Kirche waren, waren sie draußen. Plötzlich schienen sie jetzt durch ein paar spanische Worte mit ihrer Umgebung verbunden zu sein. Sie begannen zu sprechen: Sie alle stammten aus Moca, einem kleinen Ort auf den Hügeln dieser schönen Insel; erst vor wenigen Wochen waren

---

* Peter Canon [Pseudonym], The American Parish, in: Integrity, Juni 1955, 5-16.

sie hier in New York angekommen. Sie hatten herausgefunden, wo die Kirche war, und meinten dann auf den ersten Blick, es könne sich nicht um eine katholische Kirche handeln: Eine Kirche muss in der Mitte eines Platzes stehen, in der Mitte des Dorfes, im Zentrum einer Pfarrei. Hier hatten sie ein Gebäude mit seltsamen Spitzbögen inmitten von zwei hohen Häusern direkt an einer belebten Straße gefunden.

Das Innere der Kirche war dunkel, mit seltsam gefärbtem Licht durch Buntglasfenster, im Gegensatz zu dem einfachen, weiß getünchten Bauwerk, an das sie gewöhnt waren, mit weiten Fensteröffnungen, um so viel Luft wie möglich hereinzulassen. Doch wie sie erkannten, musste es sich um eine katholische Kirche handeln, denn bei einer Erkundung hatten sie das Bild der Muttergottes von der Immerwährenden Hilfe auf einem der Altäre entdeckt, und soweit sie wussten, war dort, wo dieses Bild war, auch Unser Herr. Sie hatten das Bild abends an einem Wochentag entdeckt, und nun waren sie am Sonntag wieder in die Kirche gekommen, um zur Messe zu gehen. Warum also gingen sie nicht hinein, um an der Messe teilzunehmen? Ich fragte sie und bekam eine verblüffende Antwort. Sie sagten: wegen der Platzanweiser. Noch nie waren sie von einem Platzanweiser zu einer Kirchenbank begleitet worden. Oftmals hatten sie keine Bänke in der Kirche. Hier sahen sie Pfarreimitglieder, die ihren Weg in die Kirche bezahlten. Was sie nicht begriffen: Diese Menschen – oder ihre Eltern – hatten die Kirche selbst gebaut, fühlten sich nun für ihren Unterhalt und ihre Instandhaltung verantwortlich – anders als in Puerto Rico, wo die Regierung Kirchen gebaut hatte, bis die Amerikaner kamen. So hatten sie sich von der Kirche abgewandt wegen der Platzanweiser, wie einer von ihnen sagte; weil die Messe so pünktlich beginnt, sagte ein anderer. Die Gottesmutter war da, sagten sie, doch die Wärme und das Leben der Menschen schienen zu fehlen.

Unwillkürlich musste ich an Puerto Rico denken, an meinen ersten Sonntag dort in einer großen Pfarrei in den Bergen. Am Samstag bat mich der Pfarrer, am nächsten Tag in den Bergen in drei (von insgesamt zwölf) verschiedenen Missionskapellen die Messe zu halten, da er die Messen im Hauptort feiern musste. Wenn ein Priester zur Aushilfe in der Nähe war, wurde alle vier Wochen am Sonntag in jeder Kapelle eine Messe gefeiert. Die erste Messe hielt ich gegen sechs Uhr morgens, nachdem ich die ganze Nacht auf den Altarstufen der Kapelle geschlafen hatte, dann ritt ich zu Pferd weiter zur nächsten Kapelle. Ich hörte Beichten, hielt die Messe, taufte, schloss Ehen ... und machte mich auf den Weg zur dritten Kapelle, immer noch zu Pferd, wo ich nach dem Mittag ankam. Die Leute saßen in der Kirche herum, aßen ihre Bananen und kauten Zuckerrohr, und auf den Stufen zur Kirche hatten sie ein kleines Feuer angezündet, um etwas zu kochen. Sie setzten ihre Unterhaltung in der Kirche fort, während ich Beichte hörte; bei der Messe waren alle still, und die meisten knieten auf dem rauen Boden, während zwei einsame Hunde zwischen ihnen herumliefen, und als ich mit dem Taufen begann, ging die Unterhaltung weiter. Am Abend verblüffte mich die Antwort des Pfarrers, der aus Puerto Rico kam und in einem Seminar in den Vereinigten Staaten ausgebildet war, auf meine Frage, ob er dieses Verhalten für etwas respektlos halte: Unsere Leute glauben an Gott als ihren Vater, und sie wollen sich in der Kirche so verhalten, wie sie sich im Haus ihres Vaters verhalten. Im Haus des Vaters von José gibt es keine Platzanweiser. Das Essen beginnt nicht pünktlich, wahrscheinlich hat er keine Uhr, er geht in die Kirche, wenn alle anderen gehen. Die Messe ist ein wichtiges Ereignis im Leben der Familie – ein Ereignis, das ihn mit allen seinen Nachbarn zusammenbringt. Die Kirche ist das Zentrum seines Dorfes, auch wenn er sie nur selten betritt. An dem seltenen Sonntag, wenn der Priester in seine Kapelle kommt, ist die Messe ein großes Ereignis, auch wenn er nicht teilnimmt. Er kennt fast jeden, den er bei der Messe trifft. Die Messe wird mühelos als ein Familienessen verstanden – als „Kommunion" der Gemeinde.

Eine andere Welt

Josés Verwirrung in diesem großen, sauberen, gotischen Gebäude ist nicht verwunderlich: Ein Platzanweiser teilt ihm seinen Platz neben einer unbekannten Dame zu; er darf die Kirche erst fünf Minuten vor Beginn der Messe betreten und muss sie verlassen, sobald die Messe zu Ende ist; kaum jemand steht nach der Messe vor der Kirche, da es keinen Platz gibt – und angesichts der vielen Messen kann man die Messe nicht als ein Familienessen ansehen, als ein Haus, gebaut um Dich zu umgeben, zu Dir passend.

Als ich an diesem kalten Wintermorgen während des 11-Uhr-Hochamtes dort stand, wurde mir klar, wie schwer es sein würde, diese

Kirche José und seinen Freunden als dieselbe Kirche zu erklären, auch wenn sie in einem anderen Landstrich so ganz anders aussieht als zu Hause. Für José wird es schwer zu verstehen sein, warum in der Kirche nur Gott ihn kennen wird, kaum jemand sonst. Er wird schwer verstehen, warum man in einer Kirche mit mehreren Messen pro Tag jeden Tag zum Kommunion gehen kann; schwer wird es für ihn sein, das englische Evangelium zu verstehen, das der Priester liest, und noch schwieriger als das Verstehen wird es für ihn sein, sich im Englischen zu Hause zu fühlen. Vielleicht könnte ich ihm einige Merkmale des Pfarreilebens verständlich machen – doch eine Welt verstehen heißt noch lange nicht, in ihr zu Hause zu sein. Und wie befremdlich, wenn ein Mensch sich im Haus seines Vaters nicht zu Hause fühlt. Wie fremd können zwei katholische Welten einander sein. Es ist nicht immer leicht zu erkennen, wie schön es ist, wenn die Weltkirche in verschiedenen Kulturen so unterschiedlich aussieht.

Oder denken Sie an Maria, Josés Schwester: Sie kam mit ihm zur Messe und war mit ihm von der Kirche abgeschreckt. Das soll die Kommunion-Messe der „Kinder Mariens" sein? Sie kann es nicht glauben. Wo sind ihre weißen Schleier? Warum singen sie nicht? Kennt denn hier niemand das Lied der Muttergottes von Guadalupe? Und warum kommen die Leute jetzt aus der Kirche, und ohne miteinander zu sprechen, gehen sie direkt die belebte, schmutzige Straße entlang nach Hause? Warum stehen sie nicht herum und reden miteinander? José und seine Freunde kommen nicht umhin, bestürzt zu sein.

Unzufriedene Kinder

Dies ist nur einer der vielen Fälle, in denen man als Pfarrer immer wieder auf Menschen stößt, die in ihrer Pfarrei nicht finden, was sie gesucht haben. Josés Problem unterscheidet sich in dieser Hinsicht nicht von der Verwirrung des Konvertiten, der während der Unterweisungen zum Glauben an die Realität des Mystischen Leibes, sichtbar in der Kirche Christi, gefunden hat – und sich dann sozial isoliert unter gläubigen Kirchgängern wiederfindet. Nicht anders stellt sich das Problem für den reifen Laien, der jahrelang Predigten aus Pater Murphys *Drei Predigten für jedes Sonntagsevangelium* ausgesetzt war – oder für das junge Paar, das kürzlich in eine neue Wohnung gezogen ist und gehofft hatte, in der Pfarrei eine Atmosphäre zu finden, in der geistliche

Freundschaft gepflegt wird, dann aber auf die perfekte Verwaltung der Sakramente, der Riten und der katholischen Schulerziehung stieß statt auf den erhofften Geist.

All diesen Menschen gibt die Pfarrei nicht das, was sie erwarten: José nicht die Atmosphäre in seinem Zuhause, dem Konvertiten nicht die neue menschliche Gemeinschaft, die er sich als Folge der geistlichen Communio erhofft hat, dem Mann, der sich nach geistlichem Wachstum sehnt, nicht das erhoffte Programm der Erwachsenenbildung, sondern nur eine endlose Wiederholung dessen, wofür er durch das jährliche Aufsagen des Katechismus in der Grundschule unempfänglich geworden ist. Das junge Ehepaar ist gezwungen, das eigene Haus zu einem Hort der Freundschaft zu machen, ohne angemessene Hilfe durch den Pfarrer, von dem dies zu erwarten wäre.

All diese Menschen kommen in die Pfarrei, weil sie dort das finden, was ihnen höchst bedeutsam erscheint: die Messe, den Beichtstuhl und den Katechismusunterricht für ihre Kinder. Die Einwände richten sich nicht gegen die Dinge, die man erhält, sondern gegen den Rahmen, in dem man sie erhält: Die Messe bleibt das Opfer, auch wenn sie schnell gehalten und mit einer hastigen Predigt versehen wird. Deine Sünden sind vergeben, selbst wenn der Priester es zu eilig hat, um Rat zu erteilen – und die meisten Menschen sind einen schweigenden Beichtvater gewöhnt und wären von einem Rat wohl geradezu überrascht. Der Katechismusunterricht bleibt wahr, auch wenn die Schwester sechzig Kinder in der Klasse der Pfarreischule hat. Die Ehe bleibt gültig, selbst wenn die Braut aus dem Eheunterricht einzig noch weiß, wie ein überlasteter Priester ihr in zehn Minuten unter Eid ein paar seltsame Fragen gestellt hat, z.B. ob sie jemals beim Psychiater gewesen sei, ob sie ihrem Mann treu sein werde, ob sie verspreche, nicht zu verhüten – während er gleichzeitig per Telefon zu einem Kranken gerufen wird und sich um einen torkelnden Besucher an der Tür kümmern muss.

Steckt hinter all diesen anstößigen Details vielleicht eine Kritik am gesamten System? Die Kritik im Einzelnen richtet sich meist gegen den amtierenden Priester, nicht gegen die Pfarrei als solche, und ist daher für diese Diskussion nicht relevant.

Kriterien der Kritik

Läuft vielleicht mit der Pfarrei im modernen Amerika etwas grundlegend falsch? Und wenn ja, dürfen Christen, insbesondere Laien, ihre Kirche kritisieren, deren realste Gestalt für sie die Pfarrei ist?

Viele scheuen aus einem doppelten Missverständnis davor zurück: Sie unterscheiden nicht zwischen Kritik und Vorwurf – und sie unterscheiden nicht zwischen dem menschlichen und dem göttlichen Element in der Kirche.

Wir können nicht für immer kleine Kinder bleiben und unsere Eltern fraglos hinnehmen; erst nach dem Teenageralter kann sich eine reife Liebe zu den Eltern entwickeln. Das gilt auch für Mutter Kirche: Verständnis für ihre menschliche Seite in ihrer menschlichen Schwäche wird unsere Liebe nur stärken, nicht schmälern. Wer der Kirche Vorwürfe macht, schreckt meist vor der persönlichen Verantwortung zurück, die erwächst, wenn wir uns als Glieder der Kirche erkennen. Vorwürfe sind eine Frucht der Faulheit und erhalten das Beklagenswerte nur aufrecht. Kritik führt zu Veränderung, entweder bei den Kritisierenden oder bei der kritisierten Kirche. Immer ist sie die Frucht von harter Arbeit und Gebet. Eine kritische Haltung gegenüber der Pfarrei ist einfach einer der Bereiche, in denen sich die christliche Liebe zur Kirche entwickeln kann. Da aber Kritik immer eine implizite Aufforderung zur Veränderung ist, müssen wir zum zweiten Punkt übergehen und sehen, inwieweit die Kirche, oder konkret die Pfarrei, der Veränderung unterliegt.

Unter Christen gibt es zwei gleichermaßen unchristliche Haltungen gegenüber Veränderungen. Da ist zum einen die Abwehr jeder Entwicklung. Sie wurzelt in einem tiefen Misstrauen gegenüber der menschlichen Natur, als ob Gott den Menschen nicht die Vollmacht anvertraut hätte, seine Einrichtungen auch zu verwirklichen, als ob der Auftrag an die Aposteln zurückgezogen worden wäre. Dieses Misstrauen beruht auf einem Irrtum: Notwendige historische Entwicklungen werden für göttliche Einrichtungen gehalten. Menschengemachte Strukturen werden für göttliche Kunstwerke gehalten. Diese Haltung kann durch das Studium von Theologie und Geschichte korrigiert werden. Die Theologie wird uns den Kern der göttlichen Offenbarung zeigen und uns lehren, was Gott selbst getan hat; die Geschichte wird uns zeigen, was Menschen unter Gottes Herrschaft getan haben.

Der Ablehnung jeglicher Entwicklung steht die Haltung derer entgegen, die immer etwas ändern wollen, wie Kinder, die nicht in dem verstaubten Haus leben wollen, das ihre Familie über Jahrhunderte hinweg errichtet hat, und lieber in einer rasch gebauten Bude am Rande des Grundstücks wohnen. Falls diese Haltung nicht in dem labilen Charakter ihrer Verfechter wurzelt, beruht sie auf einer Überschätzung der menschlichen Erfindungsgabe innerhalb des übernatürlichen göttlichen Plans. Gegen diese Neigung zu unorganischen und plötzlichen Veränderungen hilft eine Erziehung zur Demut. Gewohnheit spricht immer für Weisheit, zumindest für praktische Weisheit. Die Kritik an der modernen Pfarrei setzt daher eine gewisse Kenntnis der Theologie und der Geschichte voraus, die oft als Gewohnheit sichtbar wird.

Folgt dem Mann in sein Haus ... in das Obergemach

Wenn wir nicht wissen, wie ein Land geworden ist, wissen wir nicht, wie es wirklich ist. Wenn wir nicht wissen, wie Gott die Pfarrei gewollt hat und wie sie aussah, als Menschen Gottes Idee zum ersten Mal sichtbar machten, fehlt uns die Grundlage, um die Gemeinde von heute zu beurteilen. Wie hat die Gemeinde begonnen? Sicherlich nicht mit den Aposteln.

Christus hat die Pfarrei nicht geschaffen. Er schuf Priester, und er brauchte ein Dach über seinem Abendmahlssaal. (Das Priestertum ist von Christus eingesetzt worden, nicht die Grenzen seines Priestertums, die sich in den modernen Pfarreigrenzen zeigen). Jahrhundertelang expandierte die Kirche in dem Bewusstsein: Das Ende der Welt ist nahe. Jeder Bischof hütete seine Herde und hatte, wenn möglich, eine Herde, die klein genug war, damit er selbst die Messe für sie halten konnte. Die Bilder für die Seelsorge und die Beziehung zwischen dem Hirten (der Bischof war der einzige Seelsorger) und seinen Gläubigen waren dem Vokabular der mediterranen Hirten entnommen, die kein festes Zuhause haben und mit ihren Schafen von Weide zu Weide ziehen – von der Erde zum Himmel. Christen betrachteten sich als Fremde in einer fremden Welt, als Kinder, verbannt aus ihrem Land. Das Wort „Pfarrei“ stammt von einem griechischen Verb, das bedeutet: wie ein Fremdling leben – ohne Heimat sein.

Das Coenaculum unter Nicht-Christen

Die zwölf Apostel fanden es nötig, in jeder Pfarrei einen Mann zum vollen Priestertum zu weihen. Dieser Mann, der Bischof der Stadt, zog umher und feierte die heiligen Mysterien in den Häusern verschiedener Christen. Die Stationskirchen in Rom sind ein Überrest dieses Brauchs: Die ältesten von ihnen tragen die Namen von Privatfamilien, und ihr Name drückt nichts anderes aus als die Adresse, an der die Christen sich zur Messe trafen. In diesen Häusern wurde regelmäßig die Messe gefeiert, und oft entwickelte sich der Raum, in dem die Messe gehalten wurde, allmählich zu einer Kapelle – die Familie nutzte ihn nicht mehr als Esszimmer, und das *Coenaculum* wurde zu einer Kirche. Auch die Zahl der Christen wuchs ständig. Bald reichte ein einziger Seelsorger, der Bischof, für die Gemeinschaft nicht mehr aus, und so weihten mehrere Päpste Priester. Diese Priester sollten dort die Messe halten, wo der Bischof nicht hingehen konnte, und predigen, wenn der Bischof keine Zeit dafür fand. Oftmals besuchten diese Priester bevorzugt eine bestimmte Kirche, doch sie können noch nicht als Pfarreipriester bezeichnet werden. Der Bischof war noch der einzige Hirte in der Stadt, und die Priester assistierten ihm. Papst Innozenz I. berichtet 417 von seiner Gewohnheit, seine Hostie bei der Feier der Messe in kleine Stücke zu brechen und jedem Priester, der in der Stadt Rom zelebrierte, eines dieser Stücke zukommen zu lassen, damit er es in seinen Kelch fallen ließ und daran deutlich wurde: Es handelt sich wirklich um eine einzige Messe, die in der ganzen Stadt gefeiert wird, und zwar die Messe des Bischofs. Die heutige Teilung der Hostie in drei Teile geht auf diesen Brauch zurück.

Die Pfarrei als Herz der Stadt

Von Anfang an entwickelte sich das Christentum in den Städten rascher als auf dem Land. Doch gegen Ende des 5. Jahrhunderts hatte sich das Christentum in neue Missionsgebiete ausgebreitet, und die letzten Hochburgen des Heidentums in den ländlichen Gebieten Südeuropas fielen im 7. Jahrhundert. Immer mehr Bischöfe baten ihre Priester, die Ausübung ihres Amtes selbständig zu übernehmen. Nicht länger war der Bischof der einzige Vater und der Priester nur sein Gehilfe; die Priester selbst mussten unter ihren Bischöfen alle drei Bereiche der

Seelsorge übernehmen: die Spendung der Sakramente, das Lehren des Evangeliums und die Leitung des Volkes.

Einst hatte jede Stadt, in der Christen lebten, ihren eigenen Bischof (oder „Engel", wie ihn der heilige Johannes in seinen sieben Briefen an die sieben „Kirchen" in Kleinasien nennt), und Diözesen wurden leicht und eifrig vermehrt. Aus diesem Grund gibt es so viele Diözesen in den Ländern, die vor dem 6. Jahrhundert zum Glauben kamen. Nun machte der Bischof jeden seiner Priester für einen ganz bestimmten Teil seines Volkes verantwortlich und legte langsam, aber sicher die Grenzen des Gebietes fest, für das ein Priester zuständig war – Grenzen, die oft nach einer Seite hin offen blieben, auf den jungfräulichen Boden hin, den die christliche Verkündigung noch nicht betreten hatte.

Die Pfarrei als lebendige Zelle der Diözese war von der Kirche ins Leben gerufen worden. Christus hatte sein Priestertum für sein Volk eingesetzt. In apostolischer Zeit fand die Kirche es nötig, einen bestimmten Teil ihres Mystischen Leibes einem bestimmten Bischof zuzuweisen. Er allein ist Priester im vollen Sinne des Wortes, er allein gehört zur lehrenden Kirche, er allein ist Nachfolger der Apostel, er allein trägt den Trauring, um seine Ehe mit der Kirche anzuzeigen. Später hielt die Kirche es für nötig, dem Bischof zu erlauben, sein Territorium zu unterteilen und seinen Vertretern, anderen Priestern, die volle Verantwortung für eine Pfarrei zu übertragen.

So entstand die territoriale Pfarrei, zu der alle Menschen gehören, die in einem bestimmten Gebiet leben und für die der Pfarrer die Verantwortung übernimmt: um zu nähren, zu lehren und zu leiten, die in der Kirche sind, und diejenigen zu bekehren, die außerhalb stehen. In Europa wurde auf diese Weise das Wort „Pfarrei" geradezu zum Wort für „Dorf".

Menschliche Faktoren trugen nicht weniger als der übernatürliche Glaube dazu bei, die Pfarrei in katholischen Ländern zum Herz der Gemeinschaft werden zu lassen. Der Priester war oft die am meisten gebildete Person im Dorf, Brauchtum und Folklore konzentrierten sich auf die Kirche, und das zivile Leben wurde durch den Ablauf des liturgischen Jahres geregelt, da das Leben jedes Einzelnen eng mit der Kirche in der Mitte des Dorfes verbunden war. Oft – manchmal bedauerlicherweise – wurde die Kirche auch zu einem Zentrum für politische Aktionen. Später drohte ein Zusammenbruch dieser menschlichen

Faktoren die Pfarrei aus ihrer zentralen Stellung in den Herzen der Menschen zu entfernen. Und dann kam die Reformation, und mit ihr zerbrach die katholische Gemeinschaft in Europa. Von da an kann man kaum noch von einer gemeinsamen Entwicklung der Pfarrei in den verschiedenen Ländern sprechen. Es kann hier nicht unser Ziel sein, die Gründe zu untersuchen, die zum „Verlust der Massen" in Frankreich führten, oder die Motive, die deutsche Pfarreien so empfänglich für die „liturgische Bewegung" machten, oder die endgültige Rechtsform, die Pius X. (der erste Papst seit langem, der zuvor Pfarrer war) 1917 durchführte. Unser Ziel ist es, historisch nur die Elemente zu verstehen, die der amerikanischen Pfarrei eigen sind – nicht die kleineren Elemente, so wichtig sie auch sein mögen, die das typische Bild dieser oder jener nationalen Pfarrei geprägt haben. Schließlich sind wir auf der Suche nach dem gemeinsamen Nenner – falls es ihn gibt – der Hauptkritik, die von Katholiken an der Kirche in diesem Land geübt wird.

Die schützende Pfarrei

Die amerikanische Pfarrei – sollte es so etwas geben – war immer ein Zentrum, um das sich eine Minderheit versammelte: Menschen nutzten die Pfarrei, um zu verteidigen, was sie hatten. Die Kirche hatte immer Gründe, nicht nur den Glauben ihrer Kinder sorgsam zu schützen, sondern auch deren alte christliche Bräuche mit ihrer starken Symbolkraft, Ansatzpunkte für das Bekenntnis des Glaubens zu bieten. Die Kirche wurde immer zu einem Bollwerk der Tradition und Kontinuität. Zur Zeit der großen Einwanderung von Katholiken in dieses Land hatte die Kirche Grund zu übermäßiger Sorge. Arme Migranten, die ihr Land verließen, um einen Lebensunterhalt zu finden, trafen auf eine hochgradig wettbewerbsorientierte Gesellschaft, die stark von dem calvinistischen Glauben geprägt war, das Gute setze sich durch, und die sich in der Freude über ihre neu gewonnene Unabhängigkeit irgendwie den Neuankömmlingen widersetzte. Sie brachten ihre Priester mit, die eher Hirten einer wandernden Herde als Missionare einer bedürftigen Zivilisation waren. Sie waren mehr damit beschäftigt, den Glauben ihres Volkes zu bewahren, als eine neue Nation zu bekehren. Der Nachdruck lag auf Begegnungen „unter uns", auf Vereinigungen, die Eheschließungen unter Katholiken fördern sollten, und auf einer Erziehung, die das Kind befähigen sollte, katholisch zu bleiben. Die Kirche wurde zu einem gewaltigen Bollwerk für das Katholische. Nie zuvor hatte die Kirche diese Aufgabe zu erfüllen gehabt, oder zumindest war es ihr nie zuvor gelungen. Eine kleine Zahl von Missionaren hatte ganze Länder bekehrt. Einige katholische Minderheiten hatten der Reformation widerstanden – und winzig kleine Gruppen von Katholiken waren in der Lage gewesen, zusammen mit der Sprache ihres Heimatlandes den Glauben mitten auf dem Balkan und im Nahen Osten zu bewahren. Nie zuvor hatte jedoch eine Gruppe von Einwanderern ihre nationale Zugehörigkeit geändert und war der Kirche treu geblieben. Jetzt geschah es durch ihre Schulen und Pfarreiverbände, die für Katholiken wohl oder übel eine weitere Chance darstellten, sich in einer fremden Kultur als Minderheit zu fühlen. Die beharrliche Wiederholung, man könne ein guter Amerikaner und zugleich ein guter Katholik sein, trug nur zu diesem Gefühl bei.

Die aufkeimende Pfarrei

Katholiken mögen eine Minderheit bilden, doch die Kirche kann keine Minderheit sein. Sie ist immer der Sauerteig: eine Minderheit lebt in einer Enklave – der Sauerteig dringt ein. Wenn man den Sauerteig vom Mehl trennt, sind beide nutzlos. Wenn Katholiken jemals ihre Sorge für diejenigen verlieren, die ohne Gott sind, verlieren sie auch ihre Nächstenliebe. So manche heutige Pfarrei hat zu dieser Trennung beigetragen, indem sie eine Atmosphäre aufrechterhielt, die einst notwendig war, jetzt aber nicht mehr.

In der behüteten Atmosphäre einer Kirche, die Traditionen einer geographisch isolierten katholischen Gemeinschaft in einer nichtkatholischen Gesellschaft fortführt, hat sich die Pfarrei zu einem höchst effizienten Zentrum für die Verwaltung der Sakramente und die Erteilung von Religionsunterricht entwickelt. Tatsächlich hat es in der Kirchengeschichte noch nie eine Zeit gegeben, in der ein so hoher Prozentsatz getaufter Katholiken so gut unterwiesen wurde und ein so intensives sakramentales Leben führte. Ohne Kenntnis des geschichtlichen Hintergrunds der heutigen Pfarrei wäre es unmöglich, das eine, überraschende Defizit dieser Kirche in Amerika zu erklären: den mangelnden Einfluss der Katholiken unter Nichtkatholiken, anders gesagt: ihren fehlenden missionarischem Geist. Nur wenn wir diesen Mangel als typischen Überrest eines Überlebenskampfes erkennen, verstehen wir wirklich, warum darin keine direkte Ablehnung von Verantwortung liegt, sondern eher ein Zeichen von Unreife.

Vor hundert Jahren war ein frisch eingetroffener Einwanderer gesellschaftlich oft auf die eigene nationale Gruppe beschränkt; ohne die eigene Herkunft zu verleugnen, konnte er nicht mit dem „alteingesessenen Amerikaner" verkehren. Damals musste die Kirche ihn vor dem Kontakt mit Nichtkatholiken schützen, weil sie befürchtete, er könne durch sein „Anderssein" den Glauben verlieren; der Einwanderer wiederum konnte sich nicht für Nachbarn verantwortlich fühlen, die er nicht kannte. Heute wird ein Katholik nur selten aufgrund seiner Herkunft nicht akzeptiert. Viele Protestanten sind seine Nachbarn, Kollegen und Freunde geworden. Oft hindert der Einfluss einer lang zurückliegenden Konkurrenz Katholiken heute daran, sich der neuen missionarischen Herausforderung zu stellen.

Es ist, als hätte Gott ein kräftiges Samenkorn über den Winter in der Erde reifen lassen, und nun ist die Zeit zum Aufkeimen gekommen: Gut ausgebildete Katholiken im ganzen Land sind bereit, Verantwortung für die da draußen zu übernehmen, und warten auf eine konkrete Vorbereitung in ihrer Gemeinde. Das Wort „Pfarreimitglied" darf sich nicht nur auf Katholiken beziehen. Die Pfarrei wird mehr und mehr im Bewusstsein der Katholiken zur geistlichen Heimat für alle, die in ihren Grenzen leben – auch wenn viele nicht wissen, wo ihr Zuhause ist. Dies geschieht überall. Die Legion Mariens wächst; hier widmen Laien zwei Abende in der Woche der Bekehrung ihrer Nächsten. Die christliche Familienbewegung, die Kana-Konferenzen, die Veränderung der kirchlichen Vereine alten Typs und der lebenslange Einsatz mancher Priester bereiten den Geist vor, in den Bekehrte, die Frucht der verschiedenen Einsätze, aufgenommen werden können. Selbst ein katholischer Außenseiter wie José wird in einer Weise aufgenommen, mit der frühere katholische Neuankömmlinge nie rechnen konnten.

Vor Jahren hätte man auf die Herausforderung einer neuen Masseneinwanderung von Katholiken mit der Gründung von nationalsprachlichen Pfarreien reagiert. Die amerikanische Durchschnittspfarrei hatte noch nicht begonnen, entweder amerikanisch oder missionarisch zu sein. Heute öffnet sich ganz langsam der Weg für Neuankömmlinge, auf ihre eigene Weise Katholik zu sein, ohne darum zu kämpfen, ohne ihren menschlichen Hintergrund „schützen" zu müssen, um den eigenen Glauben zu retten.

Eine besondere Messe mit spanischer Predigt?

An jenem Sonntag, als ich José und seine Freunde um elf Uhr auf den Stufen der Kirche traf, konnte ich nicht umhin, mich zu fragen: Sollten wir eine besondere Messe für ihn mit einer spanischen Predigt feiern? Könnte sich eine solche Messe nicht zu einem *Jim-Crow*-Treffen[1] entwickeln? Sollten wir spanische Andachten einführen? Spezielle spanische soziale Gruppen? Sollen wir den Freundinnen seiner Schwester erlauben, ihre weißen Schleier zu tragen, oder mit Bedacht das traditionelle Zeichen der Kinder Mariens in unserer etablierten Pfarrei einführen? Oder sollten wir auf die Gründung einer nationalsprachigen Kirche für ihn in unserer Nachbarschaft hoffen – und für seine Kinder den Verlust ihres Glaubens zusammen mit ihrer unvermeidlichen Absage an die spanische Kultur riskieren?

Verstehen und die Zukunft

Diese Fragen über José und viele weitere Fragen über andere Menschen, die in unseren Pfarreien nicht finden, was sie suchen, müssen mit einem gewissen Hintergrundwissen in Geschichte und Theologie beantwortet werden sowie mit einer Besonnenheit im Urteil über die einzigartige Lebenssituation. Die Fragen müssen mutig gestellt und je neu beantwortet werden. Kritik an der Pfarrei wird so zu einer Gewissenserforschung für alle, die sich darauf einlassen: Laien, Priester und Außenstehende gleichermaßen. Und wenn es nicht um Kritik am Klerus oder an den Laien geht, sondern an der Institution selbst, wird sie meist um einen Gedanken kreisen: Die schützende Pfarrei gehört fast überall in diesem Land der Vergangenheit an.

Während des Winters war es für die Saat gut, in der Erde verborgen zu bleiben, doch wenn sie im Frühling nicht aufkeimt, verrottet sie.

1 *Jim Crow (Jim die Krähe) war im 19. Jahrhundert in den USA die Figur eines stilisierten Schwarzen, der durch weiße Schauspieler mit schwarz gefärbtem Gesicht in sogenannten „Minstrel Shows“ dargestellt wurde und durch Stereotype die Unterordnung dunkelhäutiger Menschen förderte.

Geheiligte Jungfräulichkeit*

Auch wenn jungfräulich Lebende sich als menschliche Wesen verstehen müssen, sollten sie als christlich Glaubende immer danach streben, ihre Jungfräulichkeit vom Blick Gottes aus zu verstehen. Jungfräulichkeit als Stand, Errungenschaft oder Schicksal des Menschen wird niemals den Schlüssel zum Verständnis der Jungfräulichkeit der Gottesmutter bieten. Natürlich muss Jungfräulichkeit auch unter menschlichem Gesichtspunkt verstanden werden: als Verzicht oder Erfüllung – Verweigerung um Gottes willen oder Gabe an Gott – und somit als eine Form voller Reife der menschlichen Natur, bestimmt zum Dienst in Liebe. Ob sie nun als Verweigerung oder als Gabe betrachtet wird, als Dienst kann sie den Akzent auf die Möglichkeiten zur Wohltätigkeit gegenüber dem Nächsten legen wie auch den unbedingten Vorrang Gottes verherrlichen. Diese Sicht der Jungfräulichkeit – ihre Beziehung zur menschlichen Natur – ist jedoch nicht das Problem, auf das wir in diesem Artikel hinweisen wollen.

Die Lehre der Kirche über die Gnade und die übernatürliche Ordnung, besonders in den letzten Jahrhunderten, definiert „übernatürlich" mit Nachdruck als das, was über die Bedürfnisse und Bestrebungen der Natur hinausgeht. Wenn wir also von der christlichen Jungfräulichkeit als einer *übernatürlichen* Realität sprechen, müssen wir nach jenem Aspekt der Jungfräulichkeit suchen, der die erhabenste Verheißung menschlicher Erfüllung übersteigt. Wie man nicht vergessen sollte, kann sie als menschlicher Stand das Ergebnis vieler, ja widersprüchlicher unbewusster Bestrebungen und bewusster Motive sein.

Nur so wird die Betrachtung der Jungfräulichkeit im strengen Sinne theologisch sein, nicht die Analyse menschlicher Reaktionen auf einen im Dienste Gottes gewählten Stand, d.h. sie wird bei der Untersuchung vom Blick Gottes gemäß der im Glauben erfassten Offenbarung ausgehen.

Bei der Untersuchung eines Themas, das zentral den Bereich des Sexuellen berührt, müssen wir psychologische Reaktionen wahrnehmen, die im persönlichen Hintergrund wurzeln und selbst die Aussagen des

---

* Peter Canon [Pseudonym], Sacred Virginity, in: Integrity, Oktober 1955, 32-35.

tiefsten Mystikers entsprechend seiner menschlichen Erfahrung färben werden; so kann es teils unmöglich werden, die objektive Bedeutung der Jungfräulichkeit in der Schilderung der Reaktion einer bestimmten anderen Person darauf zu finden. Ein objektives theologisches Verständnis dieses Standes ist umso wichtiger, als es ohnehin sehr schwierig ist, den Sinn der Jungfräulichkeit zu erfassen. Christus selbst sagt: Nur diejenigen, denen es gegeben ist, werden sie begreifen [Mt 19,11]. So ist es äußerst wichtig, die christliche Bedeutung der Jungfräulichkeit zumindest so zu verstehen, wie es offenbar für Gott am wichtigsten erscheint.

„Geheiligte“ Jungfräulichkeit

Die Bedeutung, die Gott der Jungfräulichkeit gibt, lässt sich am besten auffinden, wenn man den Kontext analysiert, in dem die Kirche von ihr spricht, d.h. als „geheiligte“ Jungfräulichkeit.[1] Und da Gott zuerst auf Hebräisch gesprochen hat, wird eine Untersuchung der ursprünglichen Bedeutung des Wortes „heilig“ im Hebräischen zeigen, wie die grundlegende Idee ihre Erfüllung in der christlichen Jungfräulichkeit gefunden hat. Alles „Heilige“ im Alten Testament deutet symbolisch auf die „Heiligkeit“ des Messias und damit auf die jungfräulichen Mütter voraus: Maria und die Kirche.

Ein „normales“ hebräisches Wort besteht im Wesentlichen aus drei Konsonanten, die geschrieben und somit visuell an die Nachwelt weitergegeben werden, und aus einigen Vokalen, die nicht geschrieben, sondern nur in der mündlichen Überlieferung erlernt und weitergegeben werden; sie geben dem Wortstamm, der eine allgemeine Bedeutung hat, die Präzision eines klaren Begriffs. Ein und dieselbe Wurzel kann also viele, manchmal widersprüchliche Bedeutungen annehmen. So kann *jzy*, das die allgemeine Bedeutung von „Sanktion“ hat, entweder Belohnung oder Bestrafung bedeuten.[2]

1 *Ivan Illich verwendet im englischen Text die Wortfelder „sacred“ und „holy“. Oft können sie als synonym betrachtet und übersetzt werden. Wo der Text selbst eine Bedeutungsdifferenz nahelegt, wird „sacred“ mit „geheiligt“ übersetzt und betont die objektive Heiligung von Gott her, während „heilig“ im Sinne von „holy“ zugleich den menschlichen Vollzug benennt.

2 *Selbst mit Hilfe alttestamentlicher Forschung konnte nicht verifiziert werden, von welcher Wurzel Ivan Illich hier spricht; es ist mit einer fehlerhaften Übertragung bei der Drucklegung zu rechnen.

Anders die Wurzel קדש. Sie hat immer die allgemeine Bedeutung von etwas Getrenntem, etwas Abgeschnittenem. Seit frühester Zeit wird sie ausschließlich für Gottes *Andersheit,* für seine unendliche „Nicht-Weltlichkeit“ verwendet. Nichts Tieferes und Umfassenderes scheint ein Geschöpf über ihn sagen zu können, und daher handelt es sich um die beste Bezeichnung für sein Wesen. Im Gegensatz dazu steht das *Profane.* Was auch immer Gott als sein ausschließliches Eigentum von der Welt absondert, ist von seiner eigenen „Nicht-Weltlichkeit“ verschlungen und daher קדש – geheiligt, dem Gebrauch für menschliche Zwecke entzogen und daher für sie „verboten“. So ist es mit dem Boden um den brennenden Dornbusch, den Mose nicht betreten darf, und mit dem innersten Raum des Tempels, in den niemand vordringen darf außer dem Hohenpriester, der selbst zu diesem Zweck „geheiligt“ ist, oder mit der Lade, die alle tötet, die nicht selbst zur Welt des „Geheiligten“ gehören, wenn sie sich ihr nähern. Israel ist geheiligt, weil es das Volk ist, das Gott für sich selbst ausgesondert hat – und darf sich nicht mit anderen Menschen vermischen, die nicht von Gott ausgesondert sind.

Gottes Erwählung

Wie man unbedingt beachten muss, ist קדש, heilig, im Alten Testament nicht das Ergebnis menschlichen Handelns oder menschlicher Tugend oder Güte, sondern fast unabhängig davon die Folge der „Wahl“ Gottes – Ausübung seiner höchsten Freiheit, in der er weder Gründe für sein Handeln angeben noch seine Gaben nach der Würdigkeit der Geschöpfe verteilen muss. Geheiligt-sein und moralische Heiligkeit sind nicht unbedingt deckungsgleich. Sobald ein Geschöpf „geheiligt“ ist, wird es aus dem profanen Kontext herausgenommen und gehört Gott – selbst wenn es ihm an moralischer Heiligkeit mangelt. Das gilt für Adam oder David nach ihren Sünden nicht weniger als für Israel, das „geheiligte Volk“, nach seinem Ehebruch mit anderen Göttern.

Geheiligt-sein in diesem Sinne ist im Alten Testament also ein Zustand, der durch das Eingreifen Gottes bewirkt wird, und nicht nur eine vom Menschen unternommene Weihe, weniger noch ein bloßer Zustand moralischer Rechtschaffenheit. Wenn Heiligkeit für Gott die unaussprechliche „Andersheit“ seines Wesens ist, so bedeutet sie für ein Geschöpf die Überführung aus dem Profanen in die Vertrautheit mit „dem Licht Israels, das wie ein Feuer sein wird, und mit dem Heiligen, der daraus hervortritt wie eine Flamme“ [Jes 10,17], die alles verzehrt, was nicht ihrer eigenen Natur entspricht.

„Heiligung“ wird ausschließlich von Gott vollbracht, unabhängig von der Zustimmung des Menschen; das zeigt sich, indem Gott allein in einem hebräischen Satz das Subjekt des Verbs ist, das „heilig“ entspricht. Gott allein heiligt. Wenn wir vom indogermanischen Griechisch in das semitische Original zurückübersetzen, wie es gesprochen wurde, ist es Gott, den wir bitten, seinen Namen im *Vater unser* zu heiligen, קדש.

So finden wir im Alten Testament mehrere Worte, um einen Menschen zu bezeichnen, der den Willen Gottes tut, vor seinem Angesicht wandelt, Gerechtigkeit übt, ein gutes Leben führt, d.h. Gott nicht beleidigt. Die Wurzel קדש hingegen ist für eine andere Heiligkeit reserviert, die dem Menschen und anderen Realitäten wie dem Tempel oder dem Volk eigen ist, eine Heiligkeit, die nicht von der Entscheidung des freien menschlichen Willens abhängt.

Alle großen Männer, denen Gott im Alten Testament eine geheiligte Sendung anvertraute, wurden nach dem Vorbild Abrahams zu einem Gehorsam bis ins Fleisch hinein berufen – so zeigt sich beim Studium ihrer Geschichte: Entweder erhielten sie von Gott eine Anweisung wie Mose und Aaron und Saul, dem das Öl auf den Bart hinabfloss, bevor ihm klar wurde, er werde der neue König sein, oder sie waren durch ihre Abstammung als Träger einer geheiligten Sendung ausersehen. Die Erlösung war im Anbruch, doch der Emmanuel (Gott mit uns) war noch nicht in der Welt.

Sichtbare Symbole deuteten auf die übernatürliche Wirklichkeit voraus, doch das Symbol war noch nicht in der Lage, diese Wirklichkeit zu vergegenwärtigen.

Das Geschenk der Freiheit

Und als das Wort Fleisch wurde, „nicht aus dem Blut, nicht aus dem Willen des Fleisches, nicht aus dem Willen des Mannes, sondern aus Gott“ [Joh 1,13], sandte Gott einen Engel zu der Jungfrau. In Nazareth wurde ein Mensch gebeten, in die Vertrautheit mit Gott einzutreten, Gott zu gehören, und so konnte aus ihrem Fleisch sein Leib geformt werden. Als erste in der Menschheit wurde sie gebeten, ihren Willen selbst zum Geschenk an Gott zu machen, und so konnte er in seiner grenzenlosen Achtung vor der menschlichen Freiheit das Geschenk ihrer Freiheit heiligen. Gottes Anspruch auf die geheiligte menschliche Natur – sein Recht, die Geschöpfe in sein unendliches Anderssein aufzunehmen –, bislang vorweggenommen in Hoffnung und daher durch Fortpflanzung verwirklicht, wurde gegenwärtig und damit Gegenstand des Glaubens und der menschlichen Praxis der Jungfräulichkeit.

Die apologetische, psychologische, moralische und asketische Diskussion über die christliche Jungfräulichkeit besteht notwendig auf der Praxis der Jungfräulichkeit: ihre Realisierbarkeit, die Methoden ihrer Verwirklichung und Bewahrung, ihr Nutzen für den persönlichen Fortschritt im Gebet und in der sittlichen Heiligkeit, ihr Vorzug im Apostolat und die Probleme ihrer Institutionalisierung. Doch in erster Linie geht es um *geheiligte* Jungfräulichkeit, d.h. um das Erscheinen der Heiligkeit Gottes – קדש – im menschlichen Fleisch, und das bleibt oft im Dunklen. In christlicher Jungfräulichkeit lebt eine Person, die in das Handeln Gottes eingewilligt hat, das sie von der Welt trennt, sie aus ihrem profanen Kontext herauslöst und sie inmitten einer profanen Welt zum Symbol der Intimität Gottes macht, zum Sakrament der Unweltlichkeit Gottes.

Einübung in den Tod*

Der Tod ist entweder das Ende – oder ein Geburtstag.

Wenn der Tod das Ende ist, widerfährt er dem Menschen. Das Nicht-Sein dringt in die Erfahrung des Seins ein, und ein solches Eindringen ist unvorstellbar, denn was auch immer der Mensch wissen mag, ist eine Erfahrung des Lebens – und mit dem Tod endet die Erfahrung, endet die Vorstellung, weil das Leben endet.

Wenn es das Leben ist, das dem Tod Sinn gibt, dann ist dieser Sinn Un-Sinn; denn sobald der Mensch seine Sinne verliert, hat das Dasein keinen Sinn, denn die Sinne sind es, die dem Leben Sinn geben. Wenn der Tod das Ende meint, kann er nicht erfahren werden. Er ist das sinnlose Ende des Lebens der Sinne. Er führt nirgendwohin. Wenn der Tod das Ende ist, bedeutet Sterben den schroffen Abbruch, das plötzliche Nahen des *Nichts*. Bis zu diesem Augenblick bedeutete Leben: streben, ein Ziel nach dem anderen verfolgen, einen Schritt vor den anderen setzen. Wenn der Tod das Ende ist, bedeutet der Augenblick des Todes den letzten Schritt, über den hinaus nichts mehr zu erreichen ist, einen letzten Schritt, mit dem das Vorwärtsschreiten aufhört, einen letzten Schritt, in allem denen gleich, die ihm vorausgingen. Wenn also der Tod das Ende ist, ist der Tod weder eine Enttäuschung (Was sonst hast du erwartet?) noch ein Scheitern (Das Leben selbst ist das Scheitern, das der Tod beendet). Der Tod ist dann kein Schritt in etwas Neues – Licht oder Frieden oder Ruhe; mit ihm hört die Bewegung auf, denn nicht einmal Buddha kann in das Nichts treten. Mit dem letzten Schritt widerfährt dem Menschen das Ende, der Mensch hört auf zu sein.

Wenn also der Tod das Ende des Lebens ist, ist er völlig konträr zum Leben, völlig unverständlich, denn eine Verneinung lehrt nichts über das, was sie verneint.

Tatsächlich gibt es Menschen, die den Tod als ihr persönliches Ende betrachten und sich frei entscheiden, den Tod im Dienste einer Sache zu suchen. Doch das ist kein Beweis für die innere Wahrheit einer Sache, ebenso wenig wie die Liebe ein Beweis für den Wert des

---

* Peter Canon [Pseudonym], Rehearsal for Death, in: Integrity, März 1956, 4-10.

Gegenstands der Liebe ist. Das Martyrium beweist einfach die Aufrichtigkeit einer Überzeugung, und die Liebe beweist nichts. Die Tausende (z.B. Kommunisten), die zugunsten der *Sache* sterben, beweisen weder die Wahrheit der *Sache,* noch geben sie ihrem Tod einen Sinn, indem sie die *Sache* unterstützen. Entweder ist also die *Sache* mehr als der Mensch, und wer für die *Sache* stirbt, bekennt sich zu etwas Größerem, für das der Mensch geopfert werden muss. In diesem Falle hat der Mensch selbst keinen Sinn, und der Tod ist das Ende. Oder die *Sache* ist die der Menschheit, und wer dann den Tod als persönliches Ziel wählt, spricht das Todesurteil über die *Sache* – denn welchen Sinn hat die Menschheit, wenn der Mensch ohne Sinn ist?

Während die Kommunisten Märtyrer haben und die modernen Pantheisten und Hedonisten nicht, ist der Tod das Ende für sie alle: ob sie nun meinen, der Mensch, der nicht mehr er selbst ist, werde zu Gott, oder ob sie meinen, der Mensch sei ein Tier – denn entweder wirst du ganz Gott oder ganz zu Würmern, oder dein Geist ganz Gott und dein Leib ganz zu Würmern. In jedem Falle hörst du auf, Mensch zu sein, und das scheint dein Ende zu sein.

Die christliche Sicht des Todes

Doch der Tod ist ein Geburtstag. Es ist der Tod, der dem Leben Sinn gibt, so wie die Geburt der Empfängnis und der Schwangerschaft Sinn und Gestalt gibt. Der christliche Märtyrer stirbt, um seinen Glauben an diese Wahrheit zu beweisen, auch wenn die Wahrheit selbst sich durch seinen Tod nicht beweisen lässt. Und die Wahrheit lautet: Im Tod erwacht der Mensch zur Schau Gottes. Das ist mehr, als der menschliche Verstand sich vorstellen kann: Im Tod wird der Mensch aus dem Schoß der Mutter Kirche in das weite Licht des ewigen Tages hineingeboren. Der Tod als Schritt ist also sehr verschieden von allen vorausgehenden Schritten. Nicht der abgebrochene Schritt dessen, der aufhört zu leben, nicht das Ende der Bewegung, weil der sich Bewegende nicht mehr ist, sondern der letzte Schritt in einer langen Reihe von Schritten – der eine Schritt, der den Menschen durch die Tür trägt, wie der eine, einzige, letzte Schritt, der Flüchtende über die Grenze in Sicherheit bringt. Wie das eine *Ja* am Altar, das die Braut zur Ehefrau macht, das letzte in einer langen Reihe ähnlicher Bejahungen, das eine Ehe zu einer Beziehung für immer macht, so macht die letzte Einwilligung in den Willen Gottes den Himmel auf einmal und für immer gegenwärtig.

Wenn das Leben im Licht des Todes gesehen wird, ist das Sterben nicht etwas, das dem Menschen widerfährt, sondern etwas, das der Mensch *tut.* Wie könnte es anders sein? Für den Menschen galt es, sich im Zusammenwirken mit der göttlichen Gnade seinem Ziel mit eigenen Kräften zu nähern; den Hafen zu erreichen, indem er seine eigenen Segel setzte. Dieser Mensch würde nicht als Mensch sterben, geschähe es nicht durch einen Akt seines eigenen Willens (und Zustimmung ist nicht weniger ein Akt, eine Entscheidung des Willens, als Verweigerung). Ohne Einverständnis seinerseits würde er sich selbst enthoben, und der Tod wäre ein gewaltsames, ungebührliches Ende eines lebenslangen Zusammenwirkens.

Der Tod als menschlicher Akt

In unserer Sicht des Glaubens erhebt die Gnade das menschliche Tun in den Bereich des Göttlichen, ohne in irgendeiner Weise dessen Menschlichkeit zu zerstören, und der Mensch hat lebenslang Teil am göttlichen Leben. Wenn wir den Tod nicht als Tun des Menschen annähmen, würden wir den letzten, den endgültigen, den höchsten Schritt auf das Ziel hin nicht als freien Schritt des Menschen sehen, sondern als dem Menschen von Gott gewaltsam aufgezwungen.

Der Tod kann dem Menschen nicht angetan werden, sondern muss etwas sein, das der Mensch tut, sonst wäre er unmenschlich. Im Tod wächst der Mensch zu seiner Reife, und der Mensch kann nicht „gewachsen werden".

Wenn wir also das Leben in der Zeit betrachten – d.h. Leben in kleinen Stücken oder Leben, das sich in der Vergangenheit verliert, um in der Zukunft nach sich selbst auszugreifen –, dann ist der Tod der Durchgang durch ein Tor, in dem sich das Leben ungeteilt wiederfindet, und dieser Durchgang muss ein Akt des Lebens sein. Der Tod muss eine Tat des Menschen sein: die höchste Entscheidung des Menschen, die höchste Ausübung der Freiheit, die höchste Gnade, die dem Menschen zuteil wird, d.h. die höchste menschliche Tat.

Von Anfang an war dem Menschen bestimmt, zu diesem Akt befähigt zu sein, durch die Zeit in die Ewigkeit zu treten; deshalb war für den Menschen von Anfang an ein letzter Schritt vorgesehen, der in der Zeit beginnt und in der Ewigkeit endet; die letzte Wahl, die sich dem Menschen bietet, den Ruf Gottes in einem ewigen *Ja* anzunehmen oder in der Unbeweglichkeit eines ewigen *Nein* zu erstarren. Der Mensch war jedoch nicht zum Sterben bestimmt, sondern zur Verwandlung. Seinem Leib war die Verherrlichung zugedacht, seiner Seele die Bestätigung in diesem letzten Akt der Schau und der Liebe im Durchbruch der Unmittelbarkeit Gottes. Am Anfang waren Seele und Leib nicht zur Trennung voneinander bestimmt; doch von Anfang an stand dem Menschen das Ende der Zeit bevor, um eine letzte freie Entscheidung zu treffen, nach der keine Entscheidung mehr folgt. Und der Inhalt dieser Entscheidung war die Zustimmung (das *Ja)* zu Gott, der den Menschen aus der Zeit in die Ewigkeit ruft. Der Mensch war also von Anfang an dazu bestimmt, sein *Ja* zum ewigen Hochzeitsmahl frei zu geben, sobald Gott gerufen hat.

Die Ankunft des Todes

Erst durch die Sünde hat dieser Überschritt den doppelt neuen Aspekt eines „Todes" erhalten. Erst seit die Sünde in die Welt gelangt ist, bedeutet dieser Überschritt gleichzeitig eine Trennung von Leib und Seele *und* eine Situation der Krise – eine Entscheidung. Der erste Aspekt des Todes – der Riss in der natürlichen Einheit des Menschen – ist eine Sündenstrafe. Der zweite Aspekt des Todes – die Wahl, die sich dem Menschen im letzten Augenblick stellt, dem Ruf Gottes mit einem ewigen *Ja* zu folgen oder in einem ewigen *Nein* zu erstarren – wird nach einem Leben in Sünde besonders schrecklich.

Im Gegensatz zum friedlichen „Übergang" der unbefleckten Natur ist der Tod also beängstigend, weil unnatürlich: Die Notwendigkeit zu sterben wurde durch die freie Entscheidung zur Sünde herbeigeführt. Die Sünde, eine Auflehnung gegen die Gnade, trennt den Menschen von Gott und wird mit dem Tod bestraft, der die unsterbliche Seele von ihrem sterblichen Leib trennt und so der Natur Gewalt antut.

Alle die behaupten, der Tod sei nicht abstoßend, der Tod sei nur ein Segen, der Tod sei nicht beängstigend, wissen entweder nicht, wovon sie sprechen, oder sie sehen der Realität nicht ins Auge. Entweder kennen sie keine Theologie und sehen daher im Tod keinen Verlust (obwohl wir nach dem hl. Thomas bis zum Tag der Auferstehung die Vollständigkeit unserer Personalität verlieren), oder sie nehmen für sich selbst die *dormitio Mariae* an – einen Tod wie den „Übergang" Marias.

Sie verkennen die entscheidende Tatsache: Der Tod bedeutet in der natürlichen Ordnung den größten Entzug und in der übernatürlichen Ordnung die größte Prüfung des Glaubens. Entzug, weil die Welt, wie wir sie kennen, für uns verloren sein wird, zusammen mit unserem selbst entworfenen Gottesbild. Entzug, weil unsere Seele, geschaffen um durch einen Leib zu kennen und zu lieben, Gott nackt ausgeliefert sein wird. Prüfung des Glaubens, weil wir uns ohne Stütze durch die vertrauten Sinne und Begriffe in seine Gegenwart vorwagen müssen. Wenn alles zurückbleibt, was wir kennen, gilt es wahrzunehmen, wie furchtbar unbekannt Gott uns eigentlich ist, bevor seine Unmittelbarkeit unser Wesen erfüllen wird.

Müssen wir uns fürchten?

Diese beiden Erfahrungen sind neu und beängstigend; das zu leugnen, ist sinnlos. „Die vollkommene Liebe vertreibt die Furcht" [1 Joh 4,18] – diese Aussage ist weit davon entfernt, die Realität der Furcht zu leugnen, sondern macht sie realer, als jede andere Behauptung es könnte: Der Tod hat die Furcht in die Welt gebracht.

Es wäre besser, in diesem Zusammenhang eher von *Angst* vor dem Tod als von *Furcht* vor dem Tod zu sprechen, denn Furcht ist etwas Vernünftiges und kann etwas Heiliges sein, während der Mensch als ganzer auf die Bedrohung durch Auflösung naturhaft, fast animalisch reagiert. Die knechtliche Furcht vor der Hölle schreit: „Lass mich niemals in einen solchen Zustand geraten", und die kindliche Gottesfurcht seufzt: „Lass mich nie von Dir getrennt werden; die Angst oder irgendein Geschöpf sollen mich Dir nicht entreißen". Beide sind eine große Hilfe für Sterbende; die Angst hat manchen großen Heiligen in Panik versetzt und ist die „Witterung der Sünde", in der wir sterben müssen. Obwohl jede freie Entscheidung ihrem Wesen nach unwiderruflich ist, muss in der Witterung dieser höchsten Angst die eine, unwiderrufliche Entscheidung getroffen werden, die in der Zeit beginnt und in der Ewigkeit nicht mehr rückgängig gemacht werden kann.

Der Tod ist der höchste Akt des Menschen, vollzogen im Klima der Angst, durch die der Mensch aus der vertrauten Zeit in die ungewohnte Nacktheit der Ewigkeit tritt und seinen Leib zurücklässt, und es ist die lebenslange Verantwortung des Menschen, sich auf diesen Augenblick vorzubereiten, in dem Gott bereit ist, ihm die größte Gnade seines

Lebens zu schenken. Was kann der Mensch angesichts dieser doppelten Wahrheit tun, um sich auf den Tod vorzubereiten? Kann er vorausplanen?

Zugegeben, alles Leben ist eine Vorbereitung auf den Tod – es ist auch eine Vorbereitung auf vieles andere. Wenn der Mensch immer im Zustand der Gnade sein muss, die der Same der Herrlichkeit ist, was sollen wir dann über große Heilige sagen, die den Tod fürchteten (und ich meine „Furcht", nicht „Angst") wie der hl. Franziskus, der sich am Ende als fähig erkannte, unseren Herrn zu verleugnen? Zugegeben, wir müssen um die Gnade eines guten Todes beten – eine Praxis, die im Zeitalter der Bestatter seltsam vernachlässigt wird.

Gebet als Einübung in den Tod

Kann man sich nicht durch Einübung auf den Tod vorbereiten? Gibt es keine besondere Tat im Alltag, die psychologisch oder übernatürlich eine ähnliche Struktur wie der Tod hat, damit wir uns durch ihre Übung gewohnheitsmäßig auf die Rolle vorbereiten, die wir im Tod einzunehmen haben, auch wenn das Sterben für uns nicht zur Gewohnheit werden kann?

Eine Analyse der übernatürlichen Struktur des Gebetes wird eine grundlegende Parallele zwischen der Rolle des Menschen im Tod und im Gebet aufzeigen.

Wie der Tod ist auch das Gebet ein Akt des Menschen unter dem Einfluss der Gnade. „Niemand kann sagen: Jesus ist der Herr!, wenn nicht aus dem Heiligen Geist" [1 Kor 12,3].

Wie der Tod ist das Gebet der Vorstoß des Menschen aus der bekannten Welt der Sinne in das unbekannte Reich Gottes. Das Gebet erfordert zu Beginn eine Disziplinierung der Sinne, um sie daran zu hindern, den Glaubensakt, dessen Gegenstand das unsichtbare Geheimnis ist, zu überlagern. Wie damit erwiesen ist, beinhaltet das Gebet im Wesentlichen eine Abtötung der Sinne. Wie er es im Tod für immer tun wird, lässt der Mensch im Gebet tendenziell die Welt des Leibes, der Zeit und des Bildes hinter sich und tritt hinaus in das Licht Gottes, das seine Sinne nicht wahrnehmen können.

Wie beim Tod, so ist es auch beim Gebet die geistige Armut, die sich gewohnheitsmäßig verleugnet und das Gebet leicht macht.

Wie im Tod, so rebellieren im Gebet die Sinne. Im Tod wird diese Auflehnung der Sinne die höchste Angst hervorrufen, von der wir zuvor gesprochen haben. Die Sinne rebellieren, weil sie das Ende nahen spüren – und da Kontinuität ein Gesetz des Lebens ist, sehnen sich die Sinne nach einer Kontinuität, die nicht ihr Eigen ist. So sehr der Wille den Tod als Sündenstrafe bejaht und so sehr der Wille die Sinne kontrolliert – er kann diese Auflehnung nicht ändern. Im Gebet versucht der Mensch, seinen Geist auf ein Geheimnis zu richten, das sein Verstand nicht sehen kann, und seine Liebe auf einen Gott, der nicht berührbar ist. Denn Gebet ist keine Tätigkeit der Sinne. So sehr der Mensch auch seine Sinne einsetzen mag, indem er seine Vorstellungskraft auf ein Symbol der Wahrheit richtet, die sein Verstand durchdringen will, und seinen Leib in eine Stellung bringt, die die Haltung seines Willens symbolisiert – die Sinne vollbringen keinen übernatürlichen Akt; sie beten nicht. Deshalb werden die Sinne früher oder später ein Scheitern empfinden, das ein Vorgeschmack des Todes ist, und manchmal kann das Gebet einen Vorgeschmack auf die Angst vor dem Tod geben. Das weiß jeder Neuling im ernsthaften Gebet, der schon einmal dem Impuls widerstanden hat, mitten in der für die Meditation anberaumten Stunde widerwillig, entmutigt und verwirrt davonzulaufen.

Die Parallele zwischen Gebet und Tod hört hier nicht auf: Beide sind menschliches Tun unter dem Einfluss der Gnade; beide bringen einen Vorstoß ins Unbekannte und ein Scheitern der Sinne mit sich; für beide sind stehen wir unter der Bedingung der geistigen Armut; beide werden unter dem Einfluss der Gaben des Heiligen Geistes schön; beide sind eine unbedingte Suche nach Gottes Antlitz durch den Menschen.

Beide sind auch von der gleichen Versuchung bedroht. Im Gebet wie im Tod sagt der Versucher: „Herr, nicht heute; morgen werde ich bereit sein." Das bedeutet: „Herr, ich weiß besser als Du, wann Dein Angesicht auf mich leuchten kann."

Als ob der Mensch jemals von sich aus für das ewige Hochzeitsmahl bereit wäre!

Der Mensch kann nicht beten und kann nicht sterben, solange er nicht bereit ist, sich selbst so anzunehmen, wie er jetzt ist – und solange er nicht demütig einwilligt, wenn Gott ihm gewährt, ihn so zu besuchen, wie er ist.

Der Tod wie auch das Gebet werden nur im Gebet eingeübt und vorbereitet. Denn obwohl alles vom Mut des Menschen abhängt, *Ja* zu sagen und die eigene Bereitschaft zu bekunden, wann auch immer Gott ihn ruft, hängt alles von Gottes Gnade ab und vom Geschenk der Demut, sich so anzunehmen, wie man in diesem Augenblick ist.

Das Ende des menschlichen Lebens*

Eine Interpretation des Todes als höchste Form des Gebets

Dieser Beitrag untersucht den letzten Akt des menschlichen Lebens, d.h. die Tätigkeit von Wille und Verstand, die mit dem Tod einhergehen. Ausgehend von der klassischen griechischen Einsicht in diesen Höhepunkt der menschlichen Tragödie werden einige Aspekte der Struktur dieses Aktes untersucht und die tiefgreifenden Veränderungen skizziert, zu denen die christliche Offenbarung das Denken über den Tod geführt hat: die widerwillige Zustimmung geht über in eine unabdingbar notwendige Feier mit Christus des zentralen Geheimnisses seines Todes. Eine spekulative Analyse stellt dann zunächst die philosophische und theologische Notwendigkeit für die Existenz eines solchen spezifisch „letzten menschlichen Aktes" fest, bei dem sich der Mensch im Augenblick des „Todes" frei und endgültig entscheidet, das faktische Ende seines Lebens in der Zeit (obiectum materiale des Aktes) als Wille Gottes (obiectum formale) anzunehmen oder abzulehnen, und zwar im Lichte seiner eigenen Unzulänglichkeit (lumen sub quo). Ein solcher letzter Akt in der Zeit und das höchste Zusammenwirken von Gnade und Natur muss bereits vor dem Eintritt der Sünde in die Welt existiert haben. Die Sünde fügte das gewaltsame Zerbrechen des Menschen und die Last hinzu, die endgültige Entscheidung zur Unterwerfung unter Gott vor dem Hintergrund eines sündigen Lebens treffen zu müssen, und so ist die Sünde die Ursache des „Todes" und die Wurzel der Todesangst des Menschen. Das Gericht über das Individuum ist die Antwort Gottes auf die Wahl des Menschen, der gleichzeitig deren ewige Folgen erkennt. Die Untersuchung des Todes, insofern er eine spezifisch menschliche Handlung umfasst, eröffnet die Frage nach dem Bezug dieser Tat zu den vorangegangenen Taten und somit nach den Einflüssen von Gewohnheiten auf die „Tat des Sterbens". Der Schluss des Beitrags legt skizzenhaft Analogien des menschlichen Handelns im Tod und im Gebet dar und interpretiert das Gebet als eine spezifische Vorbereitung auf den Tod und den Tod als die reinste und höchste Form des menschlichen Gebets.

---

* Ivan Illich, The End of Human Life, in: Horizontes 1, Nr. 2 (1958) 54-68.

Der Akt des Sterbens

Der Akt des Sterbens als Phänomen verdient eine Analyse: Er ist die freie Annahme oder Verweigerung der letzten Notwendigkeit in der Lebensgeschichte des Menschen, dieser eine menschliche Akt, der in der Zeit beginnt und mit der Ewigkeit endet und doch zu keinem von beiden gehört. In ihm kommt das Leben in seiner Fülle ganz und ungeteilt zum Menschen, und was ein Prozess war, wird zu einem Zustand.

Allzu oft wird das Wirken des Menschen in dieser einmaligen Situation von Denkern vernachlässigt, die überwältigt sind von der Größe des hier Endenden und der Rätselhaftigkeit dessen, worin der Mensch eintritt. Nicht einmal die Geburt kann für sich beanspruchen, so einzigartig zu sein wie der Tod, denn die Geburt widerfährt dem Menschen, bevor seine Vernunft erwacht, während im Tod die Vernunft abrupt abbricht, um der Schau oder der Dunkelheit den Weg zu bereiten. Bei der Geburt ist der Mensch passiv, im Tode nicht.

Da für Christen der Akt, der das menschliche Leben beendet, der feierlichste aller Akte ist, wird sich diese Studie mit der Vorwegnahme des Todes befassen und dessen Ähnlichkeiten mit dem Akt des Betens untersuchen.

Tod und Sterben

Die Alkestis des Euripides ist eine seltene Gestalt. Im vollen Bewusstsein der Freiheit, in der sie sich in einem menschlichen Akt der unerbittlichen Notwendigkeit unterwirft, schaut sie: „Ich seh zwei Ruder, ich seh das Boot im Strom, den Fährmann der Toten, Charon führt die Stange, ruft nach mir: ‚Du zauderst noch! Eil dich! Was hältst du mich auf?‘ ...“, und sagt zu ihrem Mann: „Man schleppt mich! Er zieht mich ... Lass mich, o lass!“.[1] Da Alkestis stellvertretend stirbt, also dem Sterben selbst ins Auge sieht, nicht dem Sinn, den es ihrem Leben geben wird, oder dem „etwas“, das nach dem Tod auf sie wartet, ist sie darauf bedacht, das „Boot mit zwei Rudern“ zu *besteigen,* während „dunkle Nacht meine Augen beschleicht“.[2] „Nicht aus freiem Entschluss, son-

---

1 Euripides, Sämtliche Tragödien und Fragmente. Griechisch-deutsch, Band 1, München 1972, 252-256 und 263 (S. 24-27).

2 Ebd. 272 (S. 26f.), 385 (S. 32f.).

dern lebet wohl!"[3], sind ihre letzten Worte. Alkestis will „losgelassen", d.h. dem Tod „übergeben" werden, und sie bittet darum mit demselben Wort, das ihr Vater verwendet hätte, um sie ihrem Mann in der Hochzeitszeremonie „zu übergeben".[4] Ebenso wird Antigone[5] ihr Grab als ihr Ehegemach bezeichnen, in dem sie mit Acheron vermählt werden soll. Die attische Kunst hat den Tod der Ehe angeglichen, und oft lässt sich schwer entscheiden, ob ein Vasenbild eine bestimmte Ehe oder den Tod darstellt.[6] Hier treffen der Held und sein Geschick unerbittlich aufeinander[7], und „unfreiwillig wollend"[8] stirbt der Mensch. Das Sterben stattet den Reisenden mit Hut und Mantel aus[9], und dieser weiß: Er muss *gehen*, ohne zu wissen, was ihm begegnen wird.[10] Eine derart abgeklärte Sicht und Annahme nicht des Lebens oder des Lebens nach dem Tod, sondern des unausweichlichen freien Schritts zu sterben, ist ungewöhnlich. In der Regel überschattet der *Tod* das *Sterben;* der *Zustand* verbirgt den *Akt,* der zum Leben gehört.

Die beiden Welten, zwischen denen Charon sich bewegt, liegen offenbar weit voneinander entfernt, und so werden der Styx und der Ruderer verwechselt, und das Boot wird mit einem der beiden Ufer identifiziert. Die Furcht vor dem, was der Hades bringen wird, oder vor dem Urteil über das Leben im Zeichen des Todes treten in der Regel stark hervor, und der Mensch ist versucht, auf die Moralisierung der Vergangenheit oder die theologische Ausarbeitung der Zukunft auszu-

---

3 Ebd. 388 (S. 32f.).

4 Vgl. z.B. Henri G. Liddell / Robert Scott, A Greek-English Lexikon, Oxford 1982, unter προστίθημι.

5 Sophokles, Die Tragödien, München 1977, darin: Antigone 891 (S. 78).

6 Vgl. Lucia Catherine Graeme Grieve, Death and Burial in Attich Tragedy, New York 1892, 58-61: zur Darstellung des Todes in der attischen Dichtung, auf Grabreliefen und Vasen; über Kore, die Braut des Hades als Symbol der scheidenden Seele; über die innigen Verbindungen der Symbole für Aphrodite und für den Tod und den parallelen Wortgebrauch.

7 Vgl. z.B. John T. Sheppard, in: Cambridge Ancient History, Cambridge 1927, Band 5, 13ff.

8 Vgl. Epiktet, *Dissertationes (Diatribe)* I, 12, 23; ebenso: Liddell / Scott, a.a.O., unter ἑκών und ἄκων; weiterhin: Kommentare zu Röm 8,20.

9 Vgl. Lewis R. Farnell, Cults of the Greek States, Oxford 1896, Band II, 652ff.

10 Vgl. Anton J. Reisacker, Der Todesgedanke bei den Griechen, Trier 1862, 43ff.

weichen und die existenzielle Analyse des Augenblicks selbst zu übersehen. (Selbst die stoische Entscheidung für den Suizid ist das Gegenteil von diesem Akt des Sterbens, weit entfernt von jeder Ähnlichkeit mit ihm. Statt das Unvermeidbare anzunehmen, wählt sie das nicht Notwendige).

Wenn Sokrates nach Platon „diejenigen, die sich auf rechte Art mit der Philosophie befassen", als Menschen beschreibt, die „nach gar nichts anderem streben als nur, zu sterben und tot zu sein"[11], unterscheidet er klar zwischen drei Dingen: Streben, Akt und Zustand; Kette, Glied und Ende. Das Leben ist ein Wachstum von Potenzialität zu Potenzialität, und dabei liegt die Zeit sozusagen an den beiden Enden jedes aufeinanderfolgenden Aktes. Doch die ganze Reihe neigt sich dem Ende der Zeit zu und dem einzigartigen letzten Schritt, der in allem den vorausliegenden gleicht, mit einem Unterschied: Er wird nie vorübergehen. Wie der Fluss gehört er zu seinen Ufern – Zeit und Ewigkeit – und doch wiederum nicht. Im Sterben erschöpft und erfüllt sich die menschliche Potenzialität, wie eine Pilgerreise an der Pforte des Heiligtums. Im Akt des Sterbens erreicht das Wachstum des Menschen die ihm zugedachte Fülle. Denn der Mensch kann nur in einem letzten freien und bedachten menschlichen Akt zur Reife gelangen. Der Mensch muss wachsen, er kann nicht „gewachsen werden". Er muss seine eigenen Früchte tragen, auch wenn die Stunde der Ernte sich seiner Kontrolle ebenso entzieht wie die Stunde seiner Geburt.

Der Tod kann dem Menschen nicht einfach widerfahren: Er muss von ihm getan werden – wie seine Mutter ihn geboren hat, als er auf die Welt kam.

Wenn der Mensch diesen Akt willentlich vollzieht, ist er dann nicht „wie eine Seele, die recht philosophierte und darauf bedacht war, leicht zu sterben? Und hieß dies nicht, sich im Tod einzuüben?"[12]

Aristoteles scheint das Sterben als Übung einer bestimmten Tugend zu verstehen. Wie er implizit zeigt, verliert dieser Akt nicht an Bedeutung, auch wenn er die platonische Dichotomie aufgibt, die in der Seele

11 Platon, Phaidon, 64a: Platon, Werke in acht Bänden. Griechisch und Deutsch. Deutsche Übersetzung von Friedrich Schleiermacher, hg. von Gunther Eigler, Dritter Band, Darmstadt [5]2005, 23.

12 Platon, Phaidon, 80e – 81a: a.a.O., 81.

den Wunsch sieht, das Gefängnis des Leibes zu verlassen.[13] Für die Stoiker ist der Tod „nichts als ein Vorgang der Natur"[14], und sie verwerfen die Lehre des älteren Platon vom Geschick der Seele in der Welt der Ideen. Dennoch machen sie einen klaren Unterschied zwischen dem Akt, den Augenblick des eigenen Todes zu wählen, und dem Akt des Sterbens selbst. „Gestattet man dir aber das nicht, alsdann verlass das Leben, jedoch so, als sei dir kein Übel widerfahren. Raucht es irgendwo, so gehe ich weg".[15] Andererseits: „Meinerseits wünschte ich, der Tod möge mich ereilen [...] ganz beschäftigt, damit ich zu Gott sagen kann: [...] Nun soll ich nach Deinem Willen das Fest verlassen. Ich gehe zugrunde voller Dank an Dich."[16] Ganz klar wird hier die Wahl des Augenblicks von der Haltung gegenüber dem eingetretenen Augenblick unterschieden, und wie in den meisten klassischen Schriften ist diese Beschäftigung mit dem Tod offenbar durch den Versuch motiviert, den Tod zu zerstören[17] oder dem Thema durch Rationalisierung seiner Ernsthaftigkeit auszuweichen.[18] Die tiefe Besorgnis des Stoikers über die Haltung des Menschen gegenüber dem Tod führte eine weitere Einsicht herbei. Wie bei jedem freien Akt erhält dessen physischer Vollzug seinen Wert aus dem Beweggrund des Willens. Das unmittelbare Motiv, um den Tod zu bejahen, ist offenkundig die Einsicht in das Ende der Zeit, das gekommen ist; darüber hinaus kann der Mensch jedoch einen weiteren Grund haben, das Ende der Zeit zu einem bestimmten Zeitpunkt „seiner Zeit" zu bejahen. Und genau dieses Motiv verleiht dem höchsten Akt der Unterwerfung seine Würde. „Oh, was für eine Seele ist das, die bereit ist, jeden Augenblick von dem Leib, wenn es so sein

13 Aristoteles, Nikomachische Ethik, Buch I, 11 (1100a – 1101b).

14 Des Kaisers Marcus Aurelius Antoninus Selbstbetrachtungen, übers. von Albert Wittstock, Stuttgart 1971, II, Buch II, 12 (S. 29).

15 Ebd., Buch V, 29 (S. 74f.).

16 Zitiert nach: Epictetus: The Discourses and Manual, Together With Fragments of His Writings. Translated by P.E. Matheson, Oxford 1916, Buch III, 5 (S. 353); online: <https://www.sacred-texts.com/cla/dep/dep064.htm>.

17 Vgl. Epikur in seinem „Brief an Menoikeus": „Der Tod ist nichts in Bezug zu uns. Solange wir sind, ist er nicht, und wenn er eintritt, sind wir nicht mehr". Deutsche Ausgabe: Epikur, Brief an Menoikeus. Übersetzt, kommentiert und herausgegeben von Jan Erik Heßler, Basel – Berlin 2014.

18 Vgl. Régis Jolivet (Hg.), Le problème de la mort, Paris 1950, 9.

soll, sich loszulösen und entweder zu erlöschen oder zu zerstäuben oder mit ihm fortzudauern! Nur muss diese Bereitschaft von der eigenen Überzeugung herstammen, nicht aber, wie bei den Christen, von bloßem Eigensinn; vielmehr muss sie mit reiflicher Überlegung und Würde verbunden sein".[19]

Wir können diesen Bezug zu den Christen als eine Glosse hinnehmen; ihr Zeugnis für die Realität ist dennoch bedeutsam. Christi Tod hat in der Tat eine neue Dimension in den Akt des menschlichen Sterbens gebracht. Vom Tag vor Christi Tod bis zum Ende der Zeit wird nun der Mensch das Mysterium des Todes Christi feiern.[20] Nicht so sehr die Gewissheit des glorreichen Überlebens oder die Sühne für die Vergangenheit, vielmehr die Vereinigung mit Christus in seiner höchsten Opfertat bestimmt für den Christen Würde und Wert des Sterbens als Tat. Platons Unwissenheit, in der „niemand weiß, was der Tod ist, nicht einmal, ob er nicht für den Menschen das größte ist unter allen Gütern"[21]; die durchdachte Gleichgültigkeit der Stoiker[22]; das diffuse Wissen um das Überleben, das die Männer und Frauen des Alten Testaments zur Ergebenheit veranlasste[23] – sie alle werden im triumphalen

19 Marc Aurel, Selbstbetrachtungen, a.a.O. Buch XI, 3 (S. 170); C.R. Haines meint in seiner englischen Edition der „Selbstbetrachtungen", in diesem Text sei eine Glosse zu sehen: Marcus Aurelius, Meditations. Edited and translated by C.R. Haines (Loeb Classical Library 58), Cambridge, MA,1916.

20 Vgl. die Bezeichnung der Messe als *memoriale* und *celebratio mortis Domini.*

21 Platon, Apologie, 29a: Platon, Werke in acht Bänden, a.a.O., Zweiter Band, Darmstadt [5]2005, 35.

22 Vgl. z.B. Epiktet, *Dissertationes (Diatribe)*, a.a.O.; *mögliche Korrektur der Angabe: „69, 6": Buch I, XXVI; online: <https://www.sacred-texts.com/cla/dep/dep027.htm>.

23 Vgl. z.B. Hiob 7,9: „Die Wolke schwindet, vergeht, so steigt nie mehr auf, wer zur Unterwelt fuhr". Bewusst vermeiden wir hier jeden Versuch, die Bedeutung von „Tod" in der Heiligen Schrift zu definieren. Wir versuchen lediglich, einige Grundlagen für die rationale (wenn auch manchmal theologische) Beschreibung des Sterbevorgangs als eines psychologischen Prozesses zu geben. „Hier auf Erden wird das Leben entweder verloren oder behalten" („Hic vita aut amittitur aut tenetur"): Cyprian, *Ad Demetriam*, Kap. 25: PL IV, 582; deutsch: Bibliothek der Kirchenväter 1. Reihe, Band 34, München 1918, S. 226f. Cyprian weist sehr gut auf das neue Element der Wahlmöglichkeit hin, das durch die christliche Offenbarung in den Tod und das Sterben eingeführt wurde.

Ruf des Paulus aufgegriffen: „Mich verlangt danach, aufgelöst zu werden und bei Christus zu sein" [Phil 1,23].

Im Akt des Sterbens verwandeln sich angesichts der höchsten Notwendigkeit die Alternativen von Annahme und Auflehnung in die Sehnsucht nach Vereinigung mit dem Gekreuzigten – oder in deren einzige Alternative: die Ablehnung seines Todes. „Wie widerspruchsvoll und wie verkehrt ist es, wenn wir zwar darum bitten, Gottes Wille möge geschehe, wenn uns aber Gott ruft und von dieser Welt abfordert, nicht sofort dem Befehl seines Willens gehorchen wollen! Wir sträuben und widersetzen uns und lassen uns wie widerspenstige Knechte voll Trauer und Wehmut vor das Angesicht des Herrn führen, indem wir nur unter dem Zwang der Not, nicht in willigem Gehorsam von hier scheiden: und da wollen wir von demselben, zu dem wir so ungern gehen, mit himmlischen Belohnungen ausgezeichnet werden?"[24] „... Lasst uns zeigen, wie wir das auch sind, was wir glauben; wir wollen den Hingang unserer Lieben nicht betrauern, und auch wenn der Tag unserer eigenen Abberufung gekommen ist, unverzüglich und mit Freuden zu dem Herrn gehen, da er uns ruft!"[25]

Verwandelt sich für den Christen das Sterben, das eine Wahl zwischen zwei Arten des immerwährenden persönlichen Überlebens ist (Erfüllung des menschlichen Daseins in der Einheit des Mystischen Leibes oder ewiges Scheitern), so entwickelt sich in neuer Tiefe auch das Verständnis des Aktes, mit dem der Mensch „von uns geht". Bis zu dem Augenblick, als der Sohn Gottes seinen Geist aufgab und Zeugnis für die schreckliche Andersheit Gottes und Gottes eigene furchtbare menschliche Einsamkeit ablegte, hatte alles Denken über den Vorgang des Sterbens versucht, die *Furcht* wie auch die *Angst* des Todes zu neutralisieren.

Von diesem Augenblick an hat der Glaube dem Menschen geholfen, das Sterben nicht nur als höchstes Leiden des Menschen in absoluter Einsamkeit angesichts des Unendlichen zu sehen (die Vernunft allein hätte dies erkennen können), sondern auch als endgültige Einung mit Christus in Verbindung mit dem höchsten Akt der Erlösung von

---

24 Cyprian, Über die Sterblichkeit *(De mortalitate)*, Kap. 18: PL IV, 594f.; deutsch: Bibliothek der Kirchenväter, 1. Reihe, Band 34, München 1918, 247f.

25 Ebd., Kap. 24: PL IV, 600; deutsch: a.a.O. 252.

der Sünde. Diese schmerzhafte Unterwerfung unter den Willen Gottes, erforderlich durch die Sünde des Menschen, wird nun zur engsten in diesem Leben erreichbaren Einung mit dem, der durch sein Sterben die Endgültigkeit des Todes zerstört hat.[26] Die Zuschauer knien nieder, wenn der Christ stirbt: Sie sind Zeugen der Verherrlichung eines Mitmenschen, der sich dem Herrn am Kreuz anschließt. Die Teilnahme an seinem Tod ist das Herzstück der Feier der göttlichen Mysterien.[27]

Die Gegebenheit eines letzten menschlichen Aktes

Nicht nur die Größe des Lebens und das Jenseits lenken den menschlichen Geist tendenziell davon ab, den Akt des Sterbens zu erwägen; wie die Erfahrung selbst anscheinend beweist, geht der Tod eher mit einem „Bewusstseinsverlust" einher als mit der hier postulierten gesteigerten Klarheit der Schau und der Freiheit. Die Vorstellung vom Akt einer begrenzten Person angesichts der Ewigkeit und als entscheidend für die Ewigkeit erfordert einerseits eine große Anstrengung des Menschen, gebunden in der Zeit[28]; andererseits ist doch die ganz entscheidende Ausübung der Freiheit gerade im Augenblick des totalen organischen Zusammenbruchs schwer vorstellbar.[29] Um zu diesem Punkt weitere Klarheit zu erlangen, müssen wir nun den Augenblick des Todes in seiner Gegebenheit und Struktur analysieren. Es muss, wie sich logisch

26 Vgl. Ambrosius, Der Tod als Gut *(De bono mortis):* PL XIV, 559-596; deutsch: Bibliothek der Kirchenväter, 1. Serie, Band 49, Kempten 1871, 369-421.

27 „Non placeat gemere quod celebrare decet" („Es ist nicht angemessen zu beklagen, was sich zu feiern gebührt"): Inschrift auf einem christlichen Grab des 2. Jahrhunderts in Vienna, in: Edmond Le Blant, Inscriptions chrétiennes de la Gaule antérieures au VIIIe siècle, Band II, S. 113, Nr. 438a; zit nach: Dictionnaire d'archéologie chrétienne et de Liturgie, Band XII, 110.

28 „Denn, ob wir es wollen oder nicht, die Tatsache des Todes selbst führt notwendigerweise eine totale Revolution in der psychologischen Erfahrung der Seele ein, die unvermeidlich ist, da sie durch die Natur der Dinge selbst bedingt ist; eine entscheidende Umwälzung, die in der Lage ist, eine vollständige Revision der vorherigen Urteile zu bewirken. Und dazu bedarf es weder eines außergewöhnlichen Eingreifens Gottes noch eines zufälligen Zusammentreffens von Umständen": Palémon Glorieux, Endurcissement final et grâces dernières, in: Nouvelle Revue Théologique 59 (1932), Nr. 10, 865-892.

29 Vgl. z.B. Lucien Roure, Le décisive passage à la lumière de quelques faits, in: Études (1928) 402-415.

nicht bezweifeln lässt, eine letzte Ausübung der Freiheit geben, die weder vorausgeht noch nachfolgt, sondern mit dem „Ende der Sinne" zusammenfällt. Von diesem Akt hängt die ewige Orientierung des ganzen Menschen ab, und er geht „der Nacht, in der niemand mehr etwas tun kann" [Joh 9,4] voraus. Theologisch folgt die Gegebenheit eines solchen Aktes offenbar aus der Lehre von der heiligmachenden Gnade und der Gnade der endgültigen Beharrlichkeit *(perseverantia)*, und dieser Akt muss zum Leben gehören, da es nach dem Tod keine Gelegenheit für verdienstliches Handeln gibt.[30]

Dieser letzte menschliche Akt muss mit der Trennung von Leib und Seele, d.h. mit dem Tod selbst zusammenfallen. Wenn dieser menschliche Akt dem Tod vorausginge und vor dem Tod endete, würde der Mensch im Tod nicht als Mensch handeln. Ein kontinuierlicher Prozess von Wachstum, Reflexion und zunehmendem Selbstbesitz würde dann seine Vollendung in einem passiven und unreflektierten Zustand erlangen. Unabhängig davon, wann die körperlichen Funktionen erlöschen, wird folglich das Phänomen des Todes gleichzeitig mit dem letzten menschlichen Akt innerlich erfahren.

Letztlich läuft dieses Postulat eines menschlichen Aktes, der mit dem Augenblick des Todes einhergeht, auf die Feststellung einer offenkundigen Notwendigkeit hinaus. Denn wenn das menschliche Leben nur menschlich ist, insofern es bewusst und frei ist, dann ist das Ende des menschlichen Lebens in der Zeit diejenige Ausübung von Freiheit und Bewusstsein, auf die in der Zeit keine weitere folgt. Da es keine Zeit gibt, die dieses Leben von der Ewigkeit trennt, kann man nur in einem metaphysischen und nicht in einem zeitlichen Sinn vom Sterbeprozess sprechen, der sich also als eine wesentlich geistige Tätigkeit des Menschen erweist, als „Übergang vom Unmittelbaren, Vitalen und Psy-

30 Als unmittelbaren philosophischen Grund für die Unfähigkeit der Seele, nach dem Tod verdienstlich zu handeln, geben wir die innewohnende Unfähigkeit der getrennten Seele an, menschlich zu handeln; damit folgen wir dem hl. Thomas von Aquin. Suarez würde im Entzug weiterer göttlicher Gnade oder in der Erlangung der Gottesschau den unmittelbaren, wenn auch natürlich äußeren Grund für diese Unfähigkeit sehen. Vgl. z.B. den Artikel „Mort" [Tod] von A. Michel im „Dictionnaire de théologie catholique"; online: <http://jesusmarie.free.fr/dictionnaire_de_theologie_catholique_lettre_M.html>.

chischen zum Geistigen".[31] Dieser menschliche Akt kann nicht in der Ewigkeit beginnen, wo es keine Aufeinanderfolge gibt. Vielmehr muss er der letzte Akt in einem Leben sein, das jetzt rückblickend betrachtet wird; ein endgültiger Akt im Hinblick auf die Ewigkeit. Der Tod als persönliches Ereignis im menschlichen Leben ist dieser Akt; er ist all das, was dem Menschen in diesem Augenblick „widerfährt".

Das Leben in der Zeit – d.h. das Leben Stück für Stück oder das Leben, das sich selbst verliert, um auf sich selbst in der Zukunft auszugreifen – ist, soweit es menschlich ist, eine Folge von Akten der Annahme oder Ablehnung der Wirklichkeit, die es als Gottes Wille annimmt oder ablehnt. Im Tod des Einzelnen kommt die Weltgeschichte an ihr Ziel. Er ist die letzte Wirklichkeit, auf die sich der Mensch als Person durch eine freie Entscheidung beziehen kann. Nach dieser Wahl existiert er nicht mehr als *vollständige* Person und als ein wandlungsfähiges Wesen.

Ganz allgemein gesprochen kann der Inhalt dieser letzten Wahl nur die angenommene oder abgelehnte Wirklichkeit sein, und was sollte daher die Wirklichkeit in diesem Moment anderes sein als „meine" Wirklichkeit, wie sie für immer sein wird? Negativ betrachtet bedeutet dies eine Diskontinuität in der Ordnung, die bisher im Vordergrund

---

31 Vgl. Thomas von Aquin, *Summa theologica*, die gesamte *quaestio* 10 der *Prima pars*. Der Tod ist der erste Augenblick, in dem die Seele vom Leib getrennt ist, und zugleich der letzte, in dem sie mit ihm geeint ist, der Augenblick, in dem der Leib (mit seinen Sinnen) aufhört, menschlich zu sein, und zugleich der letzte Augenblick, an dem wir von einem menschlichen Leib sprechen können. Obwohl „getrennt sein" und „geeint sein" in keiner Weise dasselbe sind, erfolgt der Übergang vom einen zum anderen momentan, und es gibt kein Mittelglied, keine Überleitung zwischen beiden. Wille und Einsicht sind in ihrem Vollzug nur insofern an die Zeit gebunden, als sie vom Leib abhängen, nicht weil ihr Akt dem Wesen nach irgendeine Zeit erforderte. Aus diesem Grund kann der „Akt des Sterbens", mit dem wir uns in diesem Beitrag befassen, in diesem doppeldeutigen Moment in seiner Fülle erfolgen. „Non est proportio instantis ad tempus, quia instans non est pars temporis" („Es gibt kein Verhältnis des Augenblicks zur Zeit, da der Augenblick kein Teil der Zeit ist"): Thomas von Aquin, *Expositio in quattuor libros de coelo, lib.* I, l. 12). „Motus autem liberi arbitrii, qui est velle, non est successivus sed instantaneus" („Die Bewegung des freien Willens aber, die das Wollen ist, vollzieht sich nicht als Abfolge, sondern momentan"): *Summa theologiae* I-II, qu. 113, a. 7, ad 4.

stand, die Zerstörung der als notwendig empfundenen „Ganzheit“ des Menschen. Definiert wird der Tod weder durch das, was ihm vorausgeht, noch durch das, was ihm abschließend folgt. Und doch unterstreicht der Tod die Reife des Menschen, die Entfaltung all seiner Möglichkeiten in der völligen Einsamkeit seines letzten Hintretens vor Gott. Diese Einsamkeit ist nicht die Einsamkeit eines Menschen, dem niemand nahesteht, für den niemand lebt. Es ist die Einsamkeit eines Menschen, der von einer Aufgabe in Anspruch genommen ist, die ausschließlich die Seine ist, für die er weder Begleitung noch Werkzeuge hat, für die er allein auf die Ressourcen seines eigenen Geistes zurückgeworfen ist, Auge in Auge mit Gott.

Der Tod ist zuhöchst persönlich – „mein“ Tod, in dem sich „mein“ Ich für immer bestimmt: vor dem Hintergrund der anderen, mit denen es in seiner Heranbildung im Austausch stand, und im Verhältnis zu Gott, von dem es den Grund für sein begrenztes, doch notwendig dauerhaftes Dasein empfängt. In diesem einen Akt setzt der Mensch die Wirklichkeit zu sich selbst in Beziehung, und dies in dem Augenblick, in dem er selbst zu einer Wirklichkeit geworden ist, die weiteres Werden ausschließt. In diesem Akt erkennt der Mensch zum ersten Mal und für immer eine Vergangenheit ohne Zukunft, die für immer ist und mit der er identisch ist, etwas intim Eigenes, das sich der Möglichkeit der Veränderung entzieht. Zum ersten Mal sieht er sich nicht mehr von den Sinnen getäuscht. Sie sind im Begriff, ihn zu verlassen, und er ist im Begriff, sich der Andersheit Gottes ohne sie zu stellen.

Diese Gleichzeitigkeit von Zeit und Ewigkeit, dieses plötzliche In-Besitz-Nehmen des „Lebens auf einmal“[32], das Ewigkeit ist, ist der zeitlose Punkt, an dem die Entscheidung fällt, der Augenblick, in dem der Mensch weder hier noch dort ist, sondern auf der Schwelle. Dann wird es erlebt werden, doch zuvor kann man es nicht verstehen, da es sich einer angemessenen Beschreibung entzieht. Kein Wunder. Überwältigt nicht diese Grenze zwischen zwei Realitäten den Verstand? In diesem Augenblick bejaht der Mensch nicht nur seinen Tod *als Ende,* sondern auch die Folgen seines Sterbens, und übernimmt durch diesen

32 Romano Guardini, Der Tod des Sokrates. Eine Interpretation der platonischen Schriften Euthyphron, Apologie, Kriton und Phaidon (1943), Mainz 2013; *Illich zitiert die englische Ausgabe: The Death of Socrates, New York 1948, 100ff.

Akt die Verantwortung für das, was er im Ergebnis sein wird. Marc Aurel (oder sein Kommentator) hatte Recht. Es gibt der Struktur nach einen unüberbrückbaren Unterschied im Sterbeakt als solchem zwischen dem besonnenen Heiden, der in Würde stirbt und vom festen Boden ins trübe Licht tritt, und dem „beharrlichen Christen" mit seiner Sehnsucht, „aufgelöst zu werden".

Der Heide tritt von der Szene ab und verliert seine Individualität oder findet sie vielleicht in einer neuen Wiederkehr zurück. Der Christ wünscht zu sterben, um mehr *zu sich* zu finden. Sein „Ja" zum Tod besiegt den Tod.

Die Gnade erhebt das menschliche Handeln zum Göttlichen, ohne das Menschliche in irgendeiner Weise zu zerstören. Im Glauben daran glaubt der Christ an die Fähigkeit des Menschen zu einer lebenslangen Teilhabe am göttlichen Leben, das seine ewige Fülle nur durch einen solchen Akt der Mitwirkung erreichen kann. Wenn er den letzten, den endgültigen, den höchsten Schritt auf dem Weg zum Ziel nicht als freien Schritt des Menschen anerkennen würde, sondern als eine dem Menschen von Gott auferlegte Gewalt, würde der wahre Christ in seiner letzten Stunde wie ein Calvinist handeln, seinen eigenen menschlichen Wert leugnen und damit seine Fähigkeit, Gott wirklich zu lieben. Der Christ kann Gott erkennen und auf übernatürliche Weise lieben und weiß darum, denn sein Wesen wurde durch die Gnade verwandelt, und deshalb ist er mehr als irgendjemand in der Lage, den Tod als eine Tat des Menschen zu verstehen: die letzte Ausübung von Freiheit und Demut unter dem Einfluss der letzten und wichtigsten Gnade.

Wäre es anders, würde der Mensch, der im Zusammenwirken mit der göttlichen Gnade aus eigenen Kräften auf sein Ziel zuzugehen hat, der mit eigenen Segeln den Hafen erreichen kann, nicht als Mensch sterben, falls er nicht im Sterben seinen eigenen Willen zum Tod in Beziehung setzt (und die Zustimmung ist ebenso ein Akt des Willens wie die Ablehnung). Er würde ohne sein Einverständnis sich selbst enthoben werden. Und sein Tod wäre ein gewaltsames, unschickliches Ende eines lebenslangen Zusammenwirkens von Gnade und Natur.

Der Anfang des Todes

Am Anfang waren Seele und Leib nicht dazu bestimmt, voneinander getrennt zu werden. Der Mensch sollte einfach an das Ende seiner Zeit kommen, das heißt, er sollte eine letzte Entscheidung in der Zeit treffen, nach der es keine Zeit mehr geben würde. Freiheit würde zwar fortbestehen, Zeit – als Bedingung für aufeinander folgende Entscheidungen – jedoch nicht. Von Anfang an war der Mensch dazu bestimmt, beim ewigen Hochzeitsfest frei sein „Ja" auszutauschen, in dem Augenblick, in dem Gott sein „Ja" gesprochen und berufen hat; wie das „Ja" des Bräutigams und der Braut, die logische Folge der Verlobung, doch auch der unwiderrufliche Beginn eines dauerhaften Standes.

Der Mensch sollte seine endgültige Entscheidung ebenso treffen wie die Engel die ihre.[33] Für die Engel als geistige Wesen fiel der Augenblick des Eintritts in das Dasein mit dem Eintreten in die Ewigkeit zusammen, da ihr rein geistiges Wesen einen Leib ausschließt, der Maß und Bedingung der Zeit ist. Für die Engel fielen der Zeitpunkt der Schöpfung und die ewige Entscheidung zusammen.

Der Mensch hingegen wird seine endgültige Bindung in Liebe im letzten Augenblick seines Lebens in der Zeit vollziehen. Dieser Akt, für den der Mensch geschaffen wurde, diese letzte Krise, dieses „Ja" zum Ende der Zeit, ist jedoch nicht der Akt des Sterbens, wie wir ihn heute kennen, auch wenn er immer noch einen Teil im letzten Akt des Menschen bildet. Denn durch die Sünde hat diese Krise den doppelt neuen Aspekt des „Todes" erhalten. Erst seit die Sünde in die Welt gekommen ist, bedeutet dieser Gang über den Styx eine gewaltsame Trennung von Leib und Seele. Nun findet diese Krise in einer Natur statt, die von Geburt an krank ist und durch die persönliche Sünde noch kränker wird.

Der erste Aspekt, den der Tod dem „Ende meiner Zeit" hinzufügt – das Zerreißen der natürlichen Einheit des Menschen – ist Strafe für die Sünde. Der zweite Aspekt – die dem Menschen im letzten Moment eröffnete Wahl, dem Ruf Gottes in einem nie endenden „Ja" zu folgen oder im Scheitern eines immerwährenden „Nein" zu erstarren – erweist sich nach einem Leben in Sünde als besonders schrecklich.

---

33 Johannes von Damaskus, *Expositio accurata Fidei Orthodoxae* (Genaue Darlegung des orthodoxen Glaubens), Buch II, Kap. 4: PG 94, 877f.: „Quod mors homini, hoc angelo lapsus" („Was der Tod für den Menschen ist, das ist für den Engel der Fall"); deutsch: Bibliothek der Kirchenväter, 1. Reihe, Band 44, München 1923, 51. Thomas von Aquin wiederholt diese Aussage in all jenen Texten, die dem Gegenstand dieses Beitrags am meisten entsprechen und die gesammelt und untersucht wurden von Palémon Glorieux, a.a.O. *Vgl. z.B. *Summa theologiae* I, qu. 64, a. 2.

Ganz im Gegensatz zum friedlichen „Übergang“ der unbefleckten Natur ist der Tod also beängstigend, weil unnatürlich. Die Notwendigkeit zu sterben wurde durch die freie Wahl der Sünde herbeigeführt. Die Sünde, eine Auflehnung gegen die Gnade, reißt den Menschen von Gott los und wird mit dem Tod bestraft, der an der Natur Gewalt übt; so reißt die Sünde die unsterbliche Seele von ihrem zum Verderben bestimmten Leib los.

Der Heide, der nichts von der Sünde weiß, mag den Schmerz des Todes mit Recht rationalisieren. Christen, die behaupten, der Tod sei nicht abstoßend, er sei nur ein Segen, wissen entweder nicht, wovon sie sprechen, oder sie sehen der Realität nicht ins Auge. Entweder verweigern sie die Annahme ihrer menschlichen Natur, und weil sie folglich nicht theologisch korrekt argumentieren können, sehen sie im Tod keinen Verlust (obwohl wir nach dem hl. Thomas die Vollständigkeit unserer Personalität bis zum Tag der Auferstehung verlieren, von dem uns dann, Dank sei Gott, keine „Zeit“ mehr trennt), oder sie nehmen für sich selbst hypothetisch die *dormitio Mariae* an, den Übergang der unbefleckten Natur.

Sie stellen sich nicht dem Sterben, insofern es in der natürlichen Ordnung den höchsten Entzug und in der übernatürlichen Ordnung die höchste Läuterung des Glaubens bedeutet; beides ist schmerzhaft, will man nicht die Augen vor der Realität des Schmerzes verschließen.

Der Tod bedeutet Entzug, weil die Welt, wie wir sie kennen, für uns verloren geht, zusammen mit dem Bild, das wir uns von Gott gemacht haben. Entzug, weil unsere Seele dazu geschaffen ist, durch einen Leib zu erkennen und zu lieben, und nun der nackten Gnade Gottes ausgeliefert sein wird.[34] Eine Prüfung des Glaubens, weil wir uns nun, völlig der Unterstützung der Sinne und der uns vertrauten Begriffe beraubt, in das Feuer seiner reinigenden Gegenwart vorwagen müssen. Alles Gewohnte bleibt zurück, und völlig allein müssen wir erkennen, wie furchtbar unbekannt Er uns wirklich ist, bevor dieses Fegefeuer vorüber ist und die Schau von Angesicht zu Angesicht unser Wesen erfüllt.

34 „Mortem horret non opinio sed natura“ („Vor dem Tod schaudert nicht die Meinung, sondern die Natur“): Augustinus, *Sermo* 172,1: PL XXXVIII, 936.

Die Furcht vor dem Tod

Während der Heide[35] und in gewisser Weise auch der Jude[36] ein fortdauerndes Schattendasein oder die Auslöschung der personalen Existenz durch die Verwandlung der Seele in etwas Größeres erwarten, erwarten Christen den Beginn *ihres* wirklichen Lebens. Für den Christen wird „das Leben gewandelt, nicht genommen"[37], und deshalb reduziert sich der „Tod" auf den Vorgang des Sterbens oder auf eine frei gewählte Ablehnung der Gnade, eine bewusst gewollte Abkehr vom Leben, das ewige Scheitern der menschlichen Natur in der Hölle. Der „Tod" als natürliches und endgültiges Ende der menschlichen Natur wurde für den Christen auf diese Weise zerstört; das Verständnis für das Ausmaß der Sünde – für einige bestraft mit dem „ewigen Tod", für alle durch die Unterwerfung unter den Prozess des Sterbens – hat dem Schmerz des Sterbens ein neues Verständnis hinzugefügt. Die Trennung von Leib und Seele und die endgültige Läuterung der Seelenkräfte, die beiden Aspekte, die der „Tod" dem Übergang von der Erde zum Himmel hinzufügt, sind Strafen, auch wenn sie notwendig und heilsam sind und daher erstrebenswert sein können.

Diese beiden Erfahrungen sind für die Seele im Moment des Aufbruchs neu und beängstigend, wie nicht zu leugnen ist, und nur die vorgreifende Erwartung des Christen kann in ihre Tiefe vordringen. „Die vollkommene Liebe vertreibt die Furcht" [1 Joh 4,18] – diese Aussage, weit davon entfernt, die Realität der Furcht zu leugnen, macht sie vielmehr realer, als jede andere Behauptung es könnte. Denn die Sünde hat den Tod und der Tod die Furcht in die Welt gebracht.

In diesem Zusammenhang wäre es besser, die Angst vor dem Tod von der Furcht vor dem Tod zu unterscheiden, denn die Furcht ist vernünftig und kann heilig sein, während die Reaktion der von Auflösung bedrohten menschlichen Ganzheit stark emotional, fast animalisch ist. (Und daher kann sie, obwohl sie nicht heilig ist, in einem heiligen Menschen bestehen.) Während die Liebe die Furcht vor dem Tod vertreibt, hat sie nur indirekten Einfluss auf die Angst vor dem

35 Vgl. Reisacker, a.a.O. (Anm. 10).

36 Vgl. Kittel, Theologisches Wörterbuch zum Neuen Testament, Band II, 833ff. (Art. ζάω, ζωή), und Band III (Art. θάνατος), 7ff.

37 Messbuch, Präfation von den Verstorbenen.

Tod.[38] Die knechtliche Furcht vor der Hölle schreit: „Lass mich niemals in einen solchen Zustand geraten“, und die kindliche Gottesfurcht seufzt: „Lass mich nie von Dir getrennt werden; die Angst oder irgendein Geschöpf sollen mich Dir nicht entreißen“. Beide sind eine große Hilfe für Sterbende; die Angst hat manchen großen Heiligen in Panik versetzt und ist die „Witterung der Sünde“, in der wir sterben müssen. Obwohl jede freie Entscheidung ihrem Wesen nach unwiderruflich ist, da „unsere Stammeltern dem Tod erlagen, sobald sie gesündigt hatten“[39], muss die eine unwiderrufliche Entscheidung zwischen Himmel und Hölle in der Atmosphäre dieser höchsten Angst getroffen werden.

Gericht und Tod

Diese Entscheidung bedeutet mehr, als den Bruch der menschlichen Integrität anzunehmen und in die Dunkelheit Gottes hinauszutreten. Sie bedeutet, „zu sich zu finden“ in einem Maße, das zuvor unerreichbar war, denn in diesem Augenblick fällt das letzte bisschen Leben „wie das Wasser, das man auf die Erde schüttet und nicht wieder einsammeln kann“ [Sam 14,14]. Die Ewigkeit ist noch nicht erschienen, weil sie mit den Augen der Zeit gesehen wird, aber „je meine Zeit“ kann im Zeichen der Ewigkeit beurteilt werden. Der Mensch kann und muss in der Gesamtheit seines geschichtlichen Seins zu sich selbst Stellung nehmen. Erst in diesem Augenblick kann das Leben des Menschen als Ganzes, als *eine* Wirklichkeit erscheinen, als die Wirklichkeit, die vor Gott nicht bestehen kann, die Gottes nicht würdig ist und an die der Mensch sich entweder klammert oder auf die er die Barmherzigkeit Gottes herabruft.

---

38 Vgl. Ida Friederike Görres, Das verborgene Antlitz. Eine Studie über Therese von Lisieux, Freiburg i.Br. [2]1946.

39 Augustinus, *De Peccatorum Meritis et Remissione et de Baptismo Parvulorum* I,1, cap. 16: PL 44, 120D; zit. bei Thomas von Aquin, *Summa theologiae* II-II, qu. 164, a. 1, ad 8: „Obgleich die Stammeltern noch viele Jahre danach lebten, so fingen sie doch an jenem Tag an zu sterben, wo der Todesspruch, unter dem sie alt werden sollten, über sie kam“. Vgl. z.B. Rainer Maria Rilke: „Der Tod ist die von uns abgewandte und unbeleuchtete Seite des Lebens“; zit. [aus dem Englischen] nach: Rainer Maria Rilke, Collected Letters, London 1948, 393 („Death is the side of life that is turned away from and unilluminated by us“).

So steht die Haltung, die der Mensch im Augenblick des Sterbens einnimmt, zweifach unter dem Einfluss seines Lebens: insofern sein ganzes Leben objektiv vor dem Angesicht Gottes annehmbar ist oder nicht, und insofern er die Gewohnheit, den gegenwärtigen Augenblick als den Willen Gottes anzunehmen, entwickelt hat oder nicht.

So stellt sich der Mensch in diesem letzten Akt vor Gott, nicht so sehr mit dem, was er getan hat, sondern als das, was er geworden ist, in seiner gegenwärtigen Gesamtheit, insofern sie die Folge eines ganzen Lebens ist. In demselben Akt verwirklicht er auch seine Person, die zur Annahme vor Gott steht und die in diesem Akt ihren Abschluss gefunden hat.[40] Der Mensch nimmt das Urteil Gottes über den Wert seines Lebens an, ein Urteil, das nichts anderes ist als die personale Begegnung des Menschen mit der Wahrheit in Person.

Vorbereitung auf den Tod

Der Tod ist der höchst verdienstliche Akt, der in einem Klima der Angst vollzogen wird und in dem der Mensch entweder Gottes Ruf zum Gericht annimmt oder ablehnt, das Vertrauen in Gottes Barmherzigkeit setzt und den Leib verlässt, und es ist die lebenslange Verantwortung des Menschen, sich auf diesen feierlichen Moment vorzubereiten, für den Gott ihm die wichtigste Gnade seines Lebens schenken wird. Was kann der Mensch angesichts dieser Wahrheiten während seines Lebens tun, um sich auf das Sterben vorzubereiten? Wenn der Tod also kein neues Leben ist, sondern die Fortsetzung desselben Lebens unter neuen Bedingungen, was kann der Mensch tun, um sich auf den Akt vorzubereiten, in dem diese neuen Bedingungen geboren werden?

Wir haben das Sterben als ein menschliches Handeln definiert, und menschliche Handlungen werden einfach, wenn man durch Wiederholung die Leichtigkeit zur Ausführung dieser Handlung erwirbt. Deshalb müssten wir, um die „Kunst des Sterbens" zu erlernen, die Gewohnheit des Sterbens erwerben. Ist dies möglich?

Gibt es eine Möglichkeit, den Tod zu proben? Gibt es im alltäglichen Leben eine Handlung, die psychologisch und übernatürlich ähnlich strukturiert ist wie der Akt des Sterbens? Dann könnten wir durch

40 Vgl. z.B. Blickling Homilies, in: G.K. Anderson, The Literature of the Anglo-Saxon, New Jersey 1949: „... then will the body be made clear as glass ..." („... dann wird der Leib klar gestaltet werden wie Glas ...").

ihre Übung, auch wenn wir die Gewohnheit des Sterbens nicht erlangen können, aus Gewohnheit vorbereitet sein auf die Rolle, die wir in unserem Tod zu übernehmen haben. Als die Engel vor ihrer Entscheidung standen, waren sie ganz neu – der Mensch trägt seine Vergangenheit in den Tod; doch während die Engel allein waren, steht der Mensch in der Kirche. Während die Engel in die Ewigkeit hinein geschaffen wurden, erhielt der Mensch Zeit, sich auf die Ewigkeit vorzubereiten.

Wie eine Analyse des menschlichen Akts in seiner existentiellen Realität uns zeigen würde, ist außerhalb des Paradieses jede Handlung des Menschen ein Vorblick auf den Tod[41], da jeder menschliche Akt als solcher auf die Ewigkeit zugeht.

Was für den menschlichen Akt als solchen gilt, gilt in noch höherem Maße für einen bestimmten menschlichen Akt, den Akt des Gebets. Und da für den Christen jede Handlung des Lebens letztlich in das Gebet mündet, enthüllt eine nähere Analyse der Form des Gebets als Akt die wahrscheinlich tiefste Parallele zwischen der Rolle des Menschen im Tod und der Rolle des Menschen in jedem anderen menschlichen Akt.

Wie der Tod ist das Gebet ein Akt des Menschen unter dem Einfluss der Gnade, und zwar typischer als jeder andere, denn „keiner kann sagen: Jesus ist der Herr!, wenn nicht im Heiligen Geist“ [1 Kor 12,3]. Wie der Tod ist das Gebet der menschliche Vorstoß aus der bekannten Welt der Sinne in das unbekannte Reich Gottes. Das Gebet erfordert zu Beginn eine Disziplinierung der Sinne, um sie daran zu hindern, den Glaubensakt, dessen Gegenstand das unsichtbare Geheimnis ist, zu überlagern. Wie damit erwiesen ist, beinhaltet das Gebet im Wesentlichen eine Abtötung der Sinne. Wie er es im Tod für immer tun wird, lässt der Mensch im Gebet tendenziell die Welt des Leibes, der Zeit und des Bildes hinter sich und tritt hinaus in das Licht Gottes, das seine Sinne nicht wahrnehmen können. Wie für den Tod macht die Loslösung das Gebet möglich; und für beide ist die absolute Einsamkeit eine notwendige Bedingung. Geistige Armut verleugnet sich aus Liebe gewohnheitsmäßig, sie macht sowohl das Beten als auch das Sterben leicht, und die Gabe der Furcht des Herrn befähigt den Menschen, Ihm anzuhängen, was immer er im Gebet wie im Tod zurücklassen muss.

41 Rainer Maria Rilke, Duineser Elegien; vgl. insbesondere die Elegien VIII und XX.

Im Gebet wie im Tod rebellieren die Sinne. Im Tod wird diese Auflehnung die bereits erwähnte größte Angst hervorrufen. Die Sinne rebellieren, weil sie *sinnenhaft spüren*, wie ihr Ende gekommen ist. Und da Kontinuität ein Gesetz des Lebens ist, sehnen sich die Sinne nach einer Kontinuität, die nicht ihr Eigen ist.[42] So sehr der Wille den Tod als Strafe für die Sünde annimmt und so sehr er die Sinne kontrolliert, er kann diese Auflehnung nicht ändern. Im Gebet versucht der Mensch, seinen Verstand auf ein Geheimnis zu richten, das dieser nicht sehen kann, und seine Liebe auf einen Gott, der nicht berührbar ist. So sehr der Mensch auch seine Sinne einsetzen mag, indem er seine Vorstellungskraft auf ein Symbol der Wahrheit richtet, die sein Verstand durchdringen will, und seinen Leib in eine Stellung bringt, die die Haltung seines Willens symbolisiert – die Sinne vollbringen keinen übernatürlichen Akt. Sie beten nicht. Deshalb werden die Sinne früher oder später ein Scheitern empfinden, das ein Vorgeschmack des Todes ist, und manchmal kann das Gebet einen Vorgeschmack auf die Angst vor dem Tod geben. Wer kennt nicht den Impuls, mitten in der für die Meditation anberaumten Stunde widerwillig, entmutigt und verwirrt davonzulaufen?

Die Parallele zwischen Gebet und Tod hört hier nicht auf: Beide sind menschliches Tun unter dem Einfluss der Gnade; beide bringen einen Vorstoß ins Unbekannte und ein Scheitern der Sinne mit sich; für beide stehen wir unter der Bedingung geistiger Armut; beide werden unter dem Einfluss der Gaben des Heiligen Geistes schön; beide sind eine unbedingte Suche nach Gottes Antlitz durch den Menschen. Beide sind auch durch die gleiche Versuchung bedroht. Im Gebet wie im Tod sagt der Versucher: „Herr, nicht heute; morgen werde ich bereit sein." Das bedeutet: „Herr, ich weiß besser als Du, wann Dein Angesicht auf mich leuchten kann." Als ob der Mensch jemals von sich aus für das ewige Hochzeitsmahl bereit wäre!

Der Mensch kann nicht beten und kann nicht sterben, solange er nicht bereit ist, sich selbst so anzunehmen, wie er jetzt ist – und solange er nicht demütig einwilligt, wenn Gott ihm gewährt, ihn so zu besuchen, wie er ist.

---

42 Zur Gleichzeitigkeit von „Leib" und „Körper" in diesem Augenblick vgl. oben Anm. 31.

Tod und Gebet werden nur im Gebet geprobt und vorbereitet. Denn obwohl alles vom Mut des Menschen abhängt, „Ja" zu sagen und die eigene Bereitschaft zu bekunden, wann auch immer Gott ihn ruft, hängt alles von Gottes Gnade ab und vom Geschenk der Demut, sich so anzunehmen, wie man in diesem Augenblick ist.

Sowohl im Gebet als auch im Tod ist die Jungfrau die „porta coeli". Die volle Bedeutung der Worte des Augustinus „istam dico vitam mortalem an mortem vitalem nescio"[43] erschließt sich nur, wenn man das Gebet als Vorbereitung auf den Tod als höchsten Akt des menschlichen Gebets versteht.

43 Augustinus, *Confessiones* I, 7: „Ich weiß nicht, wie ich hierher gelangt bin, in dieses, sagen wir, sterbende Leben oder lebendige Sterben. Ich weiß es nicht".

Missionarisches Schweigen*

Fünf Jahre auf den Straßen von New York haben mir klar gemacht, wie dringend wir einen Weg benötigen, der geborene New Yorker dazu bringt, mit Puerto-Ricanern Freundschaft zu schließen. Priester, Lehrkräfte, Sozialarbeiter – sie alle sehen sich von einer Spanisch sprechenden Masse umgeben. Sie mussten diese Sprache lernen, mehr noch: sie mussten ihre Ohren einstimmen und ihre Herzen öffnen für dieses einsame, verängstigte und ohnmächtige Volk.

Das bloße Erlernen des Spanischen war ganz offensichtlich nicht genug. Wer mit Lexikon und Grammatik korrekte Sätze zu konstruieren vermag, kann von der Realität weiter entfernt sein als jemand, der die Sprache nicht kennt und darum weiß. Ich habe gesehen, wie hartnäckig die Puerto-Ricaner den „Americano" ablehnten, der sie studierte, um sie in die Stadt zu „integrieren". Sie weigerten sich sogar, ihm auf Spanisch zu antworten, weil sie hinter seinem Wohlwollen Geringschätzung und nicht selten auch Verachtung spürten. Notwendig war ein Programm, das den New Yorkern hilft, den „Geist der Armut" zu entwickeln.

Im Jahr 1956 wurde ich Vizerektor der Katholischen Universität von Puerto Rico, und das gab mir Gelegenheit zur Ausbildung von Personen für die Arbeit in spanischen Ghettos. Wir boten Kurse an, die ein intensives Studium des gesprochenen Spanisch mit Erfahrungen vor Ort und mit dem akademischen Studium von Dichtung, Geschichte, Gesängen und der sozialen Realität der Puerto-Ricaner verband. Viele meiner Schüler konnten nur unter großen persönlichen Opfern teilnehmen. Mehr als die Hälfte waren Priester, die meisten unter fünfunddreißig Jahren. Sie hatten beschlossen, ihr Leben in den Vierteln der Armen zu verbringen. Hier kann man sich nur schwer erinnern, wie der katholische Klerus damals seine Pflicht erfüllte. Ein irisch-amerikanischer Gemeindepfarrer ließ sich nur schwer davon überzeugen, seinen Kurat Zeit unter Leuten verbringen zu lassen, die nie in die Kirche kommen. Für diese Pfarreipriester, die Zeit und Ressourcen der Kirche für die Arbeit unter den Armen nutzen wollten, war die spanische Sprache ein kraftvolles Instrument. Denn sie

---

* Ivan Illich, Missionary Silence, Typoskript 1960, gedruckt in: The Church, Change, and Development, hg. von Fred Eychaner, Chicago 1970, 120-125.

ermittelte – zumindest der Vermutung nach – jene Armen, die von Geburt an Katholiken waren und denen die Kirche unter keinen Umständen den gleichberechtigten Zugang zu ihrem Dienst verweigern konnte. Als sieben Jahre später der Kampf gegen die Armut ausbrach, bestand ein erheblicher Teil der anerkannten Führungsschicht unter den Kritikern und Gegnern des Kampfes aus diesen Menschen, die sich in Puerto Rico getroffen hatten. Mit dieser Gruppe von Schülern konnte ich die tiefere Bedeutung erforschen, die mit dem Erlernen einer Fremdsprache verbunden ist. Meiner Überzeugung nach ist das richtig betriebene Studium einer Sprache eine der wenigen Gelegenheiten, bei denen ein Erwachsener eine tiefe Erfahrung von Armut, Schwäche und Abhängigkeit vom guten Willen des Anderen machen kann. Jeden Abend versammelten wir uns zu einer Stunde des schweigenden Gebets. Zu Beginn dieser Stunde legte einer von uns Meditationspunkte vor. Der folgende Text entspricht einer dieser Sitzungen und wurde von einem Teilnehmer aufgezeichnet.

Die Linguistik als Wissenschaft hat neue Horizonte für das Verständnis der menschlichen Kommunikation eröffnet. Untersucht man objektiv die Weise, wie Bedeutungen übermittelt werden, zeigt sich, wie durch und im Schweigen viel mehr von Mensch zu Mensch weitergegeben wird als in Worten. Worte und Sätze bestehen aus Formen des Schweigens, die bedeutungsvoller sind als die Laute. Die bedeutungsschwangeren Pausen zwischen Klängen und Äußerungen werden zu leuchtenden Punkten in einer unglaublichen Leere – wie Elektronen im Atom, wie Planeten im Sonnensystem. Die Sprache ist eine Schnur aus Schweigen, deren Knoten die Klänge sind, wie die Knoten in einem peruanischen *quipu*[1], in dem die leeren Räume sprechen. Mit Konfuzius können wir die Sprache als ein Rad sehen. Die Speichen stehen im Mittelpunkt, aber die leeren Räume bilden das Rad.

Wir müssen also nicht so sehr die Worte des anderen, sondern seine Formen des Schweigens lernen, um ihn zu verstehen. Weniger unsere Laute ergeben Sinn, sondern es sind die Pausen, durch die wir uns verständlich machen. Das Erlernen einer Sprache ist mehr das Erlernen ihrer Formen des Schweigens als ihrer Laute. Nur in Gott ist das Wort gleich-ewiges Schweigen. Unter den Menschen in der Zeit ist

1 *Quipu (spanisch) oder Khipu (Quechua) bedeutet „Knoten" und bezeichnet eine Knotenschrift im südamerikanischen Inkareich seit dem 7. Jahrhundert.

der Rhythmus ein Gesetz, durch das unser Gespräch zu einem *yang-yin* aus Schweigen und Klang wird.

Wer eine Sprache auf menschliche und reife Weise lernt, bejaht die Verantwortung für ihre Formen des Schweigens und ihre Laute. Das Geschenk, das ein Volk uns macht, wenn es uns seine Sprache lehrt, ist eher ein Geschenk des Rhythmus, des Modus und der Feinheiten seines Systems von Formen des Schweigens als seines Systems der Laute. Es ist ein intimes Geschenk, für das wir dem Volk, das uns seine Sprache anvertraut hat, Rechenschaft ablegen müssen. Eine Sprache, von der ich nur die Worte und nicht die Pausen kenne, ist ein ständiger Frevel. Sie ist wie das Zerrbild eines fotografischen Negativs.

Es erfordert mehr Zeit, Mühe und Feingefühl, das Schweigen eines Volkes zu lernen als seine Laute. Einige Menschen haben dafür eine besondere Gabe. Vielleicht erklärt dies, warum manche Missionare trotz ihrer Bemühungen nie lernen, richtig zu sprechen, sich durch Formen des Schweigens feinfühlig zu verständigen. Obwohl sie „den Dialekt der Einheimischen sprechen“, bleiben sie für immer Tausende von Kilometern entfernt. Das Erlernen der Grammatik des Schweigens ist eine Kunst, viel schwieriger zu erlernen als die Grammatik der Laute.

So wie Worte durch Zuhören erlernt werden müssen und durch mühselige Versuche, einen Muttersprachler zu imitieren, so muss man sich die Formen des Schweigens durch eine feinfühlige Offenheit für sie aneignen. Schweigen hat seine Pausen und Verzögerungen, seine Rhythmen, Ausdrucksformen und Tonfälle, seine Tonlängen und -höhen, seine Zeiten zu sein und nicht zu sein. Wie bei unseren Worten gibt es eine Analogie zwischen unserem Schweigen vor den Menschen und vor Gott. Um die volle Bedeutung des einen zu erlernen, müssen wir das andere üben und vertiefen.

An erster Stelle in der Klassifizierung des Schweigens steht das Schweigen des reinen Zuhörens, der weiblichen Passivität; erst durch das Schweigen des tiefen Interesses wird die Botschaft des anderen „er in uns“. Dieses Schweigen ist bedroht durch ein anderes: das Schweigen der Gleichgültigkeit, des Desinteresses in der Annahme, durch die Mitteilung des anderen wolle oder könne ich nichts empfangen. Es ist das unheilvolle Schweigen der Ehefrau, die ihrem Mann unbeteiligt zuhört, wenn er ihr dieselben kleinen Dinge erzählt, die er ihr so gerne sagen möchte. Es ist das Schweigen des Christen, der das Evangelium mit der

Einstellung liest, es ohnehin in- und auswendig zu kennen. Es ist das Schweigen des Steins, der tot ist, weil ohne Bezug zum Leben. Es ist das Schweigen des Missionars, der nie das Wunder eines Fremden verstanden hat, der ihm zuhört und dessen Zuhören ein größeres Zeugnis der Liebe ist als das eines anderen, der zu ihm spricht. Der Mensch, der den Rhythmus unseres Schweigens kennt und uns das zeigt, ist uns viel näher als derjenige, der meint zu wissen, wie man reden muss.

Je größer der Abstand zwischen zwei Welten ist, desto mehr ist dieses Schweigen des Interesses ein Zeichen der Liebe. Es ist leicht, dem Geplauder über Fußball zuzuhören; für eine Person aus dem Mittleren Westen ist es ein Zeichen der Liebe, den Berichten über *Jai Alai*[2] zuzuhören. Das Schweigen des Stadtpriesters im Bus, der dem Bericht über die Krankheit einer Ziege zuhört, ist ein Geschenk, wahrlich die Frucht einer missionarischen Form langer Geduldsübung.

Es gibt keine größere Distanz als zwischen einem Menschen im Gebet und Gott. Erst wenn diese Distanz ins Bewusstsein dringt, kann sich die dankbare Stille der geduldigen Bereitschaft entwickeln. Es muss das Schweigen der Jungfrau vor dem *Ave* gewesen sein, das sie befähigte, das ewige Vorbild der Offenheit für das Wort zu werden. Durch ihr tiefes Schweigen konnte das Wort Fleisch annehmen.

Im Gebet des schweigenden Zuhörens und nirgendwo sonst kann der Christ die Gewohnheit dieses ersten Schweigens erwerben, aus dem das Wort in einer fremden Kultur geboren werden kann. Dieses Wort, das in der Stille empfangen wird, wächst auch in der Stille.

Eine zweite große Kategorie in der Grammatik des Schweigens ist das Schweigen der Jungfrau nach der Empfängnis des Wortes, das Schweigen, aus dem nicht so sehr das *Fiat* als vielmehr das *Magnificat* hervorging. Dieses Schweigen nährt eher das empfangene Wort als den Menschen für die Empfängnis zu öffnen. Es ist das Schweigen der Meditation, das feinfühlig mitteilt, wie das Wort in uns wächst, das Schweigen, das den Menschen in sich selbst schließt, damit er das Wort für andere vorbereiten kann. Es ist die Stille der Syntonie, die Stille, in der wir auf den richtigen Moment warten, in dem das Wort in die Welt geboren wird.

---

2 *Es handelt sich um ein in Mexiko sehr beliebtes Ballspiel, das baskische Einwanderer im Anklang an ihren Nationalsport Pelota mitbrachten; die baskische Bezeichnung *Jai Alai* bedeutet „fröhliches Fest".

Auch dieses Schweigen ist bedroht, nicht nur durch die Eile und die Entweihung der Vielzahl der Tätigkeiten, sondern auch durch die Gewohnheit der Wortverfertigung und Massenproduktion, die keine Zeit hat zu schweigen. Eine Bedrohung liegt auch im billigen Schweigen, dem ein Wort so gut ist wie das andere und Worte keiner Pflege bedürfen.

Der Missionar oder der Ausländer, der die Wörter so verwendet, wie sie im Wörterbuch stehen, kennt dieses Schweigen nicht. Er schlägt die Wörter der eigenen Sprache in sich selbst nach, wenn er ein spanisches Äquivalent finden will, statt das angebrachte Wort zu suchen, statt ein Wort, eine Geste oder ein Schweigen zu finden, die verstanden werden, auch wenn sie in der eigenen Sprache oder Kultur oder Herkunft keine Entsprechung haben; er gibt dem Samen einer neuen Sprache keine Zeit, auf dem fremden Boden seiner Seele zu wachsen. Es ist das Schweigen vor den Worten oder zwischen den Worten; das Schweigen, in dem die Worte leben oder sterben. Es ist das Schweigen des langsamen, zögerlichen Gebetes, des Gebetes mit Worten, die mutig in einem Meer des Schweigens schwimmen. Es steht in diametralem Gegensatz zu anderen Formen des Schweigens vor den Worten, zum Schweigen der künstlichen Blume, die an Worte erinnert, die nicht wachsen. Es ist das Schweigen der Pause zwischen Wiederholungen. Es ist das Schweigen des Missionars vor der Wiedergabe der nächsten auswendig gelernten Plattitüde, weil er sich nicht die Mühe gemacht hat, in eine lebendige Sprache der anderen vorzudringen. Es ist das Schweigen des „pastoralen Spanisch". Dem Schweigen vor den Worten steht auch das Schweigen der brütenden Aggressivität entgegen, das sich kaum als Schweigen bezeichnen lässt; es ist auch ein Intervall der Vorbereitung von Worten, doch von Worten, die eher trennen als zusammenführen. Dieses Schweigen verführt den Missionar, dem man eingeredet hat, im Spanischen bedeute nichts das, was er sagen will. Es ist das Schweigen, in dem eine verbale Aggression, wenn auch verschleiert, die andere vorbereitet.

Die nächste große Kategorie in der Grammatik des Schweigens nennen wir das Schweigen jenseits der Worte. Je weiter wir gehen, desto weiter liegen gutes und schlechtes Schweigen in jeder Klassifizierung auseinander. Nun haben wir das Schweigen erreicht, das kein weiteres Gespräch vorbereitet. Dieses Schweigen hat alles gesagt, weil nichts mehr zu sagen ist. Dieses Schweigen liegt jenseits eines endgültigen Ja oder eines endgültigen Nein.

Das ist das Schweigen der Liebe jenseits der Worte oder das Schweigen des *Nein*, für immer; das Schweigen des Himmels und der Hölle. Es ist die endgültige Haltung eines Menschen, der dem Wort gegenübersteht, das Schweigen ist.

Die Hölle ist dieses Schweigen, tödliches Schweigen. Der Tod in diesem Schweigen ist etwas anderes als die Leblosigkeit eines Steins, gleichgültig gegenüber dem Leben, oder die Leblosigkeit einer gepressten Blume, Erinnerung an das Leben. Es ist der Tod nach dem Leben, eine dauerhaft gelebte Verweigerung des Lebens. In diesem Schweigen kann es Lärm und Unruhe und viele Worte geben. Es hat nur *eine* Bedeutung, die den ausgelösten Geräuschen und den Lücken zwischen ihnen gemeinsam ist. *Nein.*[3]

In einer bestimmten Weise bedroht dieses Schweigen der Hölle die missionarische Existenz. Mit den ungewöhnlichen Möglichkeiten, durch Schweigen Zeugnis abzulegen, eröffnet sich dem Menschen, der mit dem Wort in einer fremden Welt beauftragt ist, auch eine ungewöhnliche Befähigung zu zerstören. Missionarisches Schweigen geht das hohe Risiko ein, zur Hölle auf Erden zu werden.

Letztlich ist das missionarische Schweigen eine Gabe, eine Gabe des Gebets, erlernt im Gebet vor dem unendlich fernen, unendlich fremden Gott und ausgeübt in der Liebe zu den Menschen, die noch viel ferner und fremder sind als die Menschen zu Hause. Das Schweigen ist eine Gabe, eine Gabe im tiefsten Sinne, von Gott umsonst gegeben; eine Gabe, die uns großzügig von denen übermittelt wird, die bereit sind, uns ihre Sprache zu lehren. Wenn der Missionar dies vergisst und versucht, sich aus eigener Kraft das anzueignen, was nur andere gewähren können, dann gerät seine Existenz in Gefahr. Wer versucht, die Sprache wie einen Anzug zu kaufen, die Sprache durch Grammatik zu erobern, um sie „besser als die Einheimischen hier" zu sprechen, wer die Analogie zwischen dem Schweigen Gottes und dem Schweigen der anderen vergisst und sie nicht im Gebet zu steigern trachtet, versucht im Grunde, die Kultur, in die er gesandt wird, zu vergewaltigen, und er

---

3 *Das „Nein" fehlt in der englischen Ausgabe, findet sich aber in der italienischen Übersetzung, die auf dem ursprünglichen Manuskript beruht.

muss mit entsprechenden Reaktionen rechnen. Wenn er menschlich ist, wird er das geistige Gefängnis erkennen, in dem er sich befindet. Doch er hat es um sich herum gebaut, ohne es zuzugeben; eher wird er andere beschuldigen, seine Kerkermeister zu sein. Immer undurchlässiger wird die Mauer zwischen ihm und den Menschen, zu denen er gesandt ist. Solange er sich als „Missionar" sieht, wird er sich als gescheitert wissen, als gesandt, aber nirgendwo angekommen; als fort von zu Hause, doch ohne irgendeinen neuen Ort; als heimatlos ohne neue Heimat.

Er predigt weiter und wird nicht verstanden, wie ihm immer mehr bewusst wird, denn er sagt, was er denkt, und spricht eine fremde Spielart seiner eigenen Sprache. Er fährt fort, „etwas für die Leute zu tun", und hält sie für undankbar, weil sie verstehen, wie er damit sein Ego aufbessert. Seine Worte spotten der Sprache, werden Ausdruck für das Schweigen des Todes.

Es erfordert viel Mut, an diesem Punkt zum geduldigen Schweigen des Interesses zurückzukehren, zur Feinfühligkeit des Schweigens, in dem Worte wachsen. Aus der Taubheit ist Stummheit erwachsen. Weil es schwierig ist, spät im Leben nochmals eine Sprache zu erlernen, tritt oft eine gewohnheitsmäßige Verzweiflung ein. Das Schweigen der Hölle in seiner typisch missionarischen Form wurde im Herzen geboren.

Gegenpol zur Verzweiflung ist das Schweigen der Liebe, das Händehalten der Liebenden, das Gebet, in dem das Zaudern *vor* den Worten der reinen Leere *nach* den Worten Raum gegeben hat, der Form der Kommunikation, die einfach die Tiefe der Seele öffnet. Sie kommt in Lichtblicken und kann zu einem Leben im Gebet wie auch zu einem Leben mit den Menschen werden. Vielleicht ist dies der einzige wirklich universale Aspekt der Sprache, das einzige Kommunikationsmittel, das der Fluch von Babel nicht berührt hat. Vielleicht ist es die einzige Art des Zusammenseins mit anderen und mit Gott, in der wir keinen fremden Akzent mehr haben.

Es gibt noch ein anderes Schweigen jenseits der Worte, das Schweigen der Pietà. Nicht das Schweigen des Todes, doch das Schweigen vor dem Geheimnis des Todes. Nicht das Schweigen, das aktiv den Willen Gottes bejaht und aus dem das *Fiat* geboren wird, auch nicht das Schweigen der männlichen Bejahung von Gethsemani, in dem der Gehorsam wurzelt. Es ist das Schweigen jenseits von Fassungslosigkeit und Fragen; ein Schweigen jenseits der Möglichkeit einer Antwort, sogar ohne Bezug zu einem vorangegangenen Wort. Das geheimnisvolle Schweigen, durch das der Herr in das Schweigen der Hölle hinabsteigen konnte, das unverzagte Ja eines Lebens, sinnlos an Judas verschwendet, durch das die Welt gerettet ist. Geboren, um die Welt zu erlösen, war ihr Sohn durch die Hand seines Volkes gestorben, verlassen von seinen Freunden und verraten von Judas, den er liebte und doch nicht retten konnte: stille Betrachtung der Fleischwerdung in ihrem höchsten Paradox, nutzlos für die Erlösung zumindest eines persönlichen Freundes. Die Öffnung der Seele für dieses letzte Schweigen der Pietà ist der Höhepunkt in der langsamen Reifung der drei vorausgehenden Formen missionarischen Schweigens.

Missionarische Armut*

Der verstärkte Bedarf an Personen für den Dienst in Gebieten mit rascher Entwicklung geht einher mit der Suche nach einer geeigneten Ausbildung innerhalb katholischer Gemeinschaften. Früher war der Ausdruck „Missionar“ in der Kirche denen vorbehalten, die den Heiden das Evangelium brachten, nun verwenden ihn amerikanische Katholiken zunehmend für all jene, die sie zur Unterstützung des lokalen Klerus ins Ausland schicken.

Bevor man entscheiden kann, wie ein solches „missionarisches“ Ausbildungsprogramm aussehen sollte, gilt es festzustellen, welche besonderen Eigenschaften die ins Ausland gesandte Person auszeichnen.

Am einfachsten lassen sich diese Eigenschaften erkunden, wenn man untersucht, was den Missionar mit dem Nicht-Missionar verbindet und was ihm allein zukommt. Absurd wäre es, den spezifischen Unterschied im Grad der Großzügigkeit oder der Kompetenz oder der Heiligkeit zwischen dem Priester, der Schwester, dem Arzt oder dem Laien zu suchen, die sich als Missionar verstehen, und denjenigen, die das nicht tut. Ganz offensichtlich soll der Missionar ein völlig hingebungsvoller Mensch sein, doch ist die völlige Hingabe nicht ebenso charakteristisch für jeden Mann und jede Frau, die sich in allen Situationen ganz Gott überantworten?

Der Unterschied zwischen dem Missionar und dem Nicht-Missionar ist also keine graduelle Frage. Auch nicht, wie wir sehen werden, ein Unterschied im Bereich der gewählten Tätigkeit. Den Missionar vom Nicht-Missionar anhand seines Tätigkeitsfeldes zu unterscheiden, ist bestenfalls irreführend. Wird z.B. der Missionar als derjenige bestimmt, der Ungläubigen oder Heiden das Evangelium verkündigt, wären der Missionar von Maryknoll in Peru und der Jesuit auf den Philippinen von dieser Berufung ausgeschlossen. Versteht man unter einem Missionar eine Person, die ihr Land verlässt, wäre dem Heimatmissionar im Süden der Vereinigten Staaten oder dem Priester der *Mission de France* das Recht entzogen, in die Kategorie der Missionare aufgenommen zu werden.

---

* Ivan Illich, Missionary Poverty, in: The Catholic Messenger, 19. Oktober 1961, 5-6.

Unsere Suche nach dem gemeinsamen Nenner aller missionarischen Berufungen (besonders wenn wir für die Anliegen dieses Artikels Missionare ausschließen, die Gemeindeerweckungen leiten) führt uns nicht zu einem gemeinsamen Tätigkeitsfeld oder einem geografischen Standort; ein Missionar und ein Nicht-Missionar können Seite an Seite in einer Gemeinde die gleiche Arbeit tun.

Der einzige gemeinsame Nenner für alle Missionare liegt vielmehr in einer Tatsache: Sie alle sind Menschen, die ihr eigenes Milieu verlassen haben, um das Evangelium in einem Milieu zu predigen, das nicht von Geburt an ihr eigenes ist. Der Unterschied liegt in der Beziehung zwischen Person und Umfeld – nicht in der Person selbst oder im Umfeld.

Daher muss in der Ausbildung eines Missionars zentral die Fähigkeit entwickelt werden, die eigene Heimat zumindest geistig zu verlassen und mit Fremden zu sprechen. Das ist es, was man in einer Missionsausbildung lernen muss.

Wir wollen hier analysieren, auf welche Weise im Zentrum der gesamten geistlichen, intellektuellen und praktischen Ausbildung des Missionars die Seligpreisung entwickelt werden muss, die den Übergang von einer vertrauten zu einer fremden Lebensweise leicht und praktisch macht: die geistige Armut in Nachahmung eines besonderen Aspekts der Menschwerdung.

***

Im Anfang war das Wort, und das Wort war bei Gott: die vollkommene Mitteilung Gottes, der ewig in der einen Natur mit sich selbst verbunden ist. Um sich dem Menschen vollkommen mitzuteilen, musste Gott eine Natur annehmen, die nicht die Seine war, und doch nicht aufhören zu sein, was er ist. In diesem Licht ist die Inkarnation der unendliche Prototyp des missionarischen Wirkens, der Mitteilung des Evangeliums an „Andere" durch Ihn, der in eine Welt eintrat, die der Natur nach nicht seine eigene war.

Je mehr sich der Lebensweg eines Menschen diesem Aspekt der „Kenosis" des Wortes annähert, desto mehr kann eine bestimmte Berufung als missionarisch bezeichnet werden. Egal ob der Missionar ein Ire unter den Zulus ist oder ein Bourgeois unter der völlig anderen Kultur des französischen Proletariats, der städtische Nordstaatler im ländlichen

Süden, oder der Junge aus New York in einem Viertel mit Puerto-Ricanern.[1]

So wie das Wort nicht aufhört zu sein, was es ist, und doch zu einem bestimmten Zeitpunkt in der Geschichte Mensch, Jude, römischer Untertan, Mitglied einer Kultur wurde, so bleibt jeder Missionar, was er ist, und tritt doch in eine „fremde" Kultur ein. Er wird Teil dieser Kultur, so wie sie in diesem Moment an einem bestimmten Ort ist.

Der Missionar verlässt also die Seinen, um das Evangelium denen zu bringen, die nicht die Seinen sind. So wird er einer von ihnen, während er gleichzeitig bleibt, was er ist. Nur eine große Liebe kann einen Menschen dazu bewegen, und es bedarf einer tiefen Kenntnis, wie die Liebe sie mitteilen möchte.

Damit diese Liebe und diese Kenntnis des Glaubens Früchte tragen unter den Seelen, zu denen er gesandt wird, d.h. damit die interkulturelle Kommunikation des Glaubens möglich wird, muss der Missionar besondere Fähigkeiten und besondere Haltungen erwerben. Deren Erwerb ist das Ziel der spezifischen missionarischen Ausbildung. Der dringliche Bedarf an Missionaren, das begrenzte Angebot an Personen, die sich zur Verfügung stellen, und die Kultur im raschen Wandel machen es immer notwendiger, eine vernünftig geplante Ausbildung in denjenigen Fähigkeiten und Haltungen anzustreben, die der Missionar für sein Apostolat benötigt.

Ein intensives Ausbildungsprogramm kann den Prozess der kulturellen Anpassung beschleunigen, der in früheren Zeiten oft nur der zufälligen Osmose auf dem Missionsfeld selbst überlassen war. Eine intensive Ausbildung kann Arbeitskräfte einsparen, indem weniger Zeit nötig ist, um eine Person voll einsatzfähig zu machen.

Sehr oft muss der Missionar eine neue Sprache lernen; immer ist es ein neuer Slang. Die moderne Linguistik hat die dafür benötigte Zeit erheblich verkürzt. Der Missionar muss auch lernen, bis dahin unbekannte soziale, wirtschaftliche und geophysikalische Kräfte zu verstehen. Oberflächlich betrachtet ist dies oft einfach, aber es ist schwierig

---

1 Anm. d. Hg. der englischen Ausgabe: Dieser Absatz wurde dem im Wesentlichen unveränderten Artikel hinzugefügt, als er unter dem Titel „Missionary Poverty" neu veröffentlicht wurde, in: The Church, Change, and Development, hg. v. Fred Eychaner, Chicago 1970, 112-119.

für den Missionar, die Konsequenzen zu akzeptieren, die diese Kräfte auf sein eigenes Leben haben werden; das Wetter könnte ihn durch Müdigkeit hemmen, seine soziale Stellung könnte ihn in ein Goldfischglas befördern und die Armut zu ungewohntem Mangel an Komfort nötigen.

Vor allem muss der Missionar sich einer neuen Kultur stellen. Er muss zwischen dem überall moralisch Guten und dem, was für eine bestimmte ethnische Gruppe gesellschaftlich akzeptabel ist, unterscheiden lernen. Er muss wissen, welche seiner Gewohnheiten bei „seinem neuen Volk“ gesellschaftlich inakzeptabel sind, obwohl sie vielleicht moralisch gut sind und er sich an sie gewöhnt hat; und vielleicht muss er bereit sein, kulturelle Tabus seiner eigenen Heimat als alltägliche Verhaltensmuster seiner neuen Umgebung freudig zu akzeptieren.

Diese emotionale und intellektuelle Bereitschaft, eine neue Kultur zu bejahen, die für niemanden „natürlich“ ist, kann durch ein theoretisches Verstehen der Kultur und die Anleitung zur Erforschung eines lokalen Milieus erheblich verbessert werden.

Will der Missionar eine Sprache erlernen, ein besonderes „menschliches Klima“ als ganzes bejahen und bereit sein, Teil einer neuen Kultur zu werden, so begegnen ihm jedoch weit mehr als nur intellektuelle Probleme. Für ihn sind Sprache, Techniken und Kultur keine akademischen Ziele, sondern in erster Linie Mittel für einen praktischen Zweck: Kommunikation. Um genauer zu sein: die Kommunikation des Evangeliums.

Der Missionar wird Teil seiner neuen Umgebung, um sprechen zu können, nicht nur um zu überleben. Er bezeugt bereitwillig mit seinem Leben einem fremden Volk die Relativität menschlicher Überzeugungen gegenüber dem einzigartigen und absoluten Sinn der Offenbarung. Oft verwirklicht sich durch ihn die Menschwerdung des Wortes in anderen Kulturen als traditionell bei den Juden. (Haben wir deshalb Missionare für alle Völker, während Gott die Mission der Juden für sich reserviert hat?)

Manchmal lebt der Missionar unter Menschen, die für ihn Fremde sind, das Evangelium jedoch zuvor durch Priester aus einer bestimmten Kultur empfangen haben, während nun aufgrund historischer Umstände ihr Priester aus einer anderen Kultur zu ihnen kommt. Dies gilt etwa in vielen Teilen Lateinamerikas. In solchen Fällen kommt dem

Wort „Missionar" eine ganz besondere Bedeutung zu. Der Priester aus dem Ausland bleibt „Missionar", insofern er das Evangelium denen mitteilt, die nicht zu den Seinen gehören. Die Menschen, unter denen er lebt, haben den Glauben vielleicht schon empfangen und sich angeeignet, Jahrhunderte bevor die Vorfahren des Missionars in die Kirche eintraten oder bevor die Kirche irgendeinen Einfluss auf die Kultur in der Heimat des Missionars ausübte.

In einer solchen Situation ist die Aufgabe des Missionars noch heikler als bei der Erstevangelisierung: Viele Merkmale, die der Missionar gegenüber seiner eigenen Kultur als anders empfindet, verdienen Respekt, nicht nur, weil sie das vertraute Eigentum eines Volkes sind, sondern auch, weil sie sich in Jahrhunderten unter dem Einfluss der katholischen Kirche entwickelt haben.

Die volle Verwirklichung einer solchen kulturellen Relativität, vor allem in Angelegenheiten, die eng mit der unveränderlichen Struktur der Kirche verbunden sind, erfordert eine große Gelassenheit. Wir alle geben gern den Dingen, die wir zu lieben gelernt haben, einen absoluten Wert. Das muss so sein, denn das Unmittelbare zu lieben ist menschlich und daher notwendig. Doch in der Regel vergessen wir uns zu fragen, ob diese geschätzten Werte nur in Bezug auf uns selbst oder für alle absolut sind. Folglich muss der Mensch, der bereitwillig als Missionar seine Heimat verlässt, seine Werte sorgfältig prüfen, um deren „Katholizität" zu ermitteln. So wie er (im Sinne des Ignatius) indifferent werden muss gegenüber Besitz und physischem Komfort, indifferent gegenüber Nähe und Ferne zu seiner Familie und seinem Volk, so muss er indifferent werden gegenüber den kulturellen Werten seiner Heimat. Er muss also in einem tiefen Sinne sehr arm werden.

Denn was ist geistige Armut anderes als Indifferenz, als Bereitschaft, auf unsere Vorlieben zu verzichten? So bedeutet geistige Armut nicht Abwesenheit von Vorlieben, sondern Freiheit von ihnen; ebenso braucht der Missionar seinen Hintergrund nicht zu verleugnen, sondern er kommuniziert mit dem Hintergrund des anderen, und dieses Ziel ist schwer zu erreichen.

Indifferent zu werden ist schwierig – losgelöst von allen äußeren Annehmlichkeiten. Noch schwieriger ist es, indifferent zu werden gegenüber intimen Gaben wie körperlicher Unversehrtheit, der Gegenwart derer, die wir lieben, unserem Ruf oder unserem Erfolg. Noch weit schwieriger ist es, die seit Kindesbeinen tief in uns verwurzelten Überzeugungen über das, was zu *tun* ist und was nicht, loszulassen.

Doch gerade diese Loslösung muss der Missionar erlangen, will er wirklich ein Werkzeug der Menschwerdung sein und nicht ein Vertreter seiner eigenen Kultur. Kein Missionar hat das Recht, im Namen des Evangeliums auf der Annahme seines eigenen menschlichen Hintergrunds zu bestehen; damit würde er die Taufe und die volle Mitgliedschaft in der Kirche von einem Maß an geistlicher Armut des Konvertiten abhängig machen, das er selbst nicht aufzubringen bereit ist.

Wer an der Grenze steht zwischen der Kirche, die in einer Kultur inkarniert ist, und einer Kultur, in der die Kirche noch nicht völlig angenommen ist (oder die von der Kirche abgefallen ist), muss die Bedeutung dieser tiefen Armut ebenso einsehen wie der Priester im Ausland, der Kanadier in Haiti oder der Amerikaner in Peru, und ebenso der Priester an der Ostküste der Vereinigten Staaten, der einer katholischen Subkultur angehört, wenn er die Kirche den Mitgliedern einer traditionell protestantischen Gruppe vorstellt.

Was ist denn Fortschritt der Kirchengeschichte anderes als eine ständige Begegnung der Kirche mit einer neuen Welt, die nun christlich wird oder zu Christus zurückkehrt? Die „neue Welt" bringt neuen menschlichen Reichtum in den Leib der Kirche ein und bejaht für sich nicht nur den Glauben, sondern auch eine Teilnahme an rein menschlichen Werten einer jahrhundertealten Tradition. Diese *Begegnung* erfolgt durch den Missionar.

In besonderen Fällen, und wir denken hier wieder an Lateinamerika, kann ein Volk, dessen Kultur jahrhundertelang von der Kirche geprägt war, durch die Rückkehr zur katholischen Praxis unter dem Einfluss des Missionars einen Beitrag zum traditionellen katholischen Leben in der Heimatkultur des Missionars leisten, so wie der Missionar unter Protestanten zum Mittler werden kann, um außerhalb der Kirche entwickelte christliche Werte in seine eigene Heimatkirche zu übertragen.

Durch ihn wird nicht nur der Glaube angenommen, sondern die Neubekehrten treten auch in die „Kultur" der katholischen Kirche oder, wenn man so will, in die „katholische Kultur" ein (ein scheinbar widersprüchlicher Ausdruck, denn „katholisch" bedeutet „universal", und wenn wir „Kultur" sagen, meinen wir „die Lebensweise einiger"). Loslösung, Indifferenz und geistige Armut des Missionars gegenüber den

Werten seiner eigenen Kultur werden ihn nicht daran hindern, seinen eigenen Hintergrund weiterzugeben, sondern ihm helfen, aus den Schätzen seiner eigenen Geschichte das zu vermitteln, was die Bekehrten brauchen, nicht nur das, was ihm am Herzen liegt.

Ohne diesen Unterschied zwischen aufgezwungenen und aufgegriffenen kulturellen Mustern kann man weder die katholischen Missionen verstehen noch die Idee von Kulturen, die sich unter dem Einfluss der Kirche und deren eigener kultureller Umkleidung entwickelt haben.

Jedes Volk hat ebenso wie jeder Einzelne das Recht, beim Eintritt in die Kirche gemeinsam mit dem Glauben bestimmte Auswirkungen der Atmosphäre, in der jahrhundertelang der Glaube gewachsen ist, aufzunehmen und so auf voll und ganz menschliche Weise Teil einer „katholischen Welt" zu werden.

Nur wenn der Missionar sehr losgelöst von seiner eigenen kleinen Welt ist und in den altehrwürdigen lokalen Bräuchen eine unbedingte „katholische" Bedeutung entziffert, wird er *katholisch* zu denken vermögen, wenn seine Konvertiten von ihm einen göttlichen Glauben *und* die Entwicklung einer menschlichen Tradition erbitten.

Dieses Wachstum in geistlicher Armut muss ein Missionar während seines ganzen Lebens fortsetzen; seine erste bewusste Entwicklung ist jedoch von entscheidender Bedeutung und sollte im Mittelpunkt der besonderen missionarischen Ausbildung stehen.

Das erste Erlernen einer Sprache muss mehr sein als der Versuch, sich eine Fertigkeit anzueignen; mehr sogar als die bereits erwähnte Fähigkeit zur Kommunikation. Leicht zeigt sich dabei ein Symbol für die Bereitschaft eines Menschen, zutiefst arm zu werden, die eigene Welt der Gedanken und Assoziationen als Maßstab für ein voll entwickeltes Denken preiszugeben. Die lokale Geschichte, das Klima und die sozioökonomische Struktur anzunehmen, kann mehr sein als nur Ausdruck einer Großzügigkeit, die um Christi willen körperliche Unannehmlichkeiten in Kauf nimmt. Vielmehr drückt sie die erwartungsvolle Bereitschaft des Missionars aus, mit seinem neuen Volk eins zu werden. Sich mit fremden kulturellen Verhaltensnormen und Tabus zu identifizieren, kann nicht nur ein notwendiges und nützliches Entgegenkommen und ein Zeichen von Feingefühl und freundlicher Toleranz sein, sondern kann auch zu einer Nachahmung der Fleischwerdung in einer einzigartigen Form der Kontemplation werden: dem Herrn in seiner Armut ähnlich zu sein, und zwar aus keinem anderen Grund als der Liebe.

Ein solches Vorgehen läuft all dem zuwider, was von frühester Kindheit an Teil unserer Persönlichkeit geworden ist und für uns alles symbolisiert, was menschlich wertvoll und liebenswert ist, und das ist nicht nur schwierig, sondern äußerst schmerzlich.

Eine Sprache oder eine Reihe von Bräuchen als geistliche Übung und nicht nur als technische Anstrengung zu studieren, erfordert beispielsweise nicht nur tiefe Liebe, sondern auch große Einsicht. Da diese Einsicht selbst eine schmerzliche Erfahrung ist, neigt der Mensch dazu, sie zu verdrängen und auszublenden. Man kann sich nicht um missionarische Armut bemühen und dabei Schmerz vermeiden.

Viele Gefahren drohen den Missionar daran zu hindern, die Armut auf dieser intimen Ebene zu suchen, und die meisten unter ihnen rühren von der Unsicherheit her, die Angst hervorruft. Wenn materielle Dinge, Freunde und Gesundheit Krücken gegen die Bedrohung durch das Unbekannte sind, wie viel mehr dient die Reihe der Werte und Gewohnheiten, mit denen jeder aufgewachsen ist, diesem Schutz, und wie viel mehr ist daher jeder darauf bedacht, die eigene Kultur zu verteidigen als unveräußerlich, absolut und als würdig, anderen auferlegt zu werden.

Wenn wir meinen, etwas zu brauchen, und es nicht loslassen wollen, finden wir immer einen Grund, um unser Anrecht darauf zu verteidigen, und je vertrauter etwas für uns ist, desto mehr schützen wir uns unbewusst vor dem Verdacht, wir könnten es aufgeben müssen.

Da uns kaum etwas vertrauter ist als unsere Kultur (nennen Sie es einen Aspekt des „Über-Ich" nach Freud, wenn Sie so wollen), wird es nichts geben, an dem wir hartnäckiger und gegen unsere besten Vorsätze festhalten als daran, „wie die Dinge zu tun sind" in der Weise, die man uns gelehrt hat. Der Wunsch, sich selbst und nicht den Menschen unter Gott zum Maß aller Dinge zu machen, ist seit der Erbsünde in uns verwurzelt.

Kein Wunder, wenn der junge Missionar jeden Tag neue Streiche in sich entdeckt, die ihm seine Natur spielt, um die Loslösung von seiner gesamten Vergangenheit zu verhindern. Er wird sich dabei ertappen, wie er philosophische Argumente zugunsten einer „menschlichen Natur" konstruiert, die „überall gleich" ist, um das Singen von „Stille

Nacht“ an Weihnachten gegenüber Feierformen lokaler Traditionen zu rechtfertigen, oder um die vom Evangelium geforderte freie Partnerwahl zu verteidigen, weil er innerlich immer noch protestiert gegen seine eingewanderte Mutter, die eine Ehefrau für seinen Bruder in Boston auswählt.

Es gibt andere Wege, sich den Anforderungen der Armut zu entziehen: Man denke nur an die subtile Falle, in die der aufgeweckte Mensch geraten kann, indem er so viel über sein Missionsfeld lernt und Anthropologe wird, um *dieses eine Volk* nicht als *das Seine* annehmen zu müssen und ein Teil davon zu werden. Oder denken Sie an den Dichter, der sich in diesem fernen Land mit den Träumen der Vergangenheit identifiziert, um den derben Menschen der Gegenwart nicht innerlich zu begegnen. Die Schwierigkeit der Selbsttäuschung muss in dem heiklen Prozess der integrierten Persönlichkeitsentwicklung, den die missionarische Ausbildung darstellen sollte, sorgfältig berücksichtigt werden.

Die individuelle Anleitung des jungen Missionars wird ebenso notwendig sein wie die frei verlaufende Gruppendiskussion, um Rationalisierungen und Ausflüchte bewusst zu machen, damit die Schulung gemäß Lehrplan zu einem Programm des geistlichen Wachstums wird. Statt Anlass zur Entwicklung von Loslösung und persönlicher Freiheit zu werden, könnte andernfalls der Kontakt mit dem „Fremden“, sei es eine Sprache, eine „Welt“ oder eine Kultur, leicht zu einer Kraft werden, die einen verängstigten Menschen auf sich selbst zurückwirft, indem er ängstlich nach früheren Sicherheitssymbolen greift, oder zu einer Versuchung für den unbedachten, aber begeisterten Menschen, die Werte seiner eigenen Herkunft zu verleugnen und so in einem gefährlichen Vakuum scheinbar zwischen den Kulturen zu verharren.

Die Entwicklung eines missionarischen Geistes muss mit einer Analyse der Idee der geistigen Armut, der Loslösung, beginnen. Der Mensch kann sich von sichtbaren Dingen, die er mit seinem Körper benutzen kann, und von der Unversehrtheit seines Körpers selbst lösen. Der Mensch kann noch weiter gehen und sich von der Achtung, der Zuneigung und den Möglichkeiten der Selbstentfaltung lösen, die seine Mitmenschen ihm geben können.

Der Missionar muss sogar noch weiter in einen Bereich der Loslösung von sich selbst vordringen, den wir „missionarische Armut“ nennen wollen, eine intime mystische Nachahmung Christi in seiner

Fleischwerdung. Jede Bemühung um missionarische Ausbildung erhält ihre Einheit und ihren tiefen Sinn, indem sie die Erlangung der seliggepriesenen Armut ins Zentrum stellt, denn darin liegt die Aufgabe des Missionars.

Die intellektuelle Ausbildung in Sozialwissenschaften und Sprachstudien für den Missionar müssen als Gelegenheit und sogar als Mittel für die Entwicklung einer besonderen Form der geistigen Loslösung und der Freiheit zur kontemplativen Liebe gesehen werden, als Entsprechung zu einer sehr persönlichen Berufung.

Ein Lehrplan mit eigenen Kursen für den „künftigen Missionar" kann so zu einem wirksamen Instrument werden, um eine tief verwirklichte Katholizität zu erlangen in der Nachfolge des Wortes, das MENSCH wurde als Sohn eines Zimmermanns in Galiläa.

An Pater Kevane*

Cuernavaca, 27. April 1965

Rev. Raymond A. Kevane[1]
Nationaldirektor, PAVLA

Lieber Pater Kevane,

Als ich letzte Woche aus Brasilien zurückkehrte, fand ich einen Brief von Herrn David O'Shea vor, der sich erkundigte, wie viele der 75 päpstlichen Freiwilligen wir in diesem Herbst für unsere Kurse aufnehmen könnten. Nach sorgfältiger Beratung veranlasst mich O'Sheas Anfrage, den Kern unseres sechsstündigen Gesprächs am Karsamstag in Quito, Ecuador, wiederzugeben. In diesem offenen Brief an Sie und alle Direktoren von PAVLA möchte ich die Leitlinien des Zentrums für Interkulturelle Bildung (CIF) gegenüber dem Programm PAVLA (Päpstliche Freiwillige in Lateinamerika) noch einmal deutlich machen. Ich tue dies in der Hoffnung, PAVLA dabei zu helfen, seine institutionellen Ziele zu überdenken; um das CIF vor unerleuchteten Angriffen derer zu schützen, die eine Aufnahme einzelner PAVLA-Freiwilliger in unser Pro-

---

* Ivan Illich, Dear Father Kevane ..., Typoskript 1965, publiziert in: The Church, Change, and Development, hg. v. Fred Eychaner, Chicago 1970, 33-41.

1 *Dieser Brief führt in den Kern der Auseinandersetzungen, die Ivan Illich in Konflikt mit dem Vatikan brachten. Es sind daher einige Hintergrundinformationen wichtig: PAVLA ist die Abkürzung für „Papal Volunteers for Latin America" (Päpstliche Freiwillige für Lateinamerika). Die Päpstliche Kommission für Lateinamerika approbierte die Initiative am 20. April 1960. Bis 1965 fand die Ausbildung der Freiwilligen, die zu kürzeren sozialen und pastoralen Einsätzen (meist drei Jahre) nach Lateinamerika gingen, in dem von Ivan Illich geleiteten CIF (Centro Intercultural de Formación) statt. In diese Zeit fällt der Brief an P. Raymond A. Kevane (1928-2018), der von Herbst 1964 bis Herbst 1969 Nationaldirektor von PAVLA war und die Ansichten von Illich scharf kritisierte. Vgl. die Dokumentation in: Ivan Illich, Celebrare la consapevolezza. Opere complete, Band I, hg. von Fabio Milana, Vicenza 2020, 380-383.

gramm kritisieren; und schließlich, um jedes Missverständnis unserer institutionellen Ziele durch PAVLA-Mitarbeiter zu vermeiden.

Lassen Sie mich zunächst erklären, was ich mit diesem Schreiben vermeiden möchte:

A. Vermeiden möchte ich Kritik an der Weise, wie PAVLA sein Programm in den letzten fünf Jahren umgesetzt hat, an der Politik von PAVLA im Bereich der Programmplanung, der Auswahl der Direktoren und Freiwilligen, an den faktisch von den Freiwilligen geleisteten Diensten und an den Auswirkungen des Programms auf die Kirche in den Vereinigten Staaten und Lateinamerika.

B. Vermeiden möchte ich detaillierte Kommentare über das Bild und den Ruf der PAVLA-Freiwilligen bei namhaften lateinamerikanischen Gruppen aus meinem Bekanntenkreis und in dem Bereich der öffentlichen Meinung in den Vereinigten Staaten, zu dem ich den engsten Bezug habe.

C. Vermeiden möchte ich die Diskussion um Randprogramme im Umfeld von PAVLA, etwa Missionen in den Sommerferien, Studentenkampagnen und groß angelegte Reisen von US-Priestern nach Lateinamerika.

D. Ich möchte keine Spekulationen über unveröffentlichte Pläne von PAVLA anstellen.

Ich möchte nur folgende drei Ihrer Fragen beantworten:

I. Warum halte ich den erklärten Hauptzweck von PAVLA für abträglich für die Kirche im Jahr 1965?

II. Welche positiven Empfehlungen kann ich für die Zukunft von PAVLA geben?

III. In Anbetracht meiner Antwort auf die ersten beiden Fragen: Warum nimmt das CIF Lehrgangsteilnehmer von PAVLA in seine Programme in Cuernavaca und Petropolis auf?

I. Warum halte ich den erklärten Hauptzweck von PAVLA für schädlich für die Kirche im Jahr 1965?

Meiner Meinung nach wird PAVLA bis zum Jahr 1966 überflüssig sein. Außerdem wird die Fortsetzung dieses Programms in seiner heutigen Form großzügige Katholiken in den Vereinigten Staaten irreführen und für die lateinamerikanische Öffentlichkeit ein Affront sein. Ich sage dies aus den folgenden Gründen:

1. Der spezifische Zweck der Existenz eines PAVLA-Programms wurde wie folgt erklärt: Man wollte

- Katholiken aus den Vereinigten Staaten motivieren, freiwillig der Kirche in Lateinamerika Dienste zu leisten;
- lateinamerikanische kirchliche Instanzen dazu bewegen, solches Personal aus den USA anzufordern;
- in den USA die notwendigen Mittel zur Durchführung dieses Programms beschaffen. Die Kosten werden auf 2'500 bis 4'000 Dollar pro Jahr und Freiwilligem geschätzt, einschließlich der Ausgaben für Öffentlichkeitsarbeit, Ausbildung der Freiwilligen, Betreuung, Reisen, Versicherung und Unterhalt.

2. Mit der Durchführung dieses Programms verfolgt PAVLA eine Reihe von Zielen, die es mit vielen anderen Organisationen teilt: religiöser Nutzen für den Freiwilligen, seine Geldgeber und die Menschen, mit denen er zusammenarbeitet; interkulturelles Verständnis, Ausbildung des US-Freiwilligen für künftige Aufgaben in den USA durch einen zeitlich begrenzten Dienst in Lateinamerika, und zuweilen ausdrückliche Beteiligung am Kampf gegen den Kommunismus.

3. Nach meinem Eindruck hat PAVLA auch die Finanzierung von Aktivitäten außerhalb des oben genannten Ziels der Einrichtung organisiert, z.B. die Beschaffung von Stipendien, Öffentlichkeitsarbeit für Spendenaktionen in den USA zugunsten von Lateinamerika, die Unterstützung einiger lateinamerikanischer Freiwilliger auf Zeit und einiger Aktivitäten der lateinamerikanischen Kirche sowie die Steigerung des Interesses für Lateinamerika in den Vereinigten Staaten.

Ich habe weder Einwände gegen die allgemeinen Ziele des PAVLA-Programms (siehe 2.) noch gegen die positiven Nebenwirkungen aufgrund seiner Durchführung (siehe 3.). Auf Ihre Bitte hin bin ich jedoch genötigt, meine Meinung zu äußern, die wie folgt lautet:

Bis 1966 sollte die Organisation, die für die Durchführung des spezifischen Programms von PAVLA (siehe 1.) gegründet wurde, entweder aufgelöst oder grundlegend geändert werden, damit ein neues spezifisches Gesamtziel an die Stelle des ursprünglichen tritt.

In den letzten vier Jahren ist uns allen bewusst geworden, welche Kosten ein PAVLA-Freiwilliger für die Kirche der Vereinigten Staaten tatsächlich verursacht, unabhängig von der Dauer seines Aufenthalts in Lateinamerika und dem tatsächlichen Wert seines Beitrags. Die lateinamerikanischen Arbeitgeber von PAVLA-Freiwilligen konnten diese Kosten bestätigen, ebenso wie die Zusatzkosten, die ihnen durch Unterhalt, Ermunterung und Orientierung ineffizienter, zeitlich befristeter freiwilliger Helfer entstehen.

Für einen Bruchteil der Kosten eines Freiwilligen könnte einheimisches Personal eingestellt werden. In Lateinamerika stehen Personen mit größerer Einsatzerfahrung und beruflich höherer Qualifikation zur Verfügung. Es gibt Personen, die viele Jahre ihres Lebens der Aufgabe widmen wollen und die für ein angemessenes Gehalt für die Kirche arbeiten würden. Die lateinamerikanischen Bischöfe würden sie sehr gern anstellen. Die meisten PAVLA-Freiwilligen tun eher dürftige Arbeiten, die einheimische reguläre Angestellte für ein Familiengehalt von 800 bis 2'000 Dollar pro Jahr gern und besser leisten könnten. Nur sehr wenige PAVLA-Freiwillige verrichten eine Arbeit, für die hochqualifizierte einheimische Fachkräfte ein Gehalt von 3'500 Dollar pro Jahr benötigen würden – die geschätzten Gesamtkosten für jeden Freiwilligen aus den USA.

Von lateinamerikanischen Kirchenvertretern, die das Programm wirklich kennen, werden solche Freiwillige geduldet, akzeptiert und angefordert, und zwar aus Gründen, die der US-amerikanischen Öffentlichkeit, die das Programm unterstützt, nie dargelegt wurden:

a) Freiwillige werden aus Freundlichkeit oder Rücksicht gegenüber der irregeleiteten Großzügigkeit der USA akzeptiert, in der Hoffnung, zur Entwicklung der dortigen Kirche beizutragen.
b) Freiwillige werden in der Hoffnung angefordert, ihre Anwesenheit in Lateinamerika für die Öffentlichkeitsarbeit und die Mittelbeschaffung in den USA nutzen zu können.
c) Freiwillige werden manchmal willkommen geheißen, weil es weniger kostspielig zu sein scheint, lokale Mittel ausschließlich für den Unterhalt eines Freiwilligen zu verwenden, während die Kirche der USA die vielfachen Gemeinkosten trägt, anstatt die begrenzten Mittel vor Ort für die Zahlung angemessener Gehälter an lokale Mitarbeiter zu verwenden. In einigen Fällen hat der Import von PAVLA-Freiwilligen tatsächlich zu Arbeitslosigkeit geführt, insbesondere im Bereich der Lehre.

Es gibt einen sehr guten Test für die Gültigkeit meiner Behauptung: Fragen Sie einen erfahrenen Arbeitgeber von PAVLA-Freiwilligen, was er vorziehen würde: einen Freiwilligen oder einen Zuschuss von 1'500 Dollar, gebunden an die Bezahlung einer einheimischen Fachkraft für die gleiche Arbeit. Durch die Weise Ihres Fragens muss er sicher sein, mit seiner Wahl nicht gegen den Grundsatz der Gastfreundschaft und der Freundlichkeit gegenüber Fremden zu verstoßen. Ich bezweifle, ob auch nur ein einziger den Freiwilligen wählen würde, es sei denn, er bräuchte Personen folgender Kategorien: Sekretariatsmitarbeiter englischer Muttersprache oder Englischlehrer oder erfahrene promovierte Personen.

Die meisten PAVLA-Freiwilligen werden akzeptiert, weil den Empfängern keine Alternative in Spendenform angeboten wird. Tatsächlich wächst in Lateinamerika das Gefühl, die Organisation PAVLA belaste lateinamerikanische Kirchenmänner, die ohnehin bereits mit anderen Problemen überlastet sind, mit jungen Nordamerikanern auf der Suche nach einem höheren Sinn für ihr Leben.

Das Geld der Katholiken aus den USA, die zu diesem Programm beitragen, wird – ohne ihr Wissen – ausgegeben, um teure Freiwillige gastfreundlichen lateinamerikanischen Kirchenmännern aufzudrängen, die lieber einen Bruchteil der erforderlichen Kosten erhalten würden, um einheimische Gläubige zu künftigen Leitern der lateinamerikanischen Kirche auszubilden und sie in einer stabilen, hauptamtlichen kirchlichen Arbeit zu beschäftigen. Den Katholiken in den USA wird vorgegaukelt, mit dem PAVLA-Programm erbrächten sie einen Dienst, den die lateinamerikanische Kirche benötigt und wünscht.

Der Appell an die US-amerikanische Öffentlichkeit, PAVLA zu unterstützen, war zwischen 1960 und 1965 entschuldbar, weil zu wenige lateinamerikanische Bischöfe das Programm hinreichend kannten, um sich eine Meinung zu bilden, und weil die PAVLA-Direktoren mit den Realitäten Lateinamerikas nicht vertraut und nicht in der Lage waren, im Jahr 1961 das Gewicht eben dieses Arguments zu erfassen.

Heute ist es unentschuldbar, die katholische Öffentlichkeit in den USA nicht zu informieren, denn PAVLA hat sich überlebt. Das Gute, das die Einrichtung tun konnte, hat sie getan. Die meisten Freiwilligen sind überflüssig geworden. Nötig sind jetzt hochqualifizierte Fachleute, die nach Lateinamerika einwandern könnten. Das spezifische Programm PAVLA ist hinfällig geworden. PAVLA sollte sich entweder selbst auflösen (nachdem es seinen Zweck erfüllt hat) oder sein Wohlwollen und seine Fähigkeit zur Geldbeschaffung in eine andere Aufgabe umwandeln als die Entsendung von Freiwilligen der US-amerikanischen Kirche nach Lateinamerika.

Diese Aussage ist schwer zu treffen. Mehrere hundert Nordamerikaner haben ihrem Leben durch die Arbeit mit und für PAVLA einen neuen Sinn gegeben. Wir brauchen nicht zu bewerten, ob ihr Beitrag in der Vergangenheit sinnvoll und bedeutsam war oder nicht. Wir müssen das Wohlwollen und das Interesse dieser Männer und Frauen an Lateinamerika für die wichtige vor uns liegende Aufgabe erhalten.

Jetzt müssen wir uns den Tatsachen stellen: Was die Öffentlichkeit in den USA unter PAVLA versteht und die Definition, die Sie mir in Quito gegeben haben (als Hauptgrund für die Existenz des PAVLA-Programms), ist jetzt hinfällig, irreführend und sogar anstößig. Damit habe ich Ihre erste Frage beantwortet: warum ich den erklärten Zweck von PAVLA als schädlich für die Kirche im Jahr 1965 erachte.

II. Welche positiven Empfehlungen kann ich für die Zukunft von PAVLA geben?

Die Zukunft von PAVLA hängt von dem Mut ab, mit dem die PAVLA-Direktoren sich von dem ursprünglich erklärten Zweck der Organisation distanzieren.

PAVLA wird entweder seine ursprüngliche Grundidee beibehalten, oder es wird seinen Hauptzweck ändern. Ich bezweifle ernsthaft Ihre Offenheit für die dritte Alternative – die Auflösung der Organisation –, denn es wurde viel an Image, Geld und Leben investiert. Wenn Sie sich dafür entscheiden, das ursprüngliche Programm und den Zweck beizubehalten (wie oben unter I. beschrieben), sehe ich für die Organisation ein prächtiges Dahinvegetieren für einige Jahre voraus. Organisationen sterben nicht, sie vegetieren; und sie brauchen eine gewisse Zeit, bevor sie komplex genug sind, um in voller Pracht zu vegetieren. Unter Ihrer fähigen Leitung, stärkerer Zentralisierung und besserer Auswahl des Personals wird PAVLA effizienter werden und großzügige katholische Laien aus den Vereinigten Staaten davon überzeugen, eine interessante Schulung in Lateinamerika zu absolvieren und dabei zu glauben, sie setzten ihr Leben für Gott ein. Effizient auch, indem sie die Zeit zentraler Figuren der lateinamerikanischen Kirche ungerechtfertigt beanspruchen, um das Programm zu gestalten und die Seelsorge an den ausländischen Freiwilligen zu übernehmen. Kurz: effizient bei der Erfüllung einer belanglosen Aufgabe.

Wenn es Ihnen hingegen gelingt, den vielen Menschen, die sich vom PAVLA-Ideal angezogen fühlen, ein gezielt neues Programm anzubieten, werden die Katholiken in den USA PAVLA als etwas betrachten, das sie zu einer neuen Reife und einem tieferen Verständnis der komplexen Zusammenhänge unserer Zeit geführt hat. Anknüpfend an unser Gespräch in Quito schlage ich daher als einen möglichen neuen Zweck für die Fähigkeit von PAVLA zur Mittelbeschaffung vor: PAVLA als Stiftung.

1. Bis 1966 wird der Nutzen aller katholischen US-Freiwilligen, mit wenigen Ausnahmen, für das Lateinamerika-Apostolat zu Ende sein – das müssen die Katholiken der USA verstehen. Nur diejenigen Katholiken aus den USA sind willkommen, die zehn oder mehr Jahre in Lateinamerika zu investieren bereit sind, und zwar als unbezahlte Einzelpersonen. Englischlehrer, Bürokräfte englischer Muttersprache und erfahrene promovierte Personen bilden die Ausnahme.

2. Die lateinamerikanischen Bischöfe brauchen Gehälter, um Laienmitarbeiter zu bezahlen, von Katecheten und Organisatoren (500 bis 1'200 Dollar pro Jahr) bis hin zu Soziologen und Wirtschaftsprüfern (1'000 bis 3'500 Dollar pro Jahr). Sie wollen einheimische Mitarbeitende anstellen, denen sie eine Berufslaufbahn bieten und mit denen sie ihre Kirche aufbauen können.

3. Katholiken der USA haben durch PAVLA dazu beigetragen, dieses Bewusstsein bei den lateinamerikanischen Bischöfen zu wecken, und sie sollten dies spüren, auch wenn der positive Beitrag von PAVLA in diesem Bereich sehr gering war.

4. Katholiken der USA sollten sich über die Fähigkeit Lateinamerikas freuen, die großzügigen Freiwilligen aus den USA auszuschlagen. Man sollte ihnen zu verstehen geben, wie bedeutsam ihr Beitrag ist, wenn sie den lateinamerikanischen Bischöfen helfen, die Gehälter ihrer eigenen Laien zu zahlen – vorzugsweise an einheimische Bürger, an Ausländer nur dann, wenn sie gleich viel kosten oder kein Lateinamerikaner verfügbar ist.

5. Zu diesem Zweck empfehle ich Ihnen, eine Stiftung zu gründen und die PAVLA-Gelder an lateinamerikanische Bischöfe weiterzuleiten,

die Laienhelfer in genau festgelegten Bereichen und unter genau festgelegten Bedingungen beschäftigen möchten.

6. Die lateinamerikanische Kirche ist innerhalb von fünf Jahren unabhängig von Freiwilligen aus den USA geworden, und so könnte sie innerhalb von zehn bis fünfzehn Jahren von der finanziellen Hilfe der USA für lokale Gehälter unabhängig werden. Das sollten Sie US-Katholiken zu verstehen geben. Amerikanische Kirchengemeinden, die einen Laien in Lateinamerika unterstützen, verpflichten sich also nicht dauerhaft, sondern für fünf, zehn oder fünfzehn Jahre.

7. Bitte gehen Sie diesen Schritt – oder zeigen Sie mit einem irgendeinem anderen Schritt den Bedarf an päpstlichen Freiwilligen für die Kirche als überholt an – solange dieser Wandel noch als freie Entscheidung möglich ist. Die Situation ist dringlich. Meiner Voraussicht nach wird der jetzige Hauptzweck von PAVLA sehr bald nicht nur öffentlich kritisiert, sondern lächerlich gemacht werden. Die Initiative für diesen Wandel sollte von der Organisation selbst ausgehen. Aus dieser tiefen Besorgnis heraus habe ich mit Ihnen gesprochen und meine Argumente hier zusammengefasst.

III. Warum nimmt CIF immer wieder Teilnehmer am Lehrgang von PAVLA in sein Programm auf? Angesichts unserer (oben erläuterten) Ausrichtung wurde diese Frage oft gestellt, und die Meinungen reichen von Verwunderung bis Empörung.

1. Das CIF verfügt über sechs Abteilungen, die in Bezug auf ihre operative Bedeutung sowie die Anzahl und Qualität des Vollzeit-Personals in etwa vergleichbar sind. Nur zwei dieser Abteilungen (eine in Cuernavaca, eine in Petropolis) sind eigens dafür eingerichtet, zwei 17wöchige Kurse pro Jahr anzubieten. Diese Kurse wollen die interkulturelle Sensibilität ausländischer technischer Mitarbeiter fördern, die in Lateinamerika in bestimmten Entwicklungsbereichen arbeiten sollen. Wir scheuen keine Mühe, um den bestmöglichen Kurs anzubieten.

Das Konzept der interkulturellen Ausbildung als spezifische Art der Vorbereitung auf eine effiziente technische Hilfe war recht neu, als das CIF begann. Inzwischen ist es immer breiter akzeptiert und fachlich anerkannt. Das CIF hatte von Anfang an das Ziel, wegbereitend in diesem Bereich nach Höchstleistungen zu streben, indem es sich ständig um mögliche Verbesserungen bemüht und die eigenen Ergebnisse sorgfältig auswertet.

Kürzlich trafen sich Führungskräfte der interkulturellen Bildung in Berlin. Unsere Vertreterin, Frau Standoff, beobachtete sehr zufrieden sowohl die Gründung weiterer Einrichtungen von Qualität, die sich der interkulturellen Sensibilisierung widmen, als auch den Grad bewusster Übernahme der ursprünglich vom CIF vorgeschlagenen Grundideen.

Die Zahl der Bewerbungen – vor allem für unsere Herbstkurse – übersteigt bei weitem unsere Aufnahmekapazitäten. Wir müssen auswählen. Wir waren gezwungen, Kriterien zu entwickeln, um einzelnen Bewerbern den Vorzug zu geben – unabhängig davon, wer sie finanziert. In der einzigen früheren Mitteilung, die wir an alle Direktoren von PAVLA geschickt haben („CIF Puzzle – 1961"), haben wir die damals aufgestellten Kriterien sehr ausführlich erläutert.

2. Diesen Ausführungen über unser Programm können Sie entnehmen, wie wir die Zulassung von PAVLA-Lehrgangsteilnehmern zu unseren 17wöchigen Kursen mit der von Ihnen erbetenen und von uns vertretenen Meinung über das PAVLA-Programm vereinen können.

a) Wir bemühen uns aktiv darum, ausländische Fachkräfte auf dem Weg nach Lateinamerika in unsere Kurse aufzunehmen. Wir bevorzugen Personen mit vertieften Qualifikationen, solider Erfahrung, Reife und hoher Stabilität, möglichst Personen, die sich für den Rest ihres Lebens in Lateinamerika engagieren möchten. Wir möchten uns auf das Kursangebot für Personen spezialisieren, die für Vertrauensstellungen in der pastoralen Erneuerung der lateinamerikanischen Kirche bestimmt sind sowie für Personen mit der Eignung, Einblicke in den weltanschaulichen Wandel zu gewinnen, der sich in Lateinamerika vollzieht, und in dessen Auswirkungen auf sozioökonomische und soziokulturelle Optionen.

b) Gern nehmen wir – im Rahmen unsere Kapazitäten – geeignete Laien, Priester oder Schwestern auf, die von der lateinamerikanischen Kirche wirklich angefragt sind, auch wenn sie nicht viel Zeit in ihrer Mission zu verbringen gedenken. Als unsere Gäste in einem CIF-Kurs werden sie motiviert sein – so glauben wir –, eine enge Integration mit dem lokalen Klerus anzustreben, und sich möglicherweise dazu entschließen, für immer bei uns in Lateinamerika zu bleiben.

c) Unserer Meinung nach können wir (zumindest vorläufig) katholische Freiwillige, die nach Lateinamerika gehen, ohne eine potenziell wichtige Funktion in Lateinamerika zu haben, nicht von unseren Kursen ausschließen, solange sie die menschlichen Mindestkriterien erfüllen. Sie gehen ihren Weg – mit oder ohne einen CIF-Kurs. Wir können sie bei der Zulassung nicht bevorzugen, doch unserer Erfahrung nach ist für sie eine sorgfältig durchgeführte Ausbildung vor dem Einsatz in Lateinamerika noch entscheidender als für die oben genannten Personen. Auf schmerzliche Weise haben wir gelernt, wie wir solchen Freiwilligen helfen können, ihren fehlgeleiteten missionarischen Eifer abzulegen und sich auf einen begrenzten Aufenthalt in Lateinamerika vorzubereiten, bei dem sie viel lernen werden, was sie später in der Kirche der USA einbringen können. Nicht selten haben die Spontaneität und die persönliche Großzügigkeit solcher Lehrgangsteilnehmer einem CIF- Kurs viel Freude eingetragen.

In unseren Kursen waren PAVLA-Freiwillige, die in jede dieser Kategorien fallen. Unter allen Umständen betrachten wir jeden PAVLA-Bewerber als einen großzügigen, wohlmeinenden Menschen auf dem Weg nach Lateinamerika. Wenn wir sie in unsere Kurse aufnehmen können und dies auch tun, sind sie willkommene Gäste, gleichberechtigt mit allen anderen Studierenden – fachlich hoch qualifizierten, erfahrenen Bewerbern –, die sich auf einen dauerhaften Dienst in Lateinamerika vorbereiten.

Hoffentlich habe ich meinen Standpunkt hinreichend klar darlegen können, um mein Anliegen und mein Interesse für Sie und die PAVLA-Direktoren deutlich zu machen.

Mit brüderlichen Grüßen,
Ivan Illich

Ästhetische und religiöse Erfahrung*

Teil I

Reflexion über die Grenzen der Ästhetik

Am vergangenen Donnerstag hat Prof. Justino Fernandez seine festliche Vorstellung der zeitgenössischen Kunst mit zwei Bildern abgeschlossen: die *Mönche* von Dalí und die *Kuppel* von Orozco.[1] Die Mönche haben das Antlitz verborgen, sie befinden sich in Ekstase oder in innerer Sammlung; die Gestalt der Kuppel dagegen verzehrt sich in ihrem eigenen Glanz. Um den Sinn dieser beiden Gemälde zu erfassen, lud Professor Fernandez uns ein, über einige Bemühungen nachzudenken, die darauf abzielen, die Grenzen dessen zu erreichen, was man sagen oder ausdrücken kann. Denken Sie an das Bild *Guernica* von Picasso

---

* (Deutsche) Abschrift von Aufzeichnungen für eine Konferenz über „Ästhetische und religiöse Erfahrung", Teil I und II (Cuernavaca, 25./26. Oktober 1966). Veröffentlicht ohne vorherige Durchsicht durch den Autor. Spanische Abschrift vom 10. Oktober 1966 veröffentlicht als „Reflexión sobre los limites de la Estética", in: Ensajos sobre la trascendencia, I-II, CIDOC Sondeos 77 (Cuernavaca: Centro Intercultural de Documentation, 1971), 3/1 – 4/12, übersetzt und herausgegeben von Luis Xavier Lopez Farjeat und Venancio Ruiz. *Keine Textvorlage stammt wörtlich vom Autor. Die hier vorgelegte deutsche Übersetzung berücksichtigt die spanische und die deutsche Abschrift, die englische Übersetzung aus dem Spanischen, die für den Band „The Powerless Church" erstellt wurde, sowie die italienische Werkausgabe. Wie in der englischen Übersetzung, so werden auch hier Druckfehler, offenkundige Missverständnisse der Abschrift und ungebräuchliche Formulierungen stillschweigend angepasst. Der Doppelvortrag von Illich fand am 25. und 26. Oktober 1966 im Rahmen einer Tagung des Mexikanischen Instituts für Psychoanalyse statt, das 1963 von Erich Fromm gegründet und bis Ende 1965 von ihm geleitet worden war. Die Tagung stand unter dem Thema „Der Mensch in der heutigen Welt angesichts des Religiösen".

1 *Es könnte sich um das Gemälde „sentado monje" (Sitzender Mönch; 1925) von Salvatore Dali (1904-1989) handeln. José Clemente Orozco (1883-1949) gestaltete von 1937 bis 1939 das Hospicio Cabañas, Guadalajara (Mexiko); die Kuppel in der Kapelle zeigt das Bild „Mensch in Flammen".

und an sein Zeugnis für eine menschliche Haltung gegenüber den Schrecken des Krieges. Denken Sie an die Darstellung von Ideologien und Religionen bei den mexikanischen Muralisten, den Künstlern riesiger Wandgemälde, an die Harlekine und die Ungeheuer und den aufs Äußerste gesteigerten Höhepunkt des Mutes, der darin zum Ausdruck kommt. Denken Sie an die liebevolle Bejahung des Daseins, des lebendigen Hierseins, an die sitzenden Frauen von Picasso oder an die Aktbilder von Rivera.[2]

Fahren wir fort mit dem Abenteuer, die Grenzen des Menschlichen zu erforschen, indem wir eine Überlegung anstellen. Dabei greifen wir auf ein Minimum von phänomenologischen und theologischen Konzepten zurück.

Der Mensch heute angesichts des Religiösen – so lautet das Thema. Es geht um das Bewusstsein des heutigen Menschen von etwas, das Worte nicht beschreiben können. Es ist nicht die Religion, es ist nicht die Kirche, ganz und gar nicht ... Es ist nicht der Mythos, und es sind bereits nicht mehr die Ideologien, d.h. Illusionen und Projektionen.

Versuchen wir die Situation des Menschen zu skizzieren, und überlassen wir dabei den Psychologen die Aufgabe, von den Mythen des Menschen zu sprechen, und den Theologen die Aufgabe, über Gott zu sprechen.

Wenn wir uns diesem Thema zuwenden, so merken wir, wie vieldeutig die Worte sind, die wir für diese Analyse verwenden müssten; wir erleichtern uns jedoch den Weg, indem wir statt eines Prinzips ein Bild als Ausgangspunkt wählen.

Ich bin am Meer ausgewachsen. Ich erinnere mich an den Tag, an dem ich zum ersten Mal die Stimme des Meeres hörte, die Stimme, die ich immer gehört hatte. Ein Fischer kam auf mich zu und schenkte mir eine Muschel, und in der Muschel sprach zu mir das Meer. Ich erinnere mich auch an die Enttäuschung, die mein Gymnasiallehrer in mir auslöste. Nach seiner Aussage hörte man in der Muschel nicht den Gesang des Meeres, sondern den Lärm der Straße. Und wie könnte ich mich nicht an das Gefühl einer weiteren Enttäuschung erinnern – doch diese Enttäuschung war wissenschaftlicher Art. Gemäß dem Verdacht, den

2 *Diego Rivera (1886-1957), mexikanischer Maler.

Brunner[3] mir vermittelte, war das, was die Muschel sagte, weder die Stimme der Nereiden noch der Erinnyen, weder die Göttin des Kosmos noch die Göttin der Polis. Es war in Wirklichkeit der Fluss meines Blutes, das Schlagen meines eigenen Herzens, reflektiert durch die Muschel. Der Fischer von der Adria und der Lehrer am Gymnasium – jeder lehrte mich seine eigene Sprache. Indem ich meine innerste Melodie auf das Spinnennetz ihrer Worte projizierte, wurde ich getauft, entfaltete ich mich, verwandelte ich mich in ein Drama.

Die Generation, die uns vorausging, glaubte sich verpflichtet, meine Beziehung zu der Muschel in einer von vier Arten auszulegen: entweder war es das Lied des Meeres, das ich hörte, oder der Lärm der Leute, oder die Projektion meines eigenen Innersten, oder für Gläubige ein anthropomorpher und nebelhafter Gott.

Wir unsererseits sagen: Wenn Religion eine dieser vier Alternativen ist, dann brauchen wir sie überhaupt nicht. Doch könnte es auch etwas anderes sein? Vielleicht ein Mysterium?

Heutige Haltungen gegenüber der Illusion

Wir kennen und bekennen unsere Götter, unsere Mythen, die Ideologien, mit denen wir das Leben vereinfachen. Wir kennen uns als Schöpfer und Erschaffene von Mythen. Wir sind keine Bilderstürmer mehr und auch keine Schmetterlingssammler, wie es im letzten Jahrhundert üblich war; wir sind vielmehr Kritiker der Mythen, die zur Auswahl von Beruhigungsmitteln gehören, falls es solche für die Überschreitung der absoluten Grenzen gibt. Welch ein Paradox! Wenn es ein Mysterium gibt, müssen wir es hier auf Erden suchen, und es ist nur durch irdische Mythen zugänglich. Wie wir wissen, haben wir sowohl Mythen als auch Sprachen geerbt, und sie sind wie die Farbe der Dinge. Welch einen Kampf musste Charles Peguy zu seiner Zeit durchstehen, um dies festzustellen. In der analytischen Philosophie wie auch in der strukturellen Anthropologie versöhnen wir uns mit den Mythen.

Das rationale, geschweige denn das religiöse Denken können nicht über den Mythos hinausgehen, wie wir wissen, und beide lassen sich nicht schwarz-weiß fassen. Wir finden heraus: Es geht nicht darum,

3 *Es könnte sich um den österreichischen Historiker Otto Brunner (1898-1982) handeln.

Mythen zu fürchten oder an sie zu glauben oder sie zu erschaffen – das wäre kindisch oder frevelhaft; vielmehr sollten wir sie entdecken und interpretieren, sie mit großem Respekt und Sinn für Humor genießen. Das ist die feine Art, ihnen Respekt zu erweisen. Mehr noch, wir sollten ebenso auf sie achtgeben wie auf die Namen, die Adam gemäß dem Buch *Genesis* den Dingen gab.

Unsere Generation hat die Worte in unseren Köpfen und Herzen als unseren transparentesten Realitäten entdeckt, d.h. die Namen und die Mythen. Wie wir die Organe der körperlichen Fortpflanzung enthüllt haben, haben wir auch den Organismus, der unsere Götzen hervorbringen, enthüllt und entschleiert.

Mit elf Jahren wissen wir bereits, woher die Kinder und woher die Götter kommen. Doch kaum sind wir über die Pubertät hinaus, ahnen wir noch etwas, das es zu enthüllen gilt: die Liebe und die Religion. Allerdings passt das Wort „Religion" hier nicht. Ich möchte es anders ausdrücken: „die bewusste Begegnung mit der Grenze des eigenen personalen Wesens".

Die Geschichte der Desillusionierung

Wäre ich in der Lage, den von unserer Generation zurückgelegten Weg zu beschreiben, würde ich dies in Form einer romantischen Komödie tun. Die Schauspieler wären die verschiedenen intellektuellen Gruppen. Für jeden Mythos oder jede Ideologie würde ich eine Göttin wählen. Es wäre sehr amüsant. Was für eine Aneinanderreihung von Romanzen und Streitereien, öffentlicher Kritik und schändlichen Konkubinaten, Scheidungen und feierlichen Hochzeiten. Es gäbe auch einen Don Juan Pareto[4], entschlossen, nicht zu heiraten, und ein Telegramm der OAS (Organisation Amerikanischer Staaten), die das Ende der ideologischen Ära verkündet. Leider habe ich weder Zeit noch die nötige Begabung, um diese Posse in Szene zu setzen.

Wie dem auch sei, erinnern wir uns an einige Schlüsselmomente im letzten Akt dieses Dramas, in dem wir die Akteure sind und zu dem wir als siebte Generation nach Bacon[5] mit seiner entzückenden Typologie

4 *Anspielung auf Vilfredo Pareto (1848-1923) und seine Ideologiekritik.

5 *Francis Bacon (1561-1626) entwirft in seinem *Novum Organum* von 1620 eine „Idolenlehre", die vier primäre Irrtumsquellen darlegt. Illich spielt hier offenbar auf das „Sieben-Generationen-Prinzip" der Irokesen an, das besagt: Jeder Mensch

der Idole gehören: die anthropomorphen Idole der Sippe, mit denen wir geboren werden; die Idole, mit denen jeder von uns sich in die Höhle seines Innersten einschließt; die Idole, die wir auf dem Markt kaufen; und die künstlichen Idole, die von den Denkern geschaffen und später auf den Theaterbühnen feilgeboten werden.

Schon der Gedanke, vom modernen Menschen und von Religion zu sprechen, stört uns, denn, wie es scheint, versteht man unter dem „modernen Menschen" denjenigen, der durch den Verzicht auf Engel und auf einen metaphysischen Rahmen als Quellen die beiden ersten Stadien von Comte[6] erfolgreich durchlaufen hat – begierig, die Leerstellen seiner empirischen Beobachtungen mit Wissenschaft auszufüllen.

Die Formel „der moderne Mensch und die Religion" stört uns, denn wir halten sie für naiv; wie es aussieht, stehen wir am Ende der Versuche, den Menschen als religiöses Wesen zu definieren, obwohl viele von uns sich zum Romantischen hingezogen fühlen: Goethe, Hegel oder Hölderlin.

Wir können uns nicht als moderne Menschen betrachten, wenn wir nicht reagieren wie Feuerbach, wenn wir nicht lernen, in jeder Theogonie eine Entfremdung zu entdecken, das bedeutet: Etwas zutiefst zu uns Gehörendes ist uns entzogen, und an dessen Stelle tritt eine illusorische Realität. Als ich „Das Leben Jesu" von Strauß[7], einem Zeitgenossen von Feuerbach, las, konnte ich der Versuchung nicht widerstehen, einige Sätze in eine spanische Wendung zu übersetzen: „Wer keine Wünsche hat, der hat auch keine Götter (...) die Götter sind die verkörperten Wünsche des Menschen".[8]

Das marxistische Denken hat uns tief geprägt. Wir gehen mit Ideologien kaltblütig um, seien sie politisch, kommerziell oder pädagogisch, denn wir kennen die soziale Funktion einer Ideologie, den Glauben an die Werte zu bestätigen, die eine Gruppe zum Handeln braucht, sei es

---

und jede Gemeinschaft soll bedenken, wie sich eine Handlung für die siebente Generation in der Zukunft auswirken wird.

6 *Nach August Comte (1798-1857) durchläuft die Menschheit drei Stadien bis zur Reife: das theologische, das metaphysische und das positive.

7 *David Friedrich Strauß (1804-1874), evangelischer Theologe, veröffentlichte das Werk „Das Leben Jesu" in zwei Bänden 1835/36.

8 *Ludwig Feuerbach, Vorlesungen über das Werk der Religion, in: Gesammelte Werke, Leipzig 1846ff., Band 8, 36-37.

um sich zu wehren, um zu gehorchen oder um Autos zu kaufen. Von der Psychoanalyse haben wir gelernt, daran zu zweifeln, ob die vorgebrachten Gründe auch die Motive unserer Einstellungen sind, und wir schämen uns nicht, darüber zu sprechen.

Wir gehören zur Generation von Heisenberg: Wir weigern uns, das Atom oder den Kosmos zu sehen oder uns vorzustellen; und meine Nichte wird sich mit elf Jahren beim Studium der Boole'sche Algebra in der Grundschule ihrer Freiheit bewusst, die Axiome für ihr Denksystem selbst zu wählen.

Die Folgen der Desillusionierung

Wir haben gelernt, jeden Mythos, jede Ideologie und jede Religion als Illusion anzusehen, und sind uns gleichzeitig der Mehrdeutigkeit jeder Illusion bewusst. Könnte diese Illusion eine poetische Schöpfung von großem sozialen, pädagogischen, therapeutischen oder politischen Wert sein? Oder handelt es sich eher um eine neurotische Entfremdung, ein Mittel zur Isolation, Unterdrückung und Zerstörung?

Die vielfältigen Bemühungen von sieben Generationen werden nun durch unsere eigene Generation gebündelt. Die meisten Phänomene, die vor fünfzehn Jahren als religiös galten, fassen wir heute nicht mehr unter dieser Kategorie. Wenn das so ist, müssten wir uns einen neuen passenden Titel für diese Konferenz ausdenken. Und genau das schlage ich in der Tat vor. Der Titel würde dann lauten: „Mensch, Mythos und Transzendenz heute".

Wir haben die Begeisterung verloren, die der junge Marx für Feuerbachs brillante Darlegungen zeigte. Für Soziologen wären sie allzu simpel. Wir haben den Schrecken verloren, mit dem unsere Großmütter sich bedroht sahen, Marx oder Freud könnte ihnen ihre Religion wegnehmen. Heute ist das Gegenteil der Fall: Wir wünschen uns Hilfe und Aufklärung, um unsere Illusionen loszuwerden, um das bilderstürmerische „Pathos" unserer Väter abzulegen sowie ihr Bedürfnis, auf einen *deus ex machina* zurückzugreifen, um eine Reihe von magischen, mystischen und religiösen Phänomenen zu erklären, die ohne dessen Eingreifen unverständlich geblieben wären. Wir brauchen Gott nicht mehr – wir werden später darauf zurückkommen –, um Mythen und Mystizismus zu erklären.

Darüber hinaus spüren wir eine neue offenkundige Macht des Menschen über die Dämonen, die er nicht zu kontrollieren weiß. Mit Entsetzen blicken wir auf die Industrialisierung der Mythogonie: Wir werden Zeugen, wie die *Madison Avenue* religiöse Ersatzartikel hervorbringt, die mit Leichtigkeit die Gewohnheiten des Stadtmenschen auf die gleiche Wellenlänge bringt. Wir werden Zeugen der Technik, die von nordamerikanischen Offizieren angewandt wird, um jeden Vietcong-Gefangenen innerhalb von fünf Tagen zu brechen, schmerz- und drogenfrei, bloß mit einer Dosis synthetischer Sympathie, die uns an die Dankbarkeit des Gefangenen von Dachau gegenüber seinem SS-Kommandanten erinnert, und mit psychodelischen Drogen, wie Huxleys „Soma“.[9] Wir erkennen die treibenden Geister in der Rechtgläubigkeit von McCarthy, Mao und Lyssenko[10] oder in den psychoanalytischen Schulen. Wir können bemerken, mit welcher Dringlichkeit die Menschen nach Religion verlangen, ablesbar an dem zunehmenden Kirchenbesuch, der viel Interesse bei amerikanischen Anthropologen findet, ebenso wie die liturgischen Kundgebungen von Nürnberg, die wir jetzt vor dem Fernsehen sitzend verfolgen, oder die Ankunft der Beatles in New York.

Was bedeuten all diese Phänomene? Wenn ich sie nicht „religiös“ nenne, schränke ich mich dann nicht allzu sehr ein? Und wenn ich sie „religiös“ nenne, muss ich das Wort an einen der vielen Psychiater im Saal weitergeben. Ich möchte sie „Mythiker“[11] nennen. Im Vergleich zu ihnen ist Feuerbachs Haltung eindrucksvoll. Die folgende Aussage stammt von ihm, und ich möchte sie mir zu eigen machen: „Ich bin ein Arzt für Krankheiten des Gehirns und des Herzens. Ich weiß, die meisten Menschen sind magenkrank, aber könnten viele Magenkrankheiten nicht tatsächlich aus dem Kopf kommen? Ich habe mich endgültig ent-

9 *In Aldous Huxleys Roman „Brave New World“ (1932) hält die Droge *Soma* die Bevölkerung ruhig.

10 *Politiker verschiedener Länder mit ideologischer Orientierung: Joseph (Joe) McCarthy (1908-1957), US-amerikanischer Politiker; Mao Tse Tung (1893-1976), chinesischer Parteiführer und Staatspräsident; Trofim Denissowitsch Lyssenko (1898-1976), sowjetischer Agrarwissenschaftler mit politischem Einfluss.

11 *Spanisch „miticos“; vermutlich eine Wortschöpfung von Illich in Anlehnung an das spanische Wort „mítico“, „mythisch“. Die spanische und die deutsche Abschrift enthalten die vermutlich irrtümliche Transkription „mítimos“.

schieden, mich auf die Krankheiten des Kopfes und des Herzens zu spezialisieren, welche die ganze menschliche Gesellschaft befallen haben. Was man sich vorgenommen hat, das müsste man auch gewissenhaft bis zum Ende durchführen und sich selbst dabei treu bleiben".[12]

Es ist eine große Aufgabe, die eigene Verantwortung für den Geist des künftigen Zusammenlebens zu übernehmen, ohne Zuflucht zu suchen in entpersönlichenden Kreisläufen geistiger „Geburtenkontrolle" oder, wie es kürzlich hieß, „Mythenkontrolle".

Die mystische Erfahrung

Innerhalb der Gesamtheit sogenannter religiöser Erfahrungen gibt es eine besondere Kategorie. Es besteht allgemeine Einigkeit über die Phänomene, die zu dieser Kategorie gehören, und diese Einigkeit erstreckt sich über alle Jahrhunderte und Kontinente, so sonderbar es auch erscheinen mag. Bei diesem Phänomen gewinnt die Realität Gestalt in einigen Personen, die dann zu Zeugen für andere werden. Diese Zeugen sind immer freundliche, einfache und sehr „menschliche" Personen. Oft sind es Menschen, die sich ihr ganzes Leben lang auf die Begegnung mit diesem Phänomen vorbereitet haben. Und alle diese Personen sagen, sie hätten vor dieser Begegnung keine Vorstellung davon gehabt, wie es aussehen könnte. Je mehr sie danach suchten, desto überraschter waren sie, und so sprachen sie in der Folge darüber nur noch in Metaphern oder Gleichnissen.

Dieses Phänomen hat viele Namen erhalten, etwa Tao (Lao-Tse), Brahman-Atman, Prajñā, Tasawuf ... In der biblischen Tradition finden wir solche Fachausdrücke nicht. Die es aber kennen, unterscheiden es von jedem anderen Phänomen, jeder Erfahrung, Realität, Person oder Sache. Sie können es mit einer einzigartigen Präzision von all den anderen subjektiven Erfahrungen unterscheiden, die gemeinhin als „religiös" oder „mystisch" bezeichnet werden. Da mir ein Wort dafür fehlt, werde ich es „transzendente Mystik" oder einfach „mystische Erfahrung" nennen: die Erfahrung des Absoluten in der reinen Erfahrung der Transzendenz oder des Mysteriums. Natürlich hält das Wort „Erfah-

12 *Frei wiedergegebenes Zitat aus: Ludwig Feuerbach, Gesammelte Werke, Band 1, Leipzig 1846, XV (Vorwort); eventuell zitiert nach: Henri de Lubac, Le drame de l'humanisme athée, Paris (1944) [3]1945, 33.

rung", bezogen auf das Mysterium, das Absolute oder das Transzendente, nicht stand; doch wir kommen nicht umhin, es zu verwenden.

Metaphern, Worte und Paradoxien, die zur Beschreibung dieser Erfahrung verwendet werden, variieren je nach dem Umfeld, aus dem der Mystiker stammt. Die Bedeutung hingegen bleibt immer gleich: die Erfahrung des Mysteriums, der Zusammenfall der Gegensätze.

Es gibt viele Zeugnisse dieser Erfahrung, und sie scheinen sich in Milieus, Zeiten und Traditionen zu häufen, in denen eine Vorbereitung auf die Mystik praktiziert wurde. Wir wissen nicht, ob diese Häufung von Zeugnissen etwas mit der Fähigkeit des Mönchs zu tun hat, die Mystik zu beschreiben oder sie zu leben. Die Übungen der Konzentration, des Gebets und der Entsagung, die zu allen Zeiten und an allen Orten praktiziert wurden, befähigen die Person, von ihrer Erfahrungen zu sprechen. Doch nimmt damit wirklich die Anzahl der Mystiker zu? Diese Frage benötigt weitere Diskussion.

Hier einige Merkmale der mystischen Erfahrung, über die eine allgemeine Einigkeit besteht:

- Die mystische Erfahrung kann man geduldig erwarten, sie aber weder erzeugen noch erwirken. Auch lässt sich nicht wissen, ob, geschweige denn wann sie eintreten wird.
- Diese Erfahrung äußert sich in zwei verschiedenen Formen: als ein flüchtiges Aufstrahlen, das einen unauslöschlichen Eindruck hinterlässt, oder als eine Geburt zum neuen Leben.
- Die mystische Erfahrung ist zutiefst menschlich. Sie macht die Person, die sie erlebt, menschlicher – bis hin zu der Fähigkeit, als Folge im Herzen der anderen zu lesen und auf besondere Weise zu lächeln.

Jede der großen mystischen Schulen und Traditionen besteht auf der Geschenkhaftigkeit dieser Erfahrung, und gleichzeitig auf dem Nutzen bestimmter Übungen, die ihr Eintreten ermöglichen. In der Lehre haben sie Folgendes gemeinsam: Sie beharren auf bestimmten Übungen (Gebet, Entsagung, Disziplin, Konzentration) verbunden mit einer ständigen Mahnung, diese Übungen müssten den Menschen vom Bösen reinigen und würden nicht direkt die mystische Erfahrung hervorbringen. Ebenso sind sich die großen Schulen über die Kriterien einig, die den Lernenden helfen, die pseudo-mystische oder „mythische" Erfahrung abzuweisen, die natürlich unter denjenigen, die ihr Leben der Kontemplation widmen, recht verbreitet ist.

Die Autonomie der mystischen Erfahrung

Mysterium und Mythos bringen ähnliche Erfahrungen hervor, denn beide ermöglichen uns, das Gefängnis des Definierbaren zu verlassen. Nur wer aus dem Geist neu geboren ist, kann die Inhalte seiner Erfahrungen unterscheiden. Für alle, die noch nicht eingeweiht sind, lassen sich die Erfahrungen, die das Mysterium hervorbringt, und die Erfahrungen, die der Mythos hervorbringt, nur nach ihren Früchten unterscheiden. Der hl. Ignatius fasst die Weisheit von Jahrtausenden in seiner Aussage zusammen, wenn er sagt: Der Engel des Lichtes und der Engel der Finsternis lassen sich nicht durch bloßes Hinschauen auseinanderhalten, da der Engel der Finsternis gewöhnlich als Engel des Lichts auftritt. Und doch unterscheiden sie sich an ihren Früchten.

Der Mythos erzeugt die vieldeutige Unbestimmtheit und den Enthusiasmus des Pseudo-Mystikers (das *Viva! Heil!, à gogo!* und den Fanatismus). Umgekehrt bringt das Mysterium die nüchterne Trunkenheit hervor, die zum Warten in der Nacht, in der Wüste, im Nichts befähigt.

Immer besteht die Gefahr, Unbestimmtheit und Leere zu verwechseln. Wenn das Unbestimmte sich nicht dem poetischen Versmaß unterwirft, überwältigt und erstickt es die Suchenden. Je näher wir dem Geheimnis kommen, desto transzendenter wird es: geschenkhaft, frei, gnadenhaft.

Wie wir wissen, tragen der Mythos wie auch das Mysterium dazu bei, das „Gefäß der individuellen Engherzigkeit" zu zerschlagen – um an Nietzsche anzuknüpfen –, wenn auch auf entgegengesetzte Weise. Der Mythos modelliert das Individuum, indem er ihm eine Rolle in einer dramatischen Handlung zuweist, während das Mysterium den Einzelnen herausfordert, um die zunehmende Personalisierung und Begegnung mit dem *Anderen* zu ringen, der stets transzendent und somit geheimnisvoll bleibt.

Die Pseudo-Mystik, der Mystizismus, erzeugt durch den Zauber des Mythos oder erlangt durch Drogen oder technische Anstrengungen, ist tatsächlich eine Erfahrung der Grenzüberschreitung des Individuums. Doch es ist eine Erfahrung der Einfügung, der Entpersönlichung durch

Einfügung in das erdhafte Gewebe von „Volk“ und Blut, durch Einfügung in den Stoff einer Geschichte, die zu einem notwendigen Netz oder Organismus wird; es ist die Einfügung in eine vorbestimmte „Rolle“ und folglich entpersönlichend; die Einfügung in einen Chor von Anhängern, von Sternen des Kinos oder des Himmels, von Heiligen, von wissenschaftlichen Ideen.

Die endgültige Begegnung des Einzelnen mit seinen eigenen Grenzen kann eine transzendente Erfahrung hervorrufen. Diese Transzendenz zielt jedoch nicht auf Einfügung. Nikolaus von Kues bekräftigt: „Tritt ein in die Dichte der Wirklichkeit. Das Wesen der Wirklichkeit ist durchdrungen vom Unendlichen, das der Zusammenfall der Gegensätze ist“. Am meisten persönlich, unabhängig, lebendig und kreativ ist der Mystiker, der vor Liebe überströmt. Die christliche Tradition hat ein einzigartiges Kriterium für die Echtheit einer solchen Erfahrung entwickelt: schlichte, demütige, heroische und keusche Liebe. Etwas an der Beschaffenheit dieses Prozesses der Personalisierung der Liebe hat in der christlichen Tradition den Namen „Keuschheit“ erhalten. Das hat nichts mit der Enthaltsamkeit in der Ehe zu tun; vielmehr bezieht sich Keuschheit auf die Unmöglichkeit, zwei unterschiedliche Arten der Liebe miteinander zu vereinbaren, sei es im Verhältnis zur Heiligkeit (Personalisierung) oder zur Offenheit für die Armen.

Die Säkularisierung der mystischen Erfahrung

Vor einigen Jahren wäre es absurd gewesen, zwischen mythischer und mystischer Erfahrung zu unterscheiden. Gern würde ich wissen, ob das immer noch so ist. Jedenfalls können wir meiner Meinung nach schon jetzt dazu aufrufen, die endgültige Personalisierung des Menschen außerhalb der Norm durch seine Reife und Liebe empirisch zu untersuchen.

Die Zahl der Illusionen hat zugenommen, ebenso unsere Fähigkeit, sie zu entdecken, sei es auch um sie notfalls zu verharmlosen. Hoffentlich können wir das gleiche Tempo auch in unserer Fähigkeit halten, nicht nur das Illusorische vom Wirklichen, sondern auch das Wirkliche vom Illusorischen zu unterscheiden durch die Fähigkeit, Mythen von den geistigen Realitäten zu unterscheiden. Ebenso streng, wie wir gelernt haben, methodisch an einem Eingreifen Gottes in die Erzeugung religiöser Phänomene zu zweifeln, können wir nun auch die Möglichkeit bezweifeln, alle mystischen Phänomene auf eine Illusion zurückzuführen. Theologisch lässt sich folgende Hypothese formulieren: Die mystische Erfahrung ist nur eine besondere Erfahrung der Wirklichkeit, die insbesondere dem reifen Menschen zugänglich ist. Diese Erfahrung erlangt der zutiefst personalisierte Mensch in seiner freien Wechselbeziehung innerhalb der Liebe; sie ist dem Rausch durch Illusionen, Götter und Dinge entgegengesetzt; ganz im Gegenteil, sie ist die Erfahrung der Ko-Existenz. Für Gläubige ermöglicht diese Erfahrung eine besondere Verwandlung seines Glaubens.

Die Säkularisierung der Läuterungsphase

Der Kampf gegen die Illusionen der Empfindung (Vorstellung) des Herzens und der Intelligenz stellt seit jeher und für alle Traditionen die erste Etappe im Wandel zur Vollkommenheit dar: den Prozess der Läuterung, die „Nacht der Sinne" und vor allem die „Nacht des Geistes", um der großen spanischen Tradition zu folgen. Dieser Läuterungsprozess ist meiner Meinung nach heute als neue säkulare Strömung für alle zugänglich geworden, auch außerhalb jeder religiösen Tradition. Mit der Säkularisierung des humanistischen Ideals – der Profanierung als Abkehr von jeglicher Religiosität – hat der reinigende Weg des Klosters in die öffentliche Schule Einzug gehalten Vielleicht bin ich zu optimistisch bezüglich der Praxis. Für mich geht es um eine Frage des Prinzips. Die Befreiung des Menschen von seinen Illusionen ist eine profane Aufgabe, eine tiefe Übereinkunft der Helden unserer Generation, die zu einer neuen Ideologie werden könnte.

Diese Säkularisierung im Prozess der „Befreiung", „Erziehung" und „Personalisierung" ist gegen großen Widerstand aus dem Herzen der katholischen Kirche vollzogen worden. Cuernavaca ist dafür ein Symbol. Ich verstehe die Gründe für diesen Widerstand, doch die asketische und mystische Weisheit, die sich über so viele Jahrhunderte angesammelt hat, wird sich nicht retten, indem sie sich dem Unvermeidlichen verweigert. Die katholische Kirche wird sich retten, indem sie sich in das *saeculum* hineinwirft und so zu ihm beiträgt.

In der gesamten mystischen Tradition wird das Stadium der Läuterung klar von einem anderen Stadium unterschieden, das häufig als Stadium der Erleuchtung bezeichnet wird und nicht selten mit dem ersten Stadium einhergeht. In allen Traditionen führt dieses Stadium zu bestimmten typischen Erfahrungen sowie zu einer neuen Haltung gegenüber Dingen, Personen und Illusionen.

Es wäre faszinierend, wenn die humanistische Psychologie die Analyse – und dadurch die Säkularisierung – dieser Phänomene fortsetzen könnte.

Ich weiß sehr wohl, was einem Christen oder einem Muslim empfohlen wird, wenn er das Ende seines Lebens der Läuterung erreicht hat. Doch welchen geistigen Weg weisen Sie als humanistische Psychiater einem Menschen, der dieses Stadium erreicht? Oder vom Standpunkt eines für Transzendenz offenen Humanismus einem Menschen, der seine spirituelle Kindheit abgeschlossen hat? Und nach dieser Analyse, was dann? Sollen wir ihn der Suche nach seinem eigenen Weg überlassen? Stünde das im Widerspruch zur universalen Weisheit? Wird es, sobald dieses Stadium erreicht ist, zahlreiche Rückschläge, Entmutigungen und die traditionell unvermeidlichen Stürze geben? Oder hat die Läuterung von Illusionen ein rein spekulatives Ziel? Soll sie Menschen in die Lage versetzen, in einer Gesellschaft zu leben, die Illusionen als solche durchschaut, seien sie privat oder kollektiv, und doch dazu verurteilt bleibt, so zu leben, als ob man sich ihrer nicht bewusst wäre? Oder legen wir dem Menschen, der an diesem Punkt anlangt, nahe, sich zu irgendeiner Religion zu bekehren? Ich stelle dieses Problem einfach zur Diskussion.

Die Tradition würde mir antworten: Die Schwelle zum Leben der Erleuchtung ist einer der heikelsten Momente im geistigen Leben. Es ist der Moment, in dem das Schiff seine Segel noch nicht gesetzt hat und schon das Gefühl sich regt, es sei möglich aufzugeben und gegen den Strom zu rudern; es ist der Moment der Rückschläge, die gemäß der Tradition die Genesung sehr schwierig machen.

Die neue Gott-losigkeit

Ach, wie schwer ist es doch, von Heiligkeit in profanen Begriffen zu sprechen, wenn man sich der abendländischen Sprache bedient. Welch eine Verstrickung haben wir von unserem Christentum geerbt: Es gibt kein wichtiges Wort in den letzten zweitausend Jahren, das nicht eine gewisse Zeit im Seminar oder auf der Kanzel verbracht hätte. Meiner Meinung nach wären die Schwierigkeiten geringer, wenn wir in einem östlichen Rahmen sprechen könnten. Sie werden fragen: Reden Sie von einer Heiligkeit, die sich nicht ausdrücklich auf Gott bezieht? Ja und nein. Wir werden morgen darüber sprechen. Bislang haben wir noch nicht über Gott im eigentlichen Sinne gesprochen.

Von Gott wird heute in der Öffentlichkeit wenig in kategorischen Begriffen gesprochen, indem man einen Aspekt von ihm bejaht oder verneint. Hingegen lebt die Diskussion in nicht-kategorischen Begriffen wieder auf. Seit zwei Jahrhunderten ist der Dialog über dieses Thema unterbrochen; ich sage „Dialog“, nicht Geschrei, Apologetik oder Debatten.

Das Thema des neu belebten Dialogs ist ganz einfach: „So kann Gott nicht sein“. In diesem Dialog finden wir Atheisten, Gemeindemitglieder und Agnostiker. Sie alle haben die Eigenschaft, weder Theisten noch Deisten zu sein. Sie sind keine Theisten, insofern der Gott, über den gesprochen wird, nicht die Merkmale eines mythischen oder „religiösen“ Gottes aufweist; und sie sind keine Deisten, da sie eine metaphysische, unpersönliche Gottheit ablehnen.

Der Dialog war möglich, weil die Anti-Theisten einen gewissen Sinn für Humor entwickelten und einsahen, wie fanatisch ihre Aggressivität war. Gleichzeitig verloren die Theologen an Sicherheit, ob sie im Besitz der Offenbarung sind.

Zwei Generationen sind bereits vergangen, und der Dialog über die Frage der Transzendenz der menschlichen Person zwischen Philosophen, Anti-Theisten und Gläubigen dauert an. Man denke an die französische Literatur und den Existentialismus, der sich von Kierkegaard über Dostojewski bis Camus erstreckt.

Die Eröffnung eines solchen Dialoges verdanken wir der kerygmatischen Theologie (mit ihrer Sorge um die „Botschaft“): Bultmann, Barth, Tillich, von Balthasar, de Lubac, und auch Pastor Dietrich Bonhoeffer sowie dem Bischof und Theologen John A.T. Robinson. Dieser Dialog wurde populär, und dank dem *Time Magazin* hat er sich in vage Ausdrücke verloren und uns auch den „Tod Gottes“ eingetragen.

Theologen entdeckten, wie unverständlich die typische Redeweise von Gott unter Gläubigen für die Nicht-Gläubigen in Wirklichkeit ist. Inzwischen gibt es in der Theologie zwei Arten der Unverständlichkeit: die eine ist das Paradox, die andere der Skandal. Der von den Apologeten bewiesene Gott ist jedoch nur ein Lückenbüßer, und ein solcher Gott macht keinen Sinn. Hier zeichne ich eine bloße Karikatur der Situation, wie sie von Robinson zusammengefasst wurde: „Gott ist intellektuell überflüssig, emotional entbehrlich und moralisch untragbar".[13] Nach so vielen Wiederholungen haben diese Aussagen an Bedeutung verloren. Doch jetzt werden sie neu aufgegriffen und erlangen eine unerwartete Intensität, weil sie von denen entdeckt werden, die an einen lebendigen Gottes glauben.

Gott ist intellektuell überflüssig. Napoleon war entsetzt, als Laplace ihm sagte, Gott passe nicht in sein System und er bedürfe dieser Hypothese nicht. Sobald die Unmengen von Städtern – die „Kinder von Sanchez"[14] – gebildet sind, werden sie ihren Kindern die Aufgabe anvertrauen, die „Lücken" im Kosmos zu erforschen und zu füllen. Emotional können wir Gott entbehren, wie die „ganzen Männer" *[supermachos]* sehr wohl wissen. Doch selbst Kritiker der Regierungsprogramme halten sich lieber an Sozialversicherung und Penizillin als an die Vorsehung. Daran denke ich jedes Mal, wenn ich einen Priester das Kreuzzeichen machen sehe, während sein Flugzeug abhebt. Auch ohne vom Mythos des Planens beherrscht zu sein, wissen wir, wie unwürdig es wäre, die göttliche Vorsehung unter die nicht vorhersagbaren Faktoren einzureihen. Schließlich ist es moralisch untragbar, dem Fehler des Piloten die mörderische Entscheidung eines höheren Wesens hinzuzurechnen.

Vermutlich werde ich morgen Gelegenheit haben, die Gründe darzulegen, warum Gläubige diese Standpunkte entdecken und gleichzeitig in ihrem Glauben wachsen. Erstaunlicherweise ist der genannte Dialog – der Dialog des „das kann nicht sein" –, nachhaltig prägend. Für Gläubige wie für Nicht-Gläubige läuft er darauf hinaus, den Hochmut preiszugeben. Für beide ist dies eine demütigende Erfahrung. Wer nicht an einen persönlichen Gott glaubt, muss seinen ideologischen und abstrakten Gott aufgeben, um Teil des Dialogs zu werden.

Die *humanité* von Comte hat ihren mythisch-religiösen Heiligenschein verloren. Sie verdient nicht das utopische Vertrauen des vergangenen Jahrhunderts, das Orozco in die *Kuppel* gemalt hat. Der Gläubige

13 *Zitat aus: John A.T. Robinson, The New Reformation?, Philadelphia, PA, 1965, 107.

14 *„The Children of Sánchez" ist das 1961 erschienene Buch des US-amerikanischen Autors Oscar Lewis, der die Geschichte einer Familie in einem Slum von Mexico City darstellt.

seinerseits verzichtet darauf, durch ein gegenseitiges Verteidigungsbündnis auf der Seite Gottes zu stehen und die Vertraulichkeit mit dem Heiligen zu suchen ... eine Haltung, ich bei Dalis *Mönchen* zu entdecken meine.

Der Gläubige übernimmt vom Atheisten die Einsicht: Ein Gott, der zur Welt hinzugefügt werden kann, wäre absurd – als wäre Welt plus Gott eine bessere Welt. Und der alte Anti-Theist erkennt, mit welcher Leichtigkeit nun seine Aggression die Stelle einnimmt, die der Thron des Angegriffenen innehatte.

Zwei Wege führen in die Wüste, die Nacht und der Gipfel. Damit dies nicht zur Einsamkeit von Nietzsche wird, haben wir die Freiheit, uns dieser Einsamkeit in Demut zu stellen, mit der ungehörigen Neugier, die man Hoffnung nennt.

Teil II

Einführung

Gestern haben wir über die moderne Haltung gegenüber dem religiösen Phänomen gesprochen. Wir haben über die Götter gesprochen, die als Schöpfungen des Menschen zu betrachten sind: seine Mythen, Ideologien und Illusionen. Wir haben auch von einer Generation gesprochen, die gelernt hat, sich frei inmitten ihrer Gespenster zu bewegen. Diese Menschen leben wie in einem Schloss, in dem sich in jedem Moment ein anderer Vorhang bewegt, hinter dem ein neuer Spiegel auftaucht. In diesem Schloss-Saal konnte man sich auf zweierlei Weise bewegen: Der erste Weg galt für die Menschen, die keinen Ausgang finden konnten und sich schließlich einfach fügten; der zweite Weg für diejenigen, die nach einem Fenster suchten, das sie erwarteten oder vermuteten oder zumindest nicht ausschlossen.

Unsere Großeltern nahmen die Heiligenbilder von der Wand; unsere Eltern verfügten, alles, was aus Glas besteht, sei ein Spiegel; und unsere Generation, an Präzision gewöhnt, sagt: „Das ist zumindest kein Fenster".

Gestern haben wir eine Hoffnung formuliert, eine optimistische Interpretation einer Entwicklung. Als die Vorhänge halb geöffnet wurden, glaubten unsere Großeltern durch Fenster zu schauen. Sie sträubten sich gegen Marx und Freud, die Glas für undurchsichtig hielten. Unsere Eltern, Fanatiker der Hygiene, enthüllten die Wände und suchten Spiegel – und waren wie gelähmt wegen der Dämonen, die vor ihren Augen erschienen: Sie waren fasziniert und verängstigt. Und unsere Zeitgenossen sind geneigt, sich dem Urteil des Prozesses in diesem Schloss zu unterwerfen, um mit Kafka zu sprechen. Einige von ihnen halten sich heute für fähig, die Natur von Wänden zu analysieren.

Wir haben unsere Überlegung mit einem Blick auf den neuen Dialog über Gott beendet. Er ist Ausdruck eines Atheismus, der historisch gesehen seine Wurzeln in einem abendländischen Milieu hat: in einem vom Christentum und auch von der Wissenschaft geprägten Menschen. Sein Begriff von Gottes „Fleischwerdung" hat die Idee Gottes geläutert, und so nehmen wir alle heute lieber den wahren Gott nicht an, um ja nicht an einen anthropomorphen Gott zu glauben. Diese Haltung wird vom Gläubigen und vom Ungläubigen geteilt.

Heute möchte ich das christliche Denken dieser modernen Konfiguration gegenüberstellen. Der Kontrast läuft auf folgendes Bild hinaus: Fenster gibt es nicht, und das Reich Gottes ist mitten unter uns. Man muss daran glauben und es daher suchen; oder man muss es finden und es dann erkennen. Einigen wird dies erst im Augenblick ihres Todes gelingen, wie dem berühmten „guten Schächer". Eines aber ist sicher: Fenster gibt es nicht. Stattdessen gibt es Mauern. Doch eines Tages wird das ganze Schloss lautstark zusammenstürzen, mit all seinen Mauern und Spiegeln.

Ich werde wie folgt vorgehen: 1) das Reich in der Darstellung der Evangelien 2) hat Analogien mit der mystischen Hoffnung oder Erfahrung, über die wir gestern gesprochen haben, 3) und ist insbesondere zugänglich für das moderne Denken, 4) während der Glaube an das Reich nur durch die Identifikation mit einer glaubenden Gemeinschaft verwirklicht wird.

Annäherung an die Darstellung des Evangeliums

Wenn ich hier die christliche Position darstelle, hat das rein methodische Gründe: Ich möchte wieder Interesse wecken an der psychologischen Frage nach dem Beweggrund und der Ausrichtung auf die Reife; an der Psychologie des Menschen an der Schwelle zu dem, was die Tradition „Erleuchtung“ nennt. Was bleibt nach der Analyse? Ein Ozean ohne Kompass? Ein Erdball, der uns an den Ort zurückführt, von dem wir aufgebrochen sind? Die stolze Einsamkeit von Nietzsche? Die demütige Einsamkeit von Sartre? Der hoffnungsvolle Glaube an sich selbst? Ein Mensch, der weiß, worum es in seinem Leben geht und was sein Ziel ist?

In den mystischen Traditionen folgt auf das Stadium der Läuterung das Stadium der Erleuchtung; beide können aber auch miteinander einhergehen. Die Läuterung ist ein profanes Phänomen geworden, ausgehend von den systematischen Desillusionierungen unseres Jahrhunderts. Und nach diesem Exorzismus, was dann? Gemäß dem Evangelium gibt es bestimmte Dämonen, die nur durch Fasten und Gebet ausgetrieben werden können. Werden die Dämonen nicht richtig ausgetrieben, streifen sie in der Wüste umher und suchen Verstärkung, und wenn sie zurückkommen, finden sie ihre frühere Wohnstatt aufgeräumt und bereit vor [Lk 11,24-26]. Ich denke an Orwell und Huxley.

Vielleicht ist der Mensch erst dann, wenn er die Spiegel entdeckt hat, in der Lage, den Dämon mit Weihrauch zu vertreiben, weil er weiß, wer es ist? Die asketische Literatur ist sehr ergiebig bezüglich der Fallstricke, denen der Mensch auf seinem Weg in die Freiheit ausgesetzt ist. Was leitet den Menschen an der Schwelle seiner Reife, wenn er entschlossen und fähig ist, „die Geister zu unterscheiden“, und auch fähig, den „Kampf gegen den obersten der Dämonen“ aufzunehmen?

Wird das, was den Menschen leitet, vielleicht die Unterwerfung unter eine der traditionellen „Regeln“ sein: Yoga, Zen oder die poetische Disziplin des Tao? Eine Sammlung von Praktiken, die jede Theogenese ausschließt? Eine Regel, der die Früchte jahrtausendelanger Erfahrungen innewohnen? Eine Regel, gleichsam hinterlassen aus dem Rückblick derjenigen, die ihre volle Reife erreicht haben?

Oder wird es eine innere Dynamik sein? Eine innewohnende Hinordnung auf die Entfaltung der Persönlichkeit, ein Erblühen, das überraschend zu Bewusstsein kommt und das eventuell sogar eine mystische Erfahrung darstellen kann, wie ich sei gestern beschrieben habe?

Oder wird es die Grundlage eines Glaubens sein, eines Gefüges von Aussagen und Paradoxien über ein Geheimnis, an das ich wirklich glaube, auch wenn ich es nicht erfahren habe?

Die „Heiligkeit der Heiden“ hat die moderne Theologie stark interessiert: Maritain, Massignon, Gardet, Merton. Wie ist das vollständige Erblühen der Person möglich, wenn sie auf ihrem Weg nicht den leitenden Halt des Glaubens findet?

Die Antwort der christlichen Theologie lautet: Der implizite, noch nicht geformte Glaube, gleich einem übernatürlichen Instinkt, treibt den „Heiden“ zur Entfaltung. Der Mensch, der die fortschreitende Desillusionierung zu akzeptieren weiß, befindet sich somit an der Schwelle des Weges zur Reife und wird von diesem Glauben geleitet, obwohl er nicht weiß, „worum es im Glauben geht“. Und deshalb kann er die Vollkommenheit weiterhin in der einzigen Richtung suchen, in der sie zu finden ist: im Risiko eines Humanismus jenseits jeder Ideologie, im Verzicht auf die Sicherheit durch Bindung an eine Wahrheit, deren Inhalt als Lehrsatz konzipiert ist, jenseits aller Gewähr psychologischer Sicherheit.

Ich werde den expliziten Glauben (an Christus) darlegen, der in der Sicht der Theologie den Gläubigen bei seiner Suche nach Heiligkeit leitet; denn ich kenne aus Erfahrung die leitende Kraft dieses Glaubens, und das ist der Glaube, von dem ich sprechen kann. Ich tue es in der Hoffnung, damit einen Beitrag für die Psychologie zu leisten und für ihre Bemühung, diesen Glauben zu erforschen, den ich „implizit“ nenne und der den Menschen leitet, der „nicht glaubt“.

Kennzeichen des von Jesus gepredigten Reiches

Die Evangelien wurden von einer Generation von Gläubigen geschrieben, die Jesus sehr nahestand. Sie sind daher der Bericht intensiver Erinnerungen, voll von seinem Leben und seinen Worten. Die immense kritische Arbeit der letzten achtzig Jahren erlaubt es uns, die historische Persönlichkeit Jesu zu erfassen. Viele seiner Reden sind Geschichten: Gleichnisse, Metaphern und Paradoxe. In der semitischen Weisheit kommt es auf die Geschichten an: Jede Geschichte hat ihren eigenen Sinn, und nicht die Geschichte zählt, sondern ihr Sinn. Seit Jahren mache ich beim Lesen eines Evangeliums jeweils einen Test: Wenn ich lächeln kann, habe ich es wahrscheinlich verstanden.

Ein großer Teil der Geschichten in den Evangelien bezieht sich auf das „Reich“. Das Reich kommt, und es gibt keine Möglichkeit, es aufzuhalten; wer Ohren hat zu hören, der höre. Es kommt in der Nacht, unerwartet, wie ein Dieb; der Tag des Herrn bricht an; er ist eine Quelle von Frieden und Freude für die Gläubigen und ein Ärgernis für diejenigen, die ihn ablehnen; die Gläubigen sind befreit von den Dämonen, deren Macht nicht mehr vorherrscht. Paradoxerweise ist diese Macht allerdings nicht völlig erschöpft. Für alle Gläubigen kommt die Stunde der äußersten Finsternis; jeder gläubige Mensch trägt sein Kreuz.

Das Reich unterliegt dem Zeichen des Kreuzes, zwischen seiner Ankunft und seiner Erfüllung steht das Kreuz; zwischen dem Sieg des Einzelnen über die dämonischen Mächte und dem Eintritt in das Reich liegt die Niederlage des Kreuzes, zwischen dem Licht des Glaubens und der Schau liegt die paradoxe Nacht des Grabes.

Das Reich kommt, und doch ist es bereits da. Es ist das Reich Gottes, das kommt und das schon unter uns ist (nicht subjektiv „in" jedem von uns, geschweige denn kosmologisch jenseits von uns, sondern unter uns). Dies wird enthüllt und offenbart durch den Messias. Wie der Messias immer vor der Tür steht, so ist das Reich Gottes immer „schon" gegenwärtig: in diesem Augenblick, im Tod, in der Parusie. Diese drei Momente sind nur schwer zu unterscheiden, denn nach der Heiligen Schrift ist das Reich Gottes bereits erfüllt, obwohl noch nicht vollendet (ganz erfüllt). Es ist eine paradoxe Realität: „schon" und zugleich „noch nicht". Die Gläubigen feiern seine Gegenwart und erwarten sein Kommen, den Sieg über die Dämonen und ihre Niederlage unter den rasenden Mächten, die zum Kreuz führen.

Am Rande bemerkt: Mir gefällt die allererste Darstellung des Kreuzes, die uns erhalten ist. Es ist ein Graffito aus dem zweiten Jahrhundert im Rotlichtviertel von Rom: ein menschlicher Körper mit dem Kopf eines Esels. Dargestellt ist ein Paradox, etwas Absurdes. Und darunter lesen wir die Inschrift: [Alexamenos] „betet Gott an".[15]

Mir ist es gleichgültig, ob die Absicht des „Künstlers" blasphemisch war; auf jeden Fall entspricht sie der Wirklichkeit des Mysteriums: Das Reich Gottes ist erfüllt ohne utopische Ausstände, und es wird kommen, ohne apokalyptisch zu sein.

15 *Es handelt sich um das Alexamenos-Graffito auf dem Palatin mit der Aufschrift: Ἀλεξάμενος σέβετε [zu lesen als σέβεται] Θεόν – Alexamenos huldigt Gott.

Aspekte zur näheren Bestimmung des „Reiches“

Das Reich wird durch das Gesetz der Liebe errichtet. Welches Gesetz könnte das sein? Was bestimmt die Liebe? Dieses Problem verbargen die Pharisäer in der Frage, die sie an den Rabbi Jeschua richteten und mit der sie ihm eine Falle stellen wollten. Sie wollten ihn in dem grundlegenden Paradox fangen, das aus der Forderung entsteht, er möge erklären, wie es notwendig sein soll, das Reich unter dem Gesetz und gleichzeitig auf der Liebe aufzubauen. „Was muss ich tun, um in dein Reich zu kommen?", fragt ein Gesetzeslehrer. „Halte das Gesetz“, antwortet er, „liebe Gott und deinen Nächsten – beides ist dasselbe Gesetz.“ Erneut fragt er: „Wer ist mein Nächster?“ Und Jesus erzählt das Gleichnis vom Samariter: „Ein Mann fiel unter die Räuber, als er von Jerusalem nach Jericho hinabging. Sie entkleideten ihn, schlugen ihn mit Geißeln, und als sie gingen, ließen sie ihn halbtot zurück. Zufällig kam ein Priester denselben Weg hinunter, doch als er ihn sah, ging er vorbei. Ebenso kam ein Levit an den Ort, und als er ihn sah, ging er weiter. Doch ein Samariter, der des Weges ging, kam zu ihm, und als er ihn sah, empfand er Mitleid. Er trat hinzu, goss Öl und Wein auf seine Wunden und verband sie. Er hob ihn auf sein eigenes Pferd, brachte ihn in eine Herberge und versorgte ihn. Am nächsten Morgen nahm er zwei Denare heraus, gab sie dem Gastwirt und sagte: Sorge für ihn, und was du ausgibst, werde ich dir bei meiner Rückkehr erstatten. Wer von diesen dreien scheint dir der Nächste geworden zu sein für den, der unter die Räuber gefallen war?“ (Lk 10,30-36).

Achtung! Jesus sagt ihnen nicht, wer gehandelt hat, wie es einem Nächsten geschuldet ist. Mit diesem Gleichnis lehrt er sie, wer zum Nächsten wird, weil er als solcher handeln wollte. Der Schriftgelehrte hatte gefragt: „Wer ist mein Nächster?“, und die Antwort ist ganz klar: Dein Nächster ist der, den du erwählst, um ihn aus freien Stücken zu lieben.

Die Frage wird jedoch wiederholt: Wer gehört zum Gottesreich? Und Jesus zeichnet ihnen ein Bild, das weit über die *Kuppel* von Orozco und die *Mönche* von Dali hinausgeht, eher erinnert es an *Guernica* von Picasso: das Bild des Jüngsten Gerichts. In das Reich kommen diejenigen, die dem Durstigen Wasser geben, ob sie nun wissen, was sie tun, oder nicht.

Philippus sagt zu Jesus: „Zeige mir den Vater“, und er antwortet: „So lange schon bin ich bei euch, und du weißt immer noch nicht: Wer mich gesehen hat, hat den Vater gesehen?“ [Joh 14,8-9].

Wäre es möglich, die „Idee“ Gottes noch mehr zu läutern, bliebe nicht einmal eine Idee übrig. Jetzt verstehen wir Karl Barth, den großen reformierten Theologen, der sagt: Die Botschaft berührt die Welt wie die Tangente den Kreis.[16]

Schließlich lehrt er sie beten.

Vater unser: Gemeinsam mit dem Messias sind wir Kinder Gottes, um seine Geschwister zu sein.

Der Du bist im Himmel: nicht jenseits, nicht außerhalb, sondern im Himmel, im Universum; nicht in einer Lücke, sondern im Universum, wie auch das Reich unter uns ist.

Geheiligt werde Dein Name: (erwähne ihn nicht nur, sondern mache ihn offenbar – dem Juden ist es verboten, diesen Namen auszusprechen –, er ist geheiligt gegenüber der Welt, abgesondert von ihr).

Dein Reich komme: Es ist schon unter uns ... möge sich in ihm Deine „Heiligkeit“ manifestieren, Heiligkeit als Sozialform (oder Gesellschaft).

Die Analogie zwischen dem „Reich“ und der mystischen Erfahrung

Uns interessiert die Analogie zwischen den Merkmalen der mystischen transzendenten Erfahrung und den Bestimmungen des „Reiches“. Nur unter diesem Vorzeichen halte ich es für möglich, eine psychologische Beziehung zwischen dem „Reich“ und einer lebbaren Ausrichtung auf humanistische Reife empirisch herzustellen. Wie Sie vielleicht bemerkt haben, enthält die Beschreibung des Reiches Gottes im Evangelium wesentliche Elemente, die auch bei der Beschreibung der mystischen Erfahrung verwendet werden. Sie fügt einige Elemente explizit hinzu: hinzugefügt wird die soziale Dimension.

Das Reich ist mitten unter uns; eine überzeitliche Dimension tritt hinzu: erfüllt, aber noch nicht vollendet, und zwar im Zeichen des Kreuzes. So wird der Realismus deutlich: Das Gottesreich existiert bereits unter uns in einem sozialen Sinn, und es besteht im Voranschreiten der Liebe. Folglich ist es zutiefst sozial und personal.

16 *Vgl. Karl Barth, Der Römerbrief, München 1922 (und weitere Auflagen), 6.

Ich möchte eine Hypothese wagen: Das Gottesreich eröffnet die authentische mystische Erfahrung, wenn der Mystiker weiß, worauf die Erfahrung wirklich zurückgeht. Die mystische Erfahrung des Gläubigen ist die bewusste Erfahrung des Reiches vor der Parusie. Die mystische Erfahrung ist die Frucht der Liebe, und deshalb ist sie auch jedem Liebenden zugänglich. Ihre Bedeutung wahrzunehmen, ist die Frucht des Glaubens, und sie ist nur dem Gläubigen zugänglich.

Die Hoffnung auf das Reich leitet die Humanisierung des Gläubigen

Wir haben uns der historischen Gestalt und der persönlichen Erfahrung des Nazareners anhand eines Überblicks über seine Botschaft vom Gottesreich genähert. Verweilt sind wir bei einigen Zügen dieser Botschaft, die heute Punkte von besonderem Interesse darstellen. Nun sind wir am Ende unserer Untersuchung angelangt. Wie kann die persönliche Vertrautheit mit einer historischen Person zum Leit- oder Lebensprinzip für den Menschen in einer anderen historischen Zeit werden? Wie kann man für den gewöhnlichen Menschen das Geheimnis enthüllen (aufdecken oder verständlich machen), auf das diese Botschaft diffus hinführt und das tatsächlich das lichtvolle Reich Jesu ist? Nur so kann die menschliche Erfahrung „evangelisiert" werden, wiedergeboren als bewusstes Streben nach einer typisch christlichen Heiligkeit, aus einer unbewussten und dürftig bestimmten Hinneigung, die vermutlich verschüttet war.

Um es klar zu sagen: Die meisten Menschen haben keine mystischen Erfahrungen und werden sie auch nie haben. In ihrem Fall geht es nicht darum, ihnen die Bedeutung einer Erfahrung zu enthüllen, sondern die Existenz einer Hinneigung. Die spekulative Position, die ich vorlege, beruht auf einigen theologischen Schlussfolgerungen. Jeder Mensch ist zur Heiligkeit berufen, und zwar jeweils im eigenen realen Umfeld. Ich sehe von der Frage ab, ob die *Hinneigung zur Transzendenz* (das Mystische, das wahrhaft Religiöse) empirisch feststellbar einen normalen, unbewussten Teil der Lebensform eines jeden Menschen ausmacht.

Auf die Frage, wie dem Einzelnen die christliche Botschaft offenbar werden kann, gibt es nur eine Antwort: „durch den Glauben"; ein Glaube, verstanden als das Bewusstwerden einer vorbewussten Hinneigung; ein Glaube, der auch Verantwortung für die Weiterentwicklung dieser

Hinneigung übernimmt; ein Glaube, der die Gabe der eigenen Lebensform, die Jesus, der Christus, dem Gläubigen macht, annimmt. Glaube ist nicht die Annahme einer Lehre; er ist die Verpflichtung, mit Hingabe und Risikobereitschaft die persönliche, intime Vertrautheit mit der Intimität eines anderen Menschen zu suchen. Rabbi Jeschua ben Josef, als Inhalt dieses Glaubens, ist mein Bruder und Freund Jesus, der Herr, der Sohn Gottes. Die letzten dreißig Jahre haben uns neue Möglichkeiten eröffnet, in Form der Suche nach Wissen zu sprechen. In der wissenschaftlichen Kultur wird jedes nicht-begriffliche Wissen massiv unterbunden. Was wir heute unterbinden, ist jegliche Verbegrifflichung.

Die geschichtliche Weitergabe der Botschaft

Um zu beschreiben, wie man den Menschen zu diesem Glauben hinführt oder von ihm wegführt, wie man ihn näher an das Objekt (das eigentlich ein Subjekt ist) seines Glaubens heranführt, muss ich ein anderes Fachwort aus der Theologie verwenden. Dieser Ausdruck ist noch verdorbener und vieldeutiger als „Glaube“ und „Heiligkeit“. Der Einzelne kann den Glauben nur durch die Kirche erlangen. „Kirche“ bezieht sich hier auf eine Gemeinschaft von Gläubigen. Psychologisch scheint dies klar zu sein; es handelt sich nicht um eine Gemeinschaft von Begriffen, Bildern oder Symbolen, sondern um die geschwisterliche Übernahme der Lebensform eines Bruders, und Ausdruck dafür ist „das Reich“. Das Reich ist eine soziale Realität auf transzendenter Ebene. Daher kann es nur durch eine gemeinschaftliche und geschwisterliche Lebensform vermittelt werden. Historisch gesehen ist Jesus so vorgegangen. Heute kann dies nur durch die Gemeinschaft des Glaubens und der messianischen Hoffnung einer geschwisterlichen Gemeinschaft geschehen.

Die Weitergabe des Glaubens ist die Frucht des Zeugnisses, nicht der begrifflichen Lehre; Frucht der Erfüllung des Reiches Gottes im Herzen des Zeugen, mit dem sich der neu Bekehrte identifizieren kann, nicht die Frucht der intellektuellen Überzeugung, die durch die große Lehre erlangt werden kann. Die christlichen Dogmen spielen die gleiche Rolle wie die Dogmen des Huineng oder der Sufis; sie sind Negationen, die das Eindringen des Mythos in die Suche nach dem Geheimnis ausschließen.

Der Glaube manifestiert sich rituell in der Feier der Mysterien des Reiches, der Symbole seiner Gegenwart. Und ich sage „Feier", nicht „Zustimmung" oder „Kontemplation". Der Glaube wird nur im Mitfeiern erworben, in der Konvivialität eines geschenkhaften Handelns, wie es im Mahl von Brot und Wein zum Ausdruck kommt, in dem es zwar Nahrung gibt, aber eine rituelle Nahrung. Die Gläubigen glauben an die Feier des Reiches, das wirklich gegenwärtig ist. Indem der neu Bekehrte mit seinen Gesten und Worten mitfeiert, bindet er sich im Glauben. Die Gläubigen unterscheiden sich von den Nicht-Gläubigen, insofern sie ihr ganzes Leben „feiern", so wie sie dieses Mahl bzw. diese Zusammenkunft feiern.

In dieser Sicht steht der Gläubige zum Nicht-Gläubigen in einem ähnlichen Verhältnis wie zwei Personen, die einen Witz hören. Beide verstehen die Worte, aber nur einer von ihnen lacht und begreift den Sinn der Geschichte.

Die zweckfreie, geschenkhafte und feiernde Dimension jedes Menschen, der nach menschlicher Vollkommenheit strebt, ist dem auf Nutzen ausgerichteten Menschen nur schwer verständlich zu machen in einer Zeit, in der sogar Farben nützlich geworden sind, um ein Straßenschild oder den Preis eines Buches besser sichtbar zu machen. Ebenso schwierig ist es heute, den Kern der christlichen Botschaft zu vermitteln: „Suchet das Reich Gottes, und alles andere wird euch hinzugegeben werden" [Lk 12,31]. In erster Linie reift der Mensch durch die Liebe, auch wenn der Reifungsprozess neue Stufen der Liebe möglich macht. Die Liebe wächst in der Feier der Liebe.

Damit haben wir die Leitelemente der humanistischen Vollkommenheit, wie sie von der christlichen Tradition dargestellt wird, und die Form der Vermittlung dieser Botschaft bestimmen können. Wir finden sie in der Feier der geschwisterlichen Liebe mit Christus, nicht in einer Lehre, nicht in der Entwicklung eines Gefühls oder in der Suche nach einer individuellen Erfahrung.

Hoffentlich trägt dieser phänomenologische Entwurf – eine Art Skizze – dazu bei, die psychologische Untersuchung des Beweggrunds für die Reifung und der Ausrichtung auf höhere Reifegrade neu zu beleben, insbesondere bei Menschen, die dem Dämon und der Sünde den Kampf angesagt haben, sei es der Herrschaft durch bewusste Ideologien oder, schlimmer noch, der Versklavung an bewusste Lügen.

Die Berufung der Armen zur Vollkommenheit

Zurück zur eingangs gestellten Frage: Und nach der Analyse, was dann? Dies heißt, nachdem Millionen von Pesos „in die Vorstädte“ geflossen sind, was dann? Sollen wir versuchen, die Gesellschaft zu verändern und den Messias ankündigen, sobald sein Reich kommt, und es dadurch auf eine typische Utopie reduzieren? Oder müssten wir „die Armen evangelisieren“? Jesus stand vor diesem Dilemma in den ersten Tagen seines öffentlichen Wirkens, als er sich gegenüber dem „letzten Propheten“, Johannes dem Täufer, als der Messias zu erkennen gab: „die Lahmen gehen ... den Armen wird das Evangelium verkündet“ [Mt 11,5]. Dies ist die Frage und die Herausforderung unserer Zeit.

Wir haben bereits vom Menschen angesichts der Religion gesprochen. Sprechen wir jetzt vom Gläubigen angesichts der Armen. Ich glaube, es ist Zeit, darauf zu bestehen: Jeder Gläubige muss zuallererst fest an seinen Nächsten glauben. Das bedeutet: Kein Armer, so gedemütigt, entstellt, gelähmt oder von Dämonen besessen er sein mag, ist unfähig, an jemanden zu glauben. Kein Nächster, so elend er ist, kann nicht die messianische Hoffnung wahrnehmen (wahrscheinlich ohne dies in Worte fassen zu können) und auf den setzen, der ihn liebt und an ihn glaubt. Und dadurch wird die gemeinsame Feier in dieser Konvivialität der Liebe möglich. All das gilt es zu glauben.

Die Schattenseite der Nächstenliebe*

Im Jahr 1960 forderte Papst Johannes XXIII. alle Ordensoberen in den Vereinigten Staaten und Kanada auf, innerhalb von zehn Jahren zehn Prozent ihres Personals (Priester, Ordensbrüder und -schwestern) nach Lateinamerika zu entsenden. Die Mehrheit der US-Katholiken interpretierte diese Bitte des Papstes als Aufforderung, eine Modernisierung der lateinamerikanischen Kirche nach dem nordamerikanischen Modell zu fördern. Der Kontinent, auf dem die Hälfte aller Katholiken der Welt lebt, sollte vor dem „Castro-Kommunismus" gerettet werden.

Ich war gegen die Ausführung einer solchen Anordnung aus der Überzeugung, er werde den künftig Rekrutierten, ihren Gastgebern und Förderern in der Heimat schweren Schaden zufügen. Wie ich in Puerto Rico gesehen habe, werden nur wenige durch ein lebenslanges Engagement „für die Armen" in einem fremden Land nicht deformiert oder völlig gebrochen. Zudem konnte der Export eines typisch amerikanischen Lebensstandards und der entsprechenden Bedürfnisse die erforderlichen revolutionären Wandlungen nur verzögern, während die Verwendung des Evangeliums im Dienste des Kapitalismus wie jeder anderen Ideologie ein Fehler war. Schließlich diente in der Tat den Vereinigten Staaten jede mögliche Information über Lateinamerika in jeder Hinsicht, doch wie ich sehr gut wusste, würden die „Missionare" die Sammlung und Verbreitung nur behindern: Berichte von Missionaren sind bekanntlich unzuverlässig. Der Kreuzzug musste also gestoppt werden.

Zusammen mit zwei Freunden, Frau Feodora Stantschow und Bruder Gerry Morris, hatte ich ein Zentrum in Cuernavaca aufgebaut. (Wir hatten den Ort aufgrund des Klimas, der Lage und der logistischen Bedingungen ausgewählt). Zum Zeitpunkt der Eröffnung stellte ich zwei

---

* Ivan Illich, The Seamy Side of Charity, America 116 (1967), Nr. 21, 88-91. Der Text fand eine rasche Verbreitung und rief heftige Reaktionen hervor, auch von kirchlicher Seite. Eine ausführliche Dokumentation bietet Fabio Milana in: Ivan Illich, Celebrare la consapevolezza. Opere complete, Band I, Vicenza 2020, 252-255. Die deutsche Übersetzung nimmt die Einführung auf, die Illich später selbst seinem Text hinzufügte und die sich auch in der italienischen Werkausgabe findet: ebd. 133-134.

Ziele unserer Unternehmung heraus. Das erste Ziel bestand in einem Beitrag, um den Schaden zu verringern, den die päpstliche Anordnung anrichtete. Mit unserem Ausbildungsprogramm für Missionare wollten wir diese provozieren, sich der Realität und sich selbst zu stellen und entweder den Auftrag abzulehnen oder, im Falle der Annahme, etwas weniger unvorbereitet zu sein. In zweiter Linie wollten wir genügend Einfluss auf die Leitungsteams der Agenturen zur Förderung des Missionsprojekts gewinnen, um sie davon zu überzeugen, es aufzugeben.

Im Laufe der 1960er Jahre war durch unsere Erfahrung und unseren Ruf auf dem Gebiet der intensiven Ausbildung ausländischer Fachkräfte, die für einen Einsatz in Südamerika bestimmt waren, und weil wir weiterhin das einzige auf diese Frage spezialisierte Zentrum waren, ein ununterbrochener Durchlauf von Studenten durch unser Zentrum gesichert – trotz seiner erklärten, im Grunde subversiven Absichten.

Bis 1966 waren statt der 1960 geforderten zehn Prozent nur 0,7 Prozent des US-amerikanischen und kanadischen Klerus in den Süden gegangen. Unter den gebildeten Eliten innerhalb der nordamerikanischen Kirche waren ernsthafte Zweifel an der Zweckmäßigkeit des gesamten Vorhabens aufgekommen. Doch bei den Bischöfen und der großen Mehrheit der weniger gebildeten Katholiken sorgten die bewegenden Berichte aus Lateinamerika und die intensive Propagandakampagne Washingtons weiterhin für Begeisterung für die Sache „Helft uns, Lateinamerika zu retten“. Unter diesen Umständen war es notwendig, eine öffentliche Debatte anzuheizen, und zu diesem Zweck schrieb ich den folgenden Artikel für die Jesuitenzeitschrift „America“ im Januar 1967. Der Zeitplan war kalkuliert: Wie ich wusste, würden sich Ende des Monats dreitausend katholische und protestantische Geistliche aus den Vereinigten Staaten und Lateinamerika in Boston versammeln, um ihren Programmen neuen Schwung zu verleihen, und die Zeitschrift „Ramparts“ wollte ihre Enthüllungen über die CIA-Hilfe für Studentenvereinigungen, insbesondere in Lateinamerika, veröffentlichen.

Die Katholiken der USA schlossen 1961 ein besonderes Bündnis für die Entwicklung der lateinamerikanischen Kirche. Bis 1970 sollten zehn Prozent der mehr als 225'000 Priester, Ordensbrüder und -schwestern freiwillig das Land gen Süden verlassen. Doch bis 1966 war die Gesamtheit des männlichen und weiblichen „Klerus“ in Südamerika nur um 1'622 gestiegen. Die Halbzeit ist ein guter Zeitpunkt, um zu prüfen, ob ein gestartetes Programm noch auf Kurs ist und – noch wichtiger – ob sein Ziel noch als lohnenswert erscheint. Zahlenmäßig war das Programm sicherlich ein Fehlschlag. Sollten wir darüber enttäuscht oder erleichtert sein?

Der Grundimpuls für das Projekt beruhte auf unkritischen Vorstellungen und einem sentimentalen Urteil. Ein mahnender Zeigefinger und ein „Ruf nach 20'000" überzeugten viele: „Lateinamerika braucht DICH". Niemand wagte klar zu sagen, warum, obwohl die erste veröffentlichte Propaganda auf vier Textseiten mehrere Hinweise auf die „rote Gefahr" enthielt. Das Lateinamerika-Büro der Nationalen Katholischen Wohlfahrtskonferenz versah das Programm, die Freiwilligen und den Aufruf selbst mit dem Wort „päpstlich".

Jetzt läuft eine Kampagne für mehr finanzielle Mittel. Die Zeit ist also gekommen, um den Ruf nach 20'000 Personen und den Bedarf an Millionen von Dollar erneut zu überprüfen. Beide Aufrufe müssen sich einer öffentlichen Debatte unter den Katholiken der USA stellen, vom Bischof bis zur Witwe, denn an sie ergeht der Aufruf, das Personal zu stellen und die Rechnung zu zahlen. Kritisches Denken muss die Oberhand gewinnen. Ausgefallene und farbenfrohe Werbeslogans für eine weitere Kollekte mit emotionalen Appellen verschleiern nur die wahren Probleme. Untersuchen wir nüchtern, wie in der amerikanischen Kirche ein caritativer Wahn ausgebrochen ist und „päpstliche" Freiwillige, „Missionskreuzzüge" von Studierenden, die jährlichen Massenversammlungen von CICOP[1], zahllose Diözesanmissionen und neue Ordensgemeinschaften generierte.

Ich werde nicht auf Einzelheiten eingehen. Die oben genannten Programme selbst analysieren und korrigieren ständig Kleinigkeiten. Vielmehr wage ich den Hinweis auf einige grundlegende Fakten und Auswirkungen des sogenannten päpstlichen Plans als Teil der vielschichtigen Bemühung, Lateinamerika innerhalb der Ideologien des Westens zu halten. Kirchliche Entscheidungsträger in den USA müssen sich den soziopolitischen Folgen ihrer gut gemeinten Missionsversuche stellen. Sie müssen ihre Berufung als christliche Theologen und ihr Handeln als westliche Politiker überdenken.

---

1 *„Catholic Inter-American Cooperation Program", ein Programm des LAB (Latin America Bureau, eine Abteilung der Bischofskonferenz der USA).

Menschen und Mittel, gesandt aus missionarischem Antrieb, tragen ein fremdes christliches Gesicht, einen fremden pastoralen Ansatz und eine fremde politische Botschaft. Sie tragen auch die Handschrift des nordamerikanischen Kapitalismus der 1950er Jahre. Warum nicht einmal die Schattenseiten der Nächstenliebe bedenken, die unvermeidlichen Lasten erwägen, die der südamerikanischen Kirche durch die ausländische Hilfe auferlegt werden, und den bitteren Schaden schmecken, den unsere Opfer anrichten? Würden zum Beispiel Katholiken in den USA sich einfach vom Traum der „zehn Prozent“ abwenden und ehrlich über die Auswirkungen ihrer Hilfe nachdenken, könnte das erwachte Bewusstsein über innere Widersprüche zu nüchterner, sinnvoller Großzügigkeit führen.

Lassen Sie mich präziser werden. Die unbestreitbaren Freuden des Gebens und die Früchte des Empfangens sollten als zwei eindeutig getrennte Kapitel behandelt werden. Ich habe vor, nur die negativen Ergebnisse darzulegen, die ausländische Mittel, Menschen und Ideen in der südamerikanischen Kirche hervorbringen, damit das künftige Programm der USA entsprechend angepasst werden kann.

In den letzten fünf Jahren haben sich die Kosten vervielfacht, um die Kirche in Lateinamerika in Betrieb zu halten. Nie zuvor gab es eine ähnliche Steigerungsrate bei kirchlichen Ausgaben im kontinentalen Maßstab. Heute können die Betriebskosten *einer* katholischen Universität, *einer* Missionsgesellschaft oder *einer* Radiokette höher liegen als die Kosten für die gesamte Kirche des Landes zehn Jahre zuvor. Die meisten Mittel für diese Art von Wachstum kamen von außen und flossen aus zwei Arten von Quellen: Die erste Quelle ist die Kirche selbst, die ihre Einnahmen auf drei Wegen erhöht hat:

1. Dollar für Dollar, durch den Appell an die Großzügigkeit der Gläubigen, wie es in Deutschland und den Niederlanden durch Adveniat, Misereor und die Ostpriesterhilfe geschah. Diese Beiträge erreichen mehr als 25 Millionen Dollar pro Jahr;
2. durch Pauschalbeträge von einzelnen Kirchenleuten wie Kardinal Richard Cushing als herausragendem Beispiel; oder von Institutionen wie dem NCWC[2], das eine Million Dollar von den Heimatmissionen an das Lateinamerika-Büro überwies;

2 *„National Catholic Welfare Conference“.

3. durch Entsendung von Priestern, Ordensleuten und Laien, alle ausgebildet mit beträchtlichen Kosten und in ihren apostolischen Unternehmungen oft finanziell unterstützt.

Diese Art von ausländischer Großzügigkeit hat die lateinamerikanische Kirche dazu verleitet, ein Satellit für nordatlantische kulturelle Phänomene und Strategien zu werden. Die gesteigerten apostolischen Ressourcen verstärkten die Notwendigkeit dieses fortgesetzten Zustroms und schufen Inseln des apostolischen Wohlergehens, die jeden Tag die Kapazität der Unterstützung vor Ort mehr übersteigen. Die lateinamerikanische Kirche blüht neu auf, indem sie zu dem zurückkehrt, was die Conquista ihr aufgeprägt hat: eine koloniale Pflanze, erblüht durch fremde Kultivierung. Statt zu lernen, mit weniger Geld auszukommen oder den Laden zu schließen, werden Bischöfe in die Falle gelockt, jetzt mehr Geld zu benötigen und eine Institution zu hinterlassen, die in Zukunft nicht mehr zu führen ist. Bildung, die einzige Investition, die sich langfristig auszahlen könnte, ist zumeist als Ausbildung für Bürokraten gedacht, die den bestehenden Apparat aufrechterhalten.

Kürzlich sah ich ein Beispiel dafür in einer großen Gruppe lateinamerikanischer Priester, die zu Aufbaustudien nach Europa gesandt worden waren. Um Kirche und Welt in Verbindung zu bringen, studierten neun Zehntel dieser Männer Unterrichtsmethoden (Katechetik, Pastoraltheologie oder Kirchenrecht), ohne damit direkt ihr Wissen über die Kirche oder über die Welt zu erweitern. Nur wenige studierten die Kirche in ihrer Geschichte und ihren Quellen oder die Welt, wie sie ist.

Leicht lassen sich große Summen aufbringen, um eine neue Kirche im Dschungel oder ein Gymnasium in einem Vorort zu bauen und die Einrichtungen dann mit neuen Missionaren auszustatten. Ein offenkundig irrelevantes pastorales System wird künstlich und kostspielig gestützt, während Grundlagenforschung für ein neues und lebendiges System als extravaganter Luxus gilt. Stipendien für nicht-kirchliche geisteswissenschaftliche Studien, Starthilfen für einfallsreiche pastorale Experimente, Zuschüsse für Dokumentation und Forschung, um gezielt konstruktive Kritik zu üben – all das birgt die beängstigende Gefahr, unsere weltlichen Strukturen, kirchlichen Werke und „guten Geschäftsmethoden“ zu gefährden.

Noch überraschender als die kirchliche Großzügigkeit für kirchliche Anliegen ist eine zweite Geldquelle. Vor zehn Jahren glich die

Kirche einer verarmten *Grande Dame*, die versucht, eine fürstliche Tradition des Almosengebens mit ihrem geschrumpften Einkommen aufrechtzuerhalten. In den mehr als hundert Jahren, seit Spanien Lateinamerika verloren hat, hat die Kirche kontinuierlich staatliche Zuschüsse, Schenkungen von Mäzenen und schließlich die Einnahmen aus ihren ehemaligen Ländereien verloren. Aufgrund der kolonialen Auffassung der Nächstenliebe verlor die Kirche ihre Macht, den Armen zu helfen. Sie wurde zu einem historischen Relikt, unweigerlich im Bündnis mit konservativen Politikern.

Inzwischen scheint fast das Gegenteil der Fall zu sein, zumindest auf den ersten Blick. Die Kirche ist zu einem Akteur geworden, dem man zutraut, Programme zum sozialen Wandel durchzuführen. Sie ist engagiert genug, um gewisse Ergebnisse zu erzielen. Ist sie jedoch von echtem Wandel bedroht, zieht sie sich eher zurück, als dem sozialen Bewusstsein zu gestatten, sich wie ein Lauffeuer zu verbreiten. Das Ersticken der brasilianischen Radioschulen durch eine hohe kirchliche Stelle ist ein gutes Beispiel dafür.

Die kirchliche Ordnung gibt dem Spender die Sicherheit, sein Geld bewirke in den Händen eines Priesters das Doppelte. Es wird sich nicht in Luft auflösen, und es wird auch nicht als das gelten, was es ist: Werbung für ein Privatunternehmen und Indoktrination für einen Lebensstil, wie die Reichen sie als angemessen für die Armen gewählt haben. Der Empfänger erhält unweigerlich die Botschaft: Der „Padre“ steht auf der Seite von W.R. Grace and Co.[3], ESSO, der „Alliance for Progress“[4], der demokratischen Regierung, der AFL-CIO[5] und von allem, was im westlichen Pantheon heilig ist.

Die Meinungen sind natürlich geteilt, ob die Kirche stark auf soziale Projekte setzte, weil sie auf diese Weise Mittel „für die Armen“ erhalten konnte, oder ob sie die Mittel anstrebte, um auf diese Weise das Castro-Regime einzudämmen und ihre institutionelle Ehrbarkeit zu sichern. Wenn die Kirche zu einer „offiziellen“ Agentur für eine bestimmte Art

---

3 *Amerikanisches Chemieunternehmen, gegründet 1854, mit Hauptsitz in Columbia, Maryland.

4 *Abkommen zur ökonomischen Zusammenarbeit zwischen Nord- und Südamerika, 1961 geschlossen auf Initiative von Präsident John F. Kennedy.

5 *„American Federation of Labor and Congress of Industrial Organizations“, Gewerkschafts-Dachverband der USA und Kanadas.

von Fortschritt wird, hört sie auf, für die Benachteiligten zu sprechen, die außerhalb aller Agenturen stehen, aber eine ständig wachsende Mehrheit darstellen. Wenn die Kirche die Macht zu helfen übernimmt, muss sie zwangsläufig einen Camilo Torres verurteilen, der die Macht des Verzichts symbolisiert. Geld verschafft der Kirche also eine „pastorale" Struktur jenseits ihrer Mittel und macht sie zu einer politischen Macht.

Eine oberflächliche emotionale Verstrickung verdunkelt das rationale Denken über die internationale „Hilfe" der USA. Gesunde Schuldgefühle werden verdrängt durch den eigenartig motivierten Wunsch, in Vietnam zu „helfen". Endlich beginnt unsere Generation die Rhetorik der patriotischen „Loyalität" zu durchschauen. Zögerlich erkennen wir die Perversität unserer Machtpolitik und die zerstörerische Ausrichtung unserer verzerrten Bemühungen, allen einseitig unseren *Way of Life* aufzuzwingen. Wir haben uns noch nicht einmal anfanghaft den Schattenseiten der klerikalen Verstrickung von Arbeitskräften gestellt und der Beihilfe der Kirche, um das universale Erwachen zu vereiteln, das zu revolutionär ist, um in der „Great Society"[6] verborgen zu bleiben.

Es gibt keinen Priester und keine Nonne aus dem Ausland, die bei noch so schlampiger Arbeit durch ihren Aufenthalt in Lateinamerika nicht irgendein Leben bereichert haben, und es gibt keinen noch so inkompetenten Missionar, durch den Lateinamerika nicht einen kleinen Beitrag für Europa und Nordamerika geleistet hat. Doch weder unsere Bewunderung für augenfällige Großzügigkeit noch unsere Angst, aus lauwarmen Freunden erbitterte Feinde zu machen, dürfen uns davon abhalten, den Tatsachen ins Auge zu sehen. Nach Lateinamerika entsandte Missionare können 1) eine fremdartige Kirche noch fremder machen, 2) eine personell überbesetzte Kirche mit Priestern überschwemmen und 3) Bischöfe zu elenden Bettlern machen. Der jüngste öffentliche Konflikt hat die Einstimmigkeit des nationalen Konsenses über Vietnam erschüttert. Hoffentlich wird das öffentliche Bewusstsein für die repressiven und korrupten Elemente, die in den „offiziellen" kirchlichen Hilfsprogrammen enthalten sind, ein echtes Schuldgefühl hervorrufen: Schuld, weil wir das Leben junger Männer und Frauen

6 *Ein Programm sozialpolitischer Reformen der US-Regierung unter Präsident Lyndon B. Johnson, unterzeichnet 1964.

verschwendet haben, die ihre Aufgabe in der Evangelisierung in Lateinamerika sehen.

Der massive und wahllose Import von „Klerus“ hilft der kirchlichen Bürokratie, in ihrer eigenen Kolonie zu überleben, die mit jedem Tag fremder und behaglicher wird. Diese Einwanderung trägt dazu bei, die Hacienda Gottes alten Stils, auf der die Menschen nur illegale Siedler waren, in einen Supermarkt des Herrn zu verwandeln, in dem Katechismus, Liturgie und andere Gnadenmittel im Überangebot vorhanden sind. Sie macht aus vegetierenden Bauern zufriedene Konsumenten und aus ehemals frommen Menschen anspruchsvolle Kunden. Sie füllt die heiligen Taschen und bietet Zuflucht für Menschen, die sich vor weltlicher Verantwortung fürchten.

Die Kirchenbesucher, gewöhnt an Priester, Novenen, Bücher und Kultur aus Spanien (höchstwahrscheinlich an Francos Bild im Pfarrhaus), treffen nun auf eine neue Art von Talenten im Führungs-, Verwaltungs- und Finanzbereich, die eine bestimmte Art von Demokratie als christliches Ideal propagieren. Bald sehen die Menschen, wie weit entfernt, wie entfremdet die Kirche von ihnen ist, ein importierter, spezialisierter Betrieb, der aus dem Ausland finanziert wird und mit einem heiligen, weil fremden Akzent spricht.

Diese fremde Transfusion und die Hoffnung auf ein Mehr gaben dem kirchlichen Kleinmut neuen Auftrieb, eine weitere Chance, das archaische und koloniale System funktionstüchtig zu machen. Wenn Nordamerika und Europa genügend Priester entsenden, um die vakanten Pfarreien zu besetzen, muss nicht erwogen werden, Laien die meisten Aufgaben des Evangeliums anzuvertrauen; unnötig, die Struktur der Pfarrei, die Rolle des Priesters, die Sonntagspflicht und die Klerikerpredigt zu überdenken; unnötig, den Einsatz verheirateter Diakone, neue Formen der Wort- und Eucharistiefeier und familiäre Feiern der Hinkehr zum Evangelium im häuslichen Umfeld zu erkunden. Die Verheißung von mehr Klerikern ist wie eine betörende Sirene. Sie macht den chronischen Klerikerüberschuss in Lateinamerika unsichtbar, und so lässt sich dieser Überschuss nicht als die schwerste Krankheit der Kirche diagnostizieren. Heute ändert sich diese pessimistische Einschätzung geringfügig, weil einige wenige mutige und phantasievolle Menschen, nicht nur aus Lateinamerika, echte Reform sehen, erkunden und anstreben.

Ein großer Teil des lateinamerikanischen Kirchenpersonals ist derzeit in privaten Einrichtungen beschäftigt, die der Mittel- und Oberschicht dienen und häufig sehr respektable Gewinne erwirtschaften; und das auf einem Kontinent, der dringend Lehrer, Krankenschwestern und Sozialarbeiter in öffentlichen Einrichtungen im Dienst der Armen benötigt. Ein großer Teil des Klerus ist mit bürokratischen Aufgaben beschäftigt, in der Regel hausierend mit Sakramenten, Sakramentalien und abergläubischen „Segnungen". Die meisten von ihnen leben ärmlich. Die Kirche ist unfähig, ihr Personal für seelsorglich sinnvolle Aufgaben einzusetzen, und kann nicht einmal ihre Priester und die 670 Bischöfe, die sie leiten, ernähren. Die Theologie dient dazu, dieses System zu rechtfertigen, das Kirchenrecht, um es zu verwalten, und der ausländische Klerus, um die Notwendigkeit von dessen Weiterführung weltweit konsensfähig zu machen.

Ein gesunder Sinn für Werte leert die Priesterseminare und die Reihen des Klerus viel wirksamer als ein Mangel an Disziplin und Großzügigkeit. Die neue Wohlfühlstimmung macht die kirchliche Laufbahn für Egozentriker sogar noch attraktiver. Bischöfe werden dann zu unterwürfigen Bettlern, lassen sich zur Organisation von Safaris verleiten und jagen nach ausländischen Priestern und Geldern für so absonderliche Konstruktionen wie kleine Seminare. Solange solche Expeditionen erfolgreich sind, wird es schwierig oder gar unmöglich sein, den emotional härteren Weg zu gehen: Fragen wir uns ehrlich, ob wir ein solches Spiel brauchen.

Der Export kirchlicher Angestellter nach Lateinamerika verbirgt eine umfassende und unbewusste Angst vor einer neuen Kirche. Nord- und südamerikanische Behörden – unterschiedlich motiviert, doch gleichermaßen ängstlich –, werden zu Komplizen, um eine klerikale und belanglose Kirche aufrechtzuerhalten. Diese Kirche sakralisiert Angestellte und Eigentum und wird so immer blinder für die Möglichkeit, Person und Gemeinschaft zu heiligen.

Es ist schwer zu helfen, indem man sich weigert, Almosen zu geben. Einmal, so erinnere ich mich, habe ich die Verteilung von Lebensmitteln aus den Sakristeien in einem Gebiet gestoppt, in dem großer Hunger herrschte. Immer noch spüre ich den Stachel einer anklagenden Stimme, die sagt: „Schlafe ruhig für den Rest deines Lebens mit dem Tod von Dutzenden von Kindern, die du auf dem Gewissen hat." Selbst einige Ärzte ziehen Aspirin einem chirurgischen Eingriff vor. Sie fühlen sich nicht schuldig, wenn sie den Patienten an Krebs sterben lassen, fürchten sich jedoch vor dem Risiko, das Messer anzusetzen. Daniel Berigan SJ formuliert den Mut, den wir heute brauchen, wenn er über Lateinamerika schreibt: „Ich schlage vor, wir sollten drei Jahre lang nichts und niemanden mehr schicken, uns unseren Fehlern stellen und herausfinden, wie wir vermeiden, sie zu verklären".[7]

Aus langjähriger Erfahrung in der Ausbildung von Hunderten ausländischer Missionare, die nach Lateinamerika entsandt wurden, weiß ich: Echte Freiwillige wollen zunehmend der Wahrheit ins Gesicht sehen, die ihren Glauben auf die Probe stellt. Vorgesetzte, die durch ihre Verwaltungsentscheidungen Personal verschieben, ohne mit den daraus folgenden Täuschungen leben zu müssen, sind angesichts dieser Realitäten emotional behindert.

Die Kirche der USA muss sich der schmerzhaften Seite der Großzügigkeit stellen: der Last, die ein unentgeltlich angebotenes Leben dem Empfänger auferlegt. Die Männer, die nach Lateinamerika gehen, müssen demütig hinnehmen, vielleicht nutzlos oder gar schädlich zu sein, obwohl sie alles geben, was sie haben. Die Tatsache, mit der sie sich abfinden müssen, lautet: Ein lahmendes kirchliches Hilfsprogramm verwendet sie als Beruhigungsmittel, um die Schmerzen einer krebsartigen Struktur zu lindern, allein in der Hoffnung, die Verschreibung möge dem Organismus genug Zeit und Ruhe geben, um eine Spontanheilung einzuleiten. Höchstwahrscheinlich wird die Pille des Apothekers den Patienten eher davon abhalten, den Rat eines Chirurgen einzuholen, und ihn von dem Medikament abhängig macht.

Wie ausländische Missionare zunehmend erkennen, sind sie dem Ruf gefolgt, die Löcher in einem sinkenden Schiff zu stopfen, weil die Offiziere nicht wagten, die Rettungsinseln zu Wasser zu lassen. Wird dies nicht klar gesehen, opfern Männer gehorsam die besten Jahre ihres Lebens und werden in einen nutzlosen Kampf verwickelt, um ein zum Untergang bestimmtes Schiff über Wasser zu halten, das durch unerforschte Meere schlingert.

Missionare können Spielfiguren in einem weltweiten ideologischen Kampf sein, und es ist blasphemisch, das Evangelium zu benutzen, um irgendein soziales oder politisches System zu stützen. Das müssen wir

7 *Vgl. Daniel Berrigan, Consequences: Truth and ..., New York 1967.

anerkennen. Wenn Menschen und Geld im Rahmen eines Programms in eine Gesellschaft eingeführt werden, bringen sie Ideen mit, die unabhängig von ihnen weiterleben. Im Falle des Friedenskorps[8] wurde aufgewiesen, wie der kulturelle Wandel, ausgelöst durch eine kleine ausländische Gruppe, wirksamer sein kann als alle unmittelbar von ihr geleisteten Dienste. Dasselbe kann für den nordamerikanischen Missionar gelten, der, nahe seiner Heimat, über große Mittel verfügt, häufig in Kurzzeiteinsätzen, und in ein Gebiet intensiver kultureller und wirtschaftlicher Kolonisierung durch die USA gelangt. Er ist Teil dieser Einflusssphäre und zuweilen der Intrigen. Durch ihren Missionar überschattet und färbt die USA das öffentliche Bild der Kirche. Der Zustrom von US-Missionaren fällt mit den Projekten der „Alliance for Progress", Camelot[9] und der CIA zusammen und wirkt wie eine Taufe dieser Projekte. Die „Alliance" scheint von christlicher Gerechtigkeit geleitet zu sein und wird nicht als das gesehen, was sie ist: eine Täuschung, um den Status quo aufrechtzuerhalten, wenn auch aus unterschiedlichen Motiven. In den ersten fünf Jahren des Programms hat sich das Nettokapital, das aus Lateinamerika abfließt, verdreifacht. Das Programm ist zu klein, um auch nur die Schwelle zu nachhaltigem Wachstum zu erreichen. Es ist ein Knochen, den man dem Hund hinwirft, damit er auf dem Hinterhof der verschiedenen Amerikas ruhig bleibt.

Angesichts dieser Realitäten neigt der US-Missionar dazu, die traditionelle Rolle des Kaplans unter den Lakaien einer Kolonialmacht zu spielen. Die Gefahren, verbunden mit der Verwendung ausländischer Gelder durch die Kirche, nehmen das Ausmaß einer Karikatur an, wenn diese Hilfe von einem „Gringo" verwaltet wird, um die „Unterentwickelten" ruhig zu halten. Natürlich ist es viel verlangt, von den meisten Amerikanern eine fundierte, klare und unverblümte Kritik an der soziopolitischen Aggression der USA in Lateinamerika zu erwarten,

8 *Das „Peace Corps", 1961 auf Initiative von Präsident J.F. Kennedy gegründet, ist eine Behörde der Vereinigten Staaten von Amerika zur Förderung der Völkerverständigung durch Entsendung von Freiwilligen zu Auslandseinsätzen.

9 *„Project Camelot" war ein Forschungsprojekt, das seit 1964 von der US-Armee konzipiert und finanziert wurde, u.a. um das Risiko von Aufständen in den „Entwicklungsländern" zu untersuchen und Maßnahmen vorzubereiten, um solche Aufstände zu verhindern oder zu unterdrücken.

und noch schwieriger ist es, dies ohne die Bitterkeit des Exilierten oder den Opportunismus des Überläufers zu tun.

Gruppen von US-Missionaren erzeugen unvermeidlich das Bild von „Außenposten der USA". Nur als einzelne unter Einheimischen können Amerikaner diese Entstellung vermeiden. Der US-Missionar ist notwendig, wenn auch unbewusst, ein Undercover-Agent für den gesellschaftlichen und politischen Konsens der USA. Doch bewusst und vorsätzlich will er die Werte seiner Kirche nach Südamerika bringen; Anpassung und Auswahl gehen selten so weit, die Werte selbst in Frage zu stellen.

Vor zehn Jahren, als die Missionsgesellschaften guten Gewissens Kanäle waren, durch die eine traditionelle Ausrüstung der US-Kirche nach Lateinamerika floss, war die Situation nicht so zwiespältig. Alles, vom Römerkragen bis zu Pfarreischulen, von der „Bruderschaft der christlichen Lehre" bis zu katholischen Universitäten, ließ sich auf dem neuen lateinamerikanischen Markt als Ware absetzen. Man musste nicht sehr geschäftstüchtig sein, um die lateinamerikanischen Bischöfe davon zu überzeugen, es mit dem Label „Made in USA" zu versuchen.

In der Zwischenzeit hat sich die Situation jedoch erheblich verändert. Die Kirche der USA wird von den ersten Einsichten einer wissenschaftlichen und massiven Selbstevaluierung erschüttert. Nicht nur Methoden und Institutionen, sondern auch die damit verbundenen Ideologien stehen auf dem Prüfstand und werden angegriffen. Das Selbstvertrauen der kirchlichen Geschäftsleute aus den USA ist daher ins Wanken geraten. Wir sehen das seltsame Paradox eines Menschen bei dem Versuch, in einer völlig anderen Kultur Strukturen und Programme zu verwurzeln, die in ihrem Ursprungsland abgelehnt werden. (Wie ich kürzlich hörte, plant US-Personal ein katholisches Gymnasium in einer mittelamerikanischen Stadtpfarrei, in der es bereits ein Dutzend öffentlicher Schulen gibt.)

Die entgegengesetzte Gefahr besteht ebenfalls. Lateinamerika kann es nicht länger dulden, ein Zufluchtsort für US-Liberale zu sein, die sich zu Hause nicht durchsetzen können, ein Ventil für Apostel, die zu „apostolisch" sind, um ihre Berufung als kompetente Fachleute innerhalb ihrer eigenen Gemeinschaft zu finden. Der Warenhändler droht zweitklassige Nachahmungen von Gemeinden, Schulen und Katechismen, die selbst in den USA veraltet sind, auf dem ganzen Kontinent zu verschleudern. Der realitätsferne Reisende droht eine fremde Welt mit seinen oberflächlichen Protesten, die schon zu Hause nicht umsetzbar waren, weiter zu verwirren.

Die amerikanische Kirche der Vietnam-Generation findet es schwierig, sich in der Auslandshilfe zu engagieren, ohne entweder ihre Lösungen oder ihre Probleme zu exportieren. Beides ist für die Entwicklungsländer ein unerschwinglicher Luxus. Um den Absender nicht zu beleidigen, zahlen Mexikaner hohe Zölle für nutzlose Geschenke, die wohlmeinende Amerikaner senden. Wer Geschenke gibt, muss nicht nur an den unmittelbaren Bedarf denken, sondern auch an eine ganze Generation negativer Auswirkungen. Die Frage lautet, ob der Gesamtwert des Geschenks in Form von Menschen, Geld und Ideen den Preis wert ist, den der Empfänger zahlen wird. Reiche und Mächtige können beschließen, nicht zu geben; Arme können schwerlich die Annahme verweigern, wie P. Berrigan bemerkt. Da Almosen den Geist des Bettlers konditionieren, sind die lateinamerikanischen Bischöfe nicht ganz unschuldig, wenn sie fehlgeleitete und schädliche Auslandshilfe erbitten. Schuld ist zum großen Teil die unterentwickelte Ekklesiologie amerikanischer Kleriker, die den „Verkauf" amerikanischer guter Absichten lenken.

Der Katholik der USA möchte in ein ekklesiologisch triftiges Programm eingebunden sein, nicht in untergeordnete politische und soziale Programme mit dem Ziel, das Wachstum der Entwicklungsländer nach irgendeiner Sozialdoktrin zu beeinflussen, sei es auch die päpstliche. Im Mittelpunkt der Diskussion steht also nicht die Frage, wie man mehr Menschen und Geld senden kann, sondern eher, *warum* man sie überhaupt senden soll. Die Kirche ist in der Zwischenzeit nicht wirklich in Gefahr. Wir sind versucht, Strukturen zu stützen und zu retten, statt ihren Zweck und ihre Wahrheit zu hinterfragen. Wir möchten uns der Werke unserer Hände rühmen und fühlen uns schuldig, frustriert und wütend, wenn ein Teil des Gebäudes zu bröckeln beginnt. Statt an die Kirche zu glauben, versuchen wir krampfhaft, sie nach unserer eigenen diffusen Kulturvorstellung zu konstruieren. Wir wollen Gemeinschaft aufbauen, indem wir uns auf Techniken verlassen, blind für den latenten Wunsch nach Einheit, der seinen Ausdruck unter den Menschen erstrebt. Angstvoll planen wir *unsere* Kirche mit Statistiken, statt vertrauensvoll nach ihr zu suchen.

Der Kleriker im Schwinden*

Ich habe diesen Artikel 1959 verfasst und ihn 1967 auf Bitten eines Freundes in „The Critic" (Chicago) veröffentlicht.

In der Struktur der katholischen Kirche müssen große Veränderungen stattfinden, wenn sie überleben soll. Meiner Überzeugung nach wird es zu solchen Wandlungen kommen, und schon jetzt ist es möglich, sie als vereinbar auch mit der radikalsten traditionellen Theologie darzulegen. Und doch würden derartige Wandlungen die Vorstellung von der katholischen Kirche, wie sie in der Vorstellung von Katholiken und Nichtkatholiken gleichermaßen tief verankert ist, völlig erschüttern.

Diese Wandlungen hätten in abstrakter Form angesprochen werden können. Ich habe es vorgezogen, meine allgemeine These zu illustrieren, indem ich aufzeige, was meiner Meinung nach aus dem „Priester", seinem Status, seiner Rolle, seinem Selbstverständnis und seinem beruflichen Ansehen wird. Ich wollte eine Frage in klarer und einfacher Form stellen. Doch ich hatte auch andere Gründe, meinen Standpunkt anhand eines konkreten Beispiels darzustellen.

Vor allem hatte ich nicht die Absicht, etwas theologisch Neues, Gewagtes, Provokantes zu sagen. Eine detaillierte Darstellung der sozialen Folgen hätte genügt, um eine so orthodoxe These wie die meine hinreichend provokant zu machen, damit sie in der erdrückenden konservativen Mehrheit der Kirche diskutiert wird.

Ein zweiter Grund für meine Entscheidung, mich auf den Klerus zu konzentrieren, bestand in dem Versuch, die Diskussion für die „katholische Linke" bedeutsam zu machen. In diesem Kreis gab es Mitte der 1960er Jahre zahlreiche Vorschläge zur Reform des katholischen Priestertums. Doch die meisten dieser Vorschläge schienen weder revolutionär

---

* Ivan Illich, The Vanishing Clergyman, in: The Critic 25 (Juni – Juli 1967), 18-27. Fabio Milana weist auf eine textlich abweichende französische Übersetzung dieses Beitrags hin, publiziert in: Esprit, Nr. 360, Oktober 1967, 584-601, unter dem Titel: Métamorphose du clergé. Vgl. Ivan Illich, Celebrare la consapevolezza. Opere complete, Band I, Vicenza 2020, 260-262. Der hier übersetzte Text folgt der englischen Ausgabe; die Einführung ist aus der italienischen Werkausgabe übernommen: ebd. 145.

genug zu sein, um sich zu lohnen (verheiratete Kleriker, Engagement von Priestern für soziale Aktionen oder Revolutionen), noch treu genug gegenüber den grundlegenden Positionen der Tradition, die ich nicht gefährdet sehen möchte (etwa der Wert des frei gewählten Zölibats, die bischöfliche Struktur der Kirche, die Fortdauer eines geweihten Amtes).

Die römische Kirche ist die größte nichtstaatliche Bürokratie der Welt. Sie beschäftigt 1,8 Millionen Vollzeitmitarbeiter: Priester, Ordensbrüder und -schwestern sowie Laien. Sie alle arbeiten in einer Unternehmensstruktur, die von einer amerikanischen Firma zur Unternehmensberatung als eine der effizientesten Organisationen der Welt eingestuft wird. Die institutionelle Kirche funktioniert auf Augenhöhe mit *General Motors* und *Chase Manhattan*. Dieses Allgemeinwissen wird manchmal mit Stolz hingenommen. Doch für manche scheint die maschinenhafte Reibungslosigkeit die Kirche eher zu diskreditieren. Man vermutet den Verlust ihrer Bedeutung für das Evangelium und für die Welt. Unentschlossenheit, Zweifel und Verwirrung herrschen bei Leitungspersonal, Funktionären und Angestellten vor. Der Riese beginnt zu wanken, bevor er zusammenbricht.

Einige Kirchenbedienstete reagieren auf den Zusammenbruch mit Schmerz, Angst und Schrecken. Einige wollen ihn unter heroischen Anstrengungen und tragischen Opfern verhindern. Einige deuten das Phänomen – mit Bedauern oder Freude – als Zeichen für das Verschwinden der römischen Kirche selbst. Mein Vorschlag lautet: Wir sollten das Schwinden der institutionellen Bürokratie im Geist tiefer Freude begrüßen. In diesem Beitrag beschreibe ich in einigen Aspekten, was in der Kirche vor sich geht, und schlage Wege vor, wie die Kirche versuchen könnte, einige ihrer Strukturen radikal umzuorganisieren. Ich empfehle keine Wandlungen im Wesen der Kirche; noch weniger schlage ich ihre Auflösung vor. Das völlige Verschwinden ihrer sichtbaren Struktur widerspräche dem soziologischen Gesetz und dem göttlichen Auftrag. Doch der Wandel erfordert in der Tat weit mehr als eine drastische Nachbesserung oder eine aktualisierende Reform, wenn die Kirche dem Ruf Gottes und dem heutigen Menschen entsprechen soll. Ich werde einige mögliche Wandlungen skizzieren, die fest in den Ursprüngen der Kirche verwurzelt sind und sich mutig den Notwendigkeiten der Gesellschaft von morgen stellen. Will die Kirche in diese Art von Reformen einwilligen, muss sie ein Leben der evangelischen Armut

Christi führen. Gleichzeitig wird die Kirche sensibel für den Prozess der fortschreitenden Sozialisierung der Welt werden und dieses Phänomen mit großem Respekt und Freude annehmen.

Die institutionelle Kirche ist in Schwierigkeiten. Gerade die Personen, von deren Loyalität und Gehorsam die Effizienz der Struktur abhängt, wandern zunehmend ab. Bis Anfang der 1960er Jahre waren „Abtrünnige" relativ selten. Jetzt sind sie üblich. Morgen könnten sie der Normalfall sein. Nach einem persönlichen Drama, das sich in der Intimität des Gewissens abspielt, werden immer mehr kirchliche Angestellte beschließen, die emotionale, geistige und finanzielle Sicherheit zu opfern, die ihnen das System wohlmeinend liefert. Vermutlich werden solche Menschen innerhalb dieser Generation eine Mehrheit des kirchlichen Personals ausmachen.

Das Problem liegt nicht am „Geist" der Welt, auch nicht an der mangelnden Großzügigkeit der „Abtrünnigen", sondern an der *Struktur selbst.* Das kann als eine fast schon aphoristische Schlussfolgerung gelten, denn die heutigen Strukturen haben sich als Reaktion auf frühere Situationen entwickelt, die sich von den heutigen stark unterscheiden. Außerdem beschleunigen sich in unserer Welt ständig die raschen Wandlungsprozesse gesellschaftlicher Strukturen, in deren Kontext die Kirche ihre eigentlichen Aufgaben wahrnehmen muss. Um die Situation klarer zu sehen, werde ich mich auf Wesen und Rolle des Dienstamtes konzentrieren, auf den komplexen Übermittlungsweg, durch den die Kirche die Welt berührt. So können wir einen Einblick in die Kirche von morgen gewinnen.

Offenbar sind die grundlegenden und anerkannten Vorstellungen vom Dienstamt in der Kirche klar unzureichend. Quantitativ gesehen braucht die Kirche nicht die derzeitige Anzahl von Vollzeitbeschäftigten, die in ihrer Betriebsstruktur arbeiten. Grundsätzlicher betrachtet erfordert die Situation eine tiefgreifende Neubewertung der Elemente, die das derzeitige Konzept des Priesters als des grundlegendem Repräsentanten der Kirche in der Welt ausmachen – ein Konzept, das in den Konzilsdokumenten noch immer beibehalten ist. Insbesondere muss das Verhältnis zwischen dem sakramentalen Dienstamt und dem hauptamtlichen Personal, zwischen Dienstamt und Zölibat sowie zwischen Dienstamt und theologischer Ausbildung neu bedacht werden.

Die heutige Annahme lautet: Die meisten oder gar alle dienstamtlichen Handlungen der Kirche müssen von hauptamtlichen, unterbezahlten Mitarbeitern ausgeführt werden, die über eine Art theologischer Ausbildung verfügen und das kirchliche Gesetz des Zölibats bejahen. Um die Suche nach neuen Wegen zu beginnen, die dem Evangelium besser entsprechen und soziologisch relevanter sind, werde ich vier Aspekte des Problems je eigens behandeln: 1. die drastische Verringerung der Zahl von Personen, deren Lebensunterhalt von der Kirche abhängt; 2. die Weihe von Männern zum sakramentalen Dienst, die unabhängig in der Welt arbeiten; 3. der besondere und einzigartige Verzicht, den der ständige Zölibat mit sich bringt; 4. die Beziehung zwischen sakramentalem Dienstamt und theologischer Ausbildung.

1. Der Klerus: Mehr erwünscht – weniger benötigt

Das Personal der Kirche genießt bemerkenswerte Privilegien. Jedem Teenager, der eine Anstellung im Klerus anstrebt, wird fast automatisch ein Status garantiert, der zahlreiche persönliche und soziale Vorteile mit sich bringt, die sich überwiegend mit zunehmendem Alter auswirken, nicht aufgrund von Kompetenz oder Leistungsfähigkeit. Seine Rechte auf soziale und wirtschaftliche Sicherheit reichen weiter als Pläne für die Einkommensgarantie.

Kirchliche Angestellte leben in komfortablen kircheneigenen Wohnungen, erhalten eine bevorzugte Behandlung im kircheneigenen und von der Kirche betriebenen Gesundheitsdienst, werden meist in kirchlichen Bildungseinrichtungen geschult und in geweihtem Boden bestattet, und anschließend betet man für sie. Habit oder Kollar, nicht kompetente Leistungsfähigkeit, sichern Status und Lebensunterhalt. Ein Arbeitsmarkt, breiter gefächert als jedes existierende Unternehmen, ist auf sie zugeschnitten und diskriminiert Laien, die seine rituelle Initiation nicht teilen. Laien, die in der kirchlichen Struktur arbeiten, werden einige wenige „Bürgerrechte" zuerkannt, doch ihre Karriere hängt vorwiegend von ihrer Fähigkeit ab, die Rolle des Onkel Tom zu spielen.[1]

1 *Onkel Tom ist die Titelfigur in dem 1852 veröffentlichten Roman „Onkel Toms Hütte" (Uncle Tom's Cabin) von Harriet Beecher Stowe. Er erleidet das harte Geschick eines afroamerikanischen Sklaven und stirbt am Ende an der schlechten Behandlung, die er als Christ seinem Peiniger verzeiht.

Neuerdings ist die römische Kirche dem Beispiel einiger protestantischer Kirchen gefolgt und hat mehr ihrer Beschäftigten von der Gemeindearbeit an Schreibtische verlagert. Gleichzeitig verdecken die herkömmliche Forderung nach mehr Personal auf Gemeindeebene und der gleichzeitig aufkeimende Prozess einer übermäßig aufgeblähten bürokratischen Maschinerie die zunehmende Bedeutungslosigkeit beider Aspekte der Struktur. Die organisatorische Explosion führt zu einer fieberhaften Suche nach mehr Personal und Geld. Man drängt uns, Gott anzuflehen, mehr Mitarbeiter in das bürokratische System zu senden und die Gläubigen anzuregen, die Kosten dafür zu tragen. Ich persönlich kann Gott nicht um diese „Wohltaten" bitten. Das kirchliche Personal weitet sich von selbst aus, und dieser Prozess funktioniert aus sich heraus auch ohne zusätzliche Hilfe gut genug und dient nur dazu, eine personell bereits überbesetzte Kirche noch priesterlastiger zu machen und dadurch die Mission der Kirche in der heutigen Welt zu schwächen.

Das bürokratische Labyrinth

Der Vatikan selbst veranschaulicht das komplexe Problem am besten. Der nachkonziliare Verwaltungsapparat verdrängt und ersetzt die alte Maschinerie. Seit dem Ende des Konzils sind zu den zwölf ehrwürdigen Kurienkongregationen nachkonziliare Organe hinzugekommen, die miteinander verflochten sind und sich überschneiden: Kommissionen, Räte, beratende Organe, Ausschüsse, Versammlungen und Synoden. Dieses bürokratische Gewirr wird unregierbar. Gut so. Vielleicht hilft es uns zu sehen: Prinzipien der Firmenleitung sind nicht auf den Leib Christi anwendbar. Dem Stellvertreter Christi steht es noch weniger an, ihn als Geschäftsführer einer Firma zu sehen denn als byzantinischen Herrscher. Klerikale Technokratie ist noch weiter vom Evangelium entfernt als priesterliche Aristokratie. Und Effizienz korrumpiert das christliche Zeugnis subtiler als Macht, wie wir vielleicht entdecken.

In einer Zeit, in der sogar das Pentagon versucht, seinen Personalbestand zu reduzieren, indem es bestimmte Aufgaben auf dem freien Markt der Industrie und Forschung vergibt, setzt der Vatikan auf eine größere, in sich geschlossene institutionelle Erweiterung und Ausbreitung. Die zentrale Verwaltung dieses kopflastigen Organisationsriesen geht aus den Händen der „ehrwürdigen Kongregationen", besetzt mit italienischen Karrierepriestern, auf klerikale Spezialisten über, die aus aller Welt angeworben werden. Die Päpstliche Kurie des Mittelalters wird zur Planungs- und Verwaltungszentrale eines modernen Unternehmens.

Einer der paradoxen Aspekte der heutigen Struktur zeigt sich in dem Priester der Organisation, der auch Mitglied der Aristokratie der einzigen in der westlichen Welt verbliebenen Feudalmacht ist, einer Macht, deren souveräner Status in den Lateranverträgen anerkannt wurde. Darüber hinaus nutzt dieselbe Macht zunehmend eine diplomatische Struktur, die entwickelt wurde, um die kirchlichen Interessen gegenüber anderen souveränen Staaten zu vertreten und den entstehenden internationalen Organisationen wie FAO, UNICEF, UNESCO und den Vereinten Nationen selbst zu Diensten zu sein. Diese Entwicklung verlangt immer mehr Mitarbeiter für ein breiteres Aufgabenspektrum, das eine noch spezialisiertere Ausbildung für den Nachwuchs erfordert. Die Hierarchie ist an die absolute Kontrolle über ihre Mitarbeiter gewöhnt und versucht diese Posten mit hauseigenen Klerikern zu besetzen. Doch der große Drang zu intensiverer Anwerbung stößt auf eine starke gegenläufige Tendenz: Jedes Jahr verlassen fast ebenso viele ausgebildete Mitarbeiter die Kirche, wie angeworben werden. So kommt es zur widerwilligen Einstellung unterwürfiger und gehorsamer Laien, um die Lücke zu füllen.

Einige erklären die „Abtrünnigkeit" von Klerikern als Ausscheiden unerwünschter Elemente. Andere machen die verschiedenen Mystifizierungen der Welt von heute verantwortlich. Die Institution versucht instinktiv, diesen Verlust und die damit einhergehende „Berufungskrise" vor sich selbst zu beschönigen. Selbst dann braucht man für das enthusiastische und emotionale Drängen nach mehr „Berufungen" eine starke Rechtfertigung. Nur wenige wollen im Zusammenbruch eines überzogenen und unverhältnismäßigen klerikalen Rahmens ein klares Zeichen für dessen Bedeutungslosigkeit sehen. Noch weniger sehen, wie der Papst selbst im Blick auf das Evangelium an Format und Treue wachsen würde, wenn seine Macht zum Einfluss auf soziale Fragen und seine Verwaltungsbefugnisse in der Kirche abnehmen.

Das Parkinson'sche Gesetz

Veränderungen an der institutionellen Peripherie folgen dem Parkinson'schen Gesetz ebenso wie Veränderungen in Rom: Die Arbeit wächst mit dem verfügbaren Personal. Seit dem Ende des Konzils haben Versuche kollegialer Dezentralisierung zu einem unkontrollierten Wachstum der Bürokratie geführt, bis hin zur lokalen Ebene. Lateinamerika bietet ein groteskes Beispiel. Vor einer Generation reisten lateinamerikanische Bischöfe etwa alle zehn Jahre nach Rom, um dem Papst Bericht zu erstatten. Ihre einzigen weiteren Kontakte mit Rom waren die stilisierten Gesuche um Ablässe oder Dispensen, weitergeleitet über den Nuntius, und gelegentlich kuriale Visitatoren. Heute koordiniert eine komplexe römische Kommission für Lateinamerika (CAL) Unterkommissionen aus europäischen und amerikanischen Bischöfen in einem Machtgleichgewicht mit der Lateinamerikanischen Bischofsversammlung. Diese ist in einem Vorstand (CELAM) und zahlreichen Kommissionen, Sekretariaten, Instituten und Delegationen organisiert. CELAM selbst krönt sechzehn nationale Bischofskonferenzen, von denen einige in ihrer bürokratischen Organisation noch komplexer sind. Die gesamte Struktur soll gelegentliche Konsultationen unter den Bischöfen erleichtern, damit diese nach der Rückkehr in ihre Diözesen unabhängiger und origineller handeln können. Die realen Ergebnisse sind ganz anders. Die Bischöfe entwickeln eine bürokratische Mentalität, wie sie nötig ist, um mit dem Karussell der immer häufigeren Treffen Schritt zu halten. Die neu geschaffenen Organismen absorbieren eine große Zahl von ausgebildeten Mitarbeitern von der Basis in Büroarbeit und Planungsdiensten. Restriktive und phantasielose zentrale Steuerung ersetzt kreative und frische Ansätze in den Ortskirchen.

In der gesamten Kirche überlebt der Klerus zum Teil, weil der priesterliche Dienst am Altar mit klerikaler Macht und Privilegien verbunden ist. Diese Verbindung trägt dazu bei, die bestehende Struktur zu erhalten. Kirchlich angestellte Priester sichern die Lieferung von Personal, um Stellen in der Unternehmensstruktur zu besetzen. Priester-Kleriker sichern den Fortbestand und die Überfülle karriereorientierter Kirchenleute. Die Ordination von sich selbst finanzierenden Laien zu sakramentalen Aufgaben würde schließlich die Bürokratie zerstören. Männer, deren Mentalität und Sicherheit durch das System geformt und aufrechterhalten wurden, fürchten sich jedoch instinktiv vor der Ordination von Personen, die in einer weltlichen Anstellung bleiben. Der Diözesankanzler, der Caritas-Direktor und der Pfarrer fühlen sich durch die Entklerikalisierung ebenso bedroht wie der Präsident der katholischen Universität, der Lieferant von kirchlichen Ausstattungselementen und Führer wie Saul Alinsky.[2] Sie alle sind auf verschiedene Weise von Macht und Prestige des Klerus getragen oder abhängig. Und doch könnte die Ordination von Männern, die in weltlichen Berufen tätig sind, einer der großen Fortschritte der Kirche sein.

Heute beginnen einige Kleriker zu erkennen, wie sehr sie ersticken in einer skandalösen und unnötigen Sicherheit, verbunden mit einengenden und inakzeptablen Kontrollen. Einem theologisch gut ausgebildeten Priester wird eine lebenslange Unterstützung zugesichert, vielleicht jedoch als Buchhalter und nicht als Theologe, wenn er bei der Lektüre bestimmter „verdächtiger" ausländischer Autoren erwischt worden ist. Umgekehrt könnte ein lateinamerikanischer Bischof einen Priester zum Soziologiestudium nach Europa schicken und dann entscheiden, eine diözesane Forschungsabteilung einzurichten, um das neu erworbene Talent zu nutzen.

Einige Priester sind mit ihrer Arbeit unzufrieden, entweder weil ihre Freiheit, gute Arbeit zu leisten, beschnitten wird, oder weil sie sich auf die ihnen zugewiesene Aufgabe nicht vorbereitet fühlen. Im ersten Fall werden bessere Stellenbeschreibungen als Abhilfe vorgeschlagen, im zweiten Fall eine bessere Ausbildung für den Stelleninhaber. Beide Lösungen sind nichts als fehlgeleitete Linderungsmaßnahmen. Es stellt sich die Frage: Sollte diese Stelle nicht der kirchlichen Kontrolle entzogen und der Geistliche entweder entlassen oder aufgefordert werden, sich unter weltlicher Aufsicht und zu weltlichen Bedingungen um diese Stelle zu bewerben? Wenn wir das derzeitige System beibehalten, haben wir natürlich immer noch unser Problem: den unzufriedenen Kleriker.

Ausbildung zu was?

In den nächsten fünf Jahren werden Umschulungsprogramme für den Klerus sich vervielfachen. Das überholte Produkt des Noviziats und des Priesterseminars braucht andere Fähigkeiten und Einstellungen, um in die „neue" Kirche zu passen: eine wachsende Zahl von Fachkommissionen, Büros und Sekretariaten. Die Programme werden sich jedoch nur

---

2 *Saul David Alinsky (1909-1972) war ein US-amerikanischer Bürgerrechtler, der sich für die soziale Organisation von Gemeinschaften einsetzten. 1939 gründete er das „Back of the Yards Neighborhood Council" (BYNC), in dem neben Gewerkschaftlern, Vertretern von Sport- und Sozialvereinen, Geschäftsleuten und Lehrern auch Priester mitwirkten.

schwer verkaufen. Die Männer selbst beginnen zu sagen: Vielleicht muss ich lernen, mich in der säkularen Welt zurechtzufinden, mich wie andere Männer in der Gesellschaft zu behaupten, als Erwachsener in der Welt zu handeln.

Diözesen und Ordensgemeinschaften greifen zunehmend auf Unternehmensberater zurück, deren Erfolgskriterien von der „American Management Association" übernommen werden und die von der Prämisse ausgehen, die gegenwärtige Struktur müsse beibehalten werden. Die daraus resultierende Fortbildung für Geistliche ist im Wesentlichen repressiv, ideologisch geprägt und auf effizientes Wachstum der Kirche ausgerichtet. Die gegenwärtige kirchliche Ausbildung verbessert die Fähigkeit eines Mannes, eine komplexere Maschine zu bedienen. Einkehrtage dienen nur dazu, das *persönliche* Engagement eines Menschen für die Struktur zu bestätigen. Nötig ist ein Konzept für *Erwachsenenbildung*, das Menschen dazu bringt, die richtigen Fragen zu stellen: Gründet diese Struktur in Routine oder in der Offenbarung? Soll ich als Mensch, der ganz im Dienst der Kirche steht, in der Struktur bleiben, um sie zu unterlaufen, oder sie verlassen, um das Modell der Zukunft zu *leben?* Die Kirche braucht Personen, die eine solche bewusste und kritische Wahrnehmung suchen, die in tiefer Treue zur Kirche ein Leben in Unsicherheit und Risiko führen, frei von hierarchischer Kontrolle, und sich für die endgültige „De-Institutionalisierung" der Kirche von innen heraus einsetzen. Die ganz wenigen Gruppen dieser Art, die es heute gibt, werden von der klerikalen Mentalität als illoyal und gefährlich gebrandmarkt.

Ein gutes Beispiel für eine solche subversive Erziehung ist die Bewegung für Schwesternbildung in den USA. Diese Bewegung ist ein wesentlicher Faktor, der auf das Weltlich-Werden der amerikanischen Kirche von innen heraus hinwirkt. Mitte der 1950er Jahre bildete eine Gruppe von Schwestern eine Lobby, um Druck zugunsten einer vertieften professionellen religiösen Ausbildung auszuüben. Als dies erreicht war und die Brüder und Schwestern mit einem Doktortitel in ihre Gemeinschaften zurückkehrten, waren sie qualifiziert, sich überall auf akademische Stellen zu bewerben. Sie mussten sich nicht mehr auf die Vorzugsbehandlung verlassen, die Ordensleuten in kirchlichen Einrichtungen traditionell gewährt wurde, unabhängig von ihrer Begabung oder beruflichen Ausbildung.

Viele dieser ausgebildeten Personen wurden sich der lächerlichen Einschränkungen bewusst, die ihnen und ihren Einrichtungen durch den klerikalen Geist und die kirchliche Kontrolle auferlegt waren. Einige sahen sich genötigt, ihre Gemeinschaften zu verlassen, um eine sinnvolle und ihnen entsprechende Laufbahn einzuschlagen. Andere wählten den Einsatz für die Befreiung ihrer Einrichtungen von der repressiven und destruktiven kirchlichen Kontrolle. Die einen wurden als abtrünnig, die anderen als subversiv gebrandmarkt. Schließlich begannen die Ordensgemeinschaften ihren Mitgliedern die Möglichkeit zu geben, auf dem freien Markt eine befristete oder unbefristete Beschäftigung ihrer Wahl zu suchen und zugleich Mitglieder der Gemeinschaft zu bleiben. Als Folge davon wählen die Personen ihre Gefährten, ihre Wohnorte und die Formen des Zusammenlebens selbst.

Verhätschelte Unterwürfigkeit

Viele Oberinnen von Ordensfrauen haben in letzter Zeit begonnen, die Zeichen der Zeit zu erkennen. Plötzlich sehen sie das Ende der Ära von Ordenskongregationen als möglich an. Bischöfe sind sich der analogen Bewegung, die im Klerus im Gange ist, noch nicht bewusst. Diese Bewegung ist jedoch schwächer und weniger komplex, weil der amerikanische Klerus seiner Natur nach zurückgeblieben ist. Durch Komfort und Sicherheit der Mittelschicht wurde er für mehrere Generationen zu bedingungsloser Unterwerfung verhätschelt.

Heute glauben einige Priester, sie könnten bessere Seelsorger sein, wenn sie in weltlichen Berufen arbeiten, die echte soziale und wirtschaftliche Verantwortung mit sich bringen. Ein künstlerisch veranlagter Priester stellt zum Beispiel das Recht des Bischofs in Frage, ihn im Büro zu beschäftigen oder ihn zu suspendieren, wenn er sich um eine richtige Arbeit in Greenwich Village[3] bemüht. Die Auswirkung auf den Klerus ist eine doppelte: Der Engagierte fühlt sich bewogen, auf klerikale Privilegien zu verzichten, und riskiert damit seine Suspendierung; der Mittelmäßige schreit eher nach mehr Zusatzleistungen und weniger erwachsener Verantwortung, um sich bequemer in seiner klerikalen Sicherheit einzurichten.

3 *Stadtteil von Manhattan in New York City, bekannt für seine Künstlerviertel.

Manche sehen die Widersprüche der Bürokratie zum Evangelium und zur sozialen Wirklichkeit und fassen mutig mögliche Alternativen ins Auge. Ich kenne viele, die eine Vollzeitbeschäftigung in der Armutsbekämpfung anstreben, im Aufbau von Gemeinschaften, als Lehrer, Forscher, in anderen Berufen. Sie wollen ihren Lebensunterhalt verdienen und als zölibatäre Laien leben, während sie ihre geistlichen Aufgaben auf Teilzeitbasis im Dienst an den Gläubigen und unter der Autorität des Bischofs ausüben. Sie fragen, ob das System genug Gespür für die reale Gesellschaft hat, um eine neue Form radikaler und persönlicher Entklerikalisierung zu entwickeln, die weder die Aufhebung der Weihen noch eine Dispens vom Zölibat nach sich ziehen würde.

Natürlich bedroht ein so radikales Weltlich-Werden das bestehende Pfarreisystem. Phantasievolle und großzügige Menschen würde es ermutigen, sich selbständig zu machen und damit die klerikale und überholte kirchliche Struktur in den Händen derer zu lassen, die Sicherheit und Routine wählen. Das würde sowohl bürokratische Bischöfe als auch rebellische Aktivisten wie DuBay abschrecken.[4] Die Bischöfe wünschen sich mehr Kleriker, lehnen aber jede Forderung nach Arbeitnehmerprivilegien ab, insbesondere die Vorstellung von gewerkschaftlich organisierter Macht. Die Haltung der Bischöfe wie auch der DuBays impliziert zwangsläufig die Förderung des klerikalen Systems.

Menschen in der säkularen Gesellschaft erkennen manchmal eine wirkliche Heuchelei in diesem System. Für den sozialen Protest und revolutionäres Handeln gegründete Gruppen finden den Klerus verdächtig. Ihre Mitglieder riskieren mit ihrem Handeln freiwillig ihre Karriere für eine Sache, zu der ihr Gewissen sie drängt. Der Priester oder die Nonne, der oder die sich plötzlich der Existenz einer realen Welt bewusst wird und sich nachträglich an solchen Aktionen beteiligt, riskiert höchstens einen sachten Verweis. In der Regel ist der eher aufgeklärte Vorgesetzte recht zufrieden und glücklich mit seinen „mutigen“ Untergebenen. Es ist viel billiger, ein paar naive Protestler zuzulassen, als den erschreckenden Preis eines institutionellen Zeugnisses der Christen für die Gesellschaft zu zahlen.

4 *William Henry DuBay (1934-2022), katholischer Priester, der aufgrund seiner Auffassungen zur Kirchenreform und seines sozialen Aktivismus 1966 suspendiert wurde.

Beginnen wir mit der Aufgabe eines solchen Zeugnisses: Können wir für mehr Priester beten, die sich für ein „radikales" Weltlich-Werden entscheiden? Für Priester, die die Kirche verlassen, um der Kirche von morgen den Weg zu bereiten? Für Priester, die in Treue und Liebe der Kirche ergeben sind und dabei riskieren, missverstanden und suspendiert zu werden? Für Priester voller Hoffnung, die zu solchen Handlungen fähig sind, ohne zu verhärten und zu verbittern? Für außergewöhnliche Priester, die bereit sind, heute das gewöhnliche Leben des Priesters von morgen zu leben?

2. Die Form des zukünftigen Dienstamtes

Ein erwachsener Laie, zum Dienstamt geweiht, wird der „normalen" christlichen Gemeinschaft der Zukunft vorstehen. Das Dienstamt wird eher eine Freizeittätigkeit als ein Beruf sein. Die „Diakonie"[5] wird die Pfarrei als grundlegende Organisationseinheit in der Kirche ablösen. Das regelmäßige Treffen von Freunden wird die sonntägliche Versammlung von Fremden ersetzen. Ein sich selbst finanzierender Zahnarzt, Fabrikarbeiter oder Professor wird der Versammlung vorstehen, nicht ein von der Kirche angestellter Büromensch oder Funktionär. Der Pfarrer wird durch seine lebenslange Teilnahme an einer vertrauten Liturgie in christlicher Weisheit gereift sein, nicht als Absolvent eines Seminars, der professionell durch „theologische" Formeln ausgebildet wurde. Die Ehe und die Erziehung heranwachsender Kinder, nicht die Bejahung des Zölibats als rechtliche Voraussetzung für die Ordination, werden ihn zu einer verantwortlichen Führungsrolle qualifizieren.

Ich sehe voraus, wie Familien sich von Angesicht zu Angesicht um einen Tisch versammeln, statt als unpersönliche Menge vor einem Altar zu stehen. Die Feier wird den Essraum heiligen, nicht die geweihten Gebäude die Zeremonien. Keinesfalls werden infolgedessen *alle* Kirchen zu Theatern oder weißen Immobilienelefanten umgebaut werden. Nach Ansicht des Bischofs von Cuernavaca erfordert zum Beispiel die latein-

5 *Als „Diakonien" wurden bestimmte Gebäude in den sieben Stadtvierteln des frühchristlichen Rom bezeichnet, überwiegend in der Nähe von Kirchen. Ihre Aufgabe lag in der Versorgung von Armen, die auch dort aufgenommen werden konnten. Einer Diakonie stand ein Diakon vor. Daraus entstand die heutige Tradition der „Kardinaldiakone".

amerikanische Tradition die Existenz der Kathedrale, die als eine Art steinernes Zeugnis in ihrer Schönheit und Majestät den Glanz christlicher Wahrheit widerspiegelt.

Die gegenwärtigen pastoralen Strukturen sind weitgehend durch zehn Jahrhunderte klerikaler und zölibatärer Priesterschaft bestimmt. Im Jahr 1964 unternahm das Konzil einen vielsagenden Schritt zur Änderung dieses Modells, als es einen verheirateten Diakonat billigte. Das Dekret ist missverständlich, denn es könnte zur Vermehrung nachgeordneter Kleriker führen, ohne die derzeitigen Strukturen wesentlich zu verändern. Es kann aber auch zur Ordination erwachsener, sich selbst finanzierender Männer führen. Die Gefahr bestünde darin, einen klerikalen, kirchlich getragenen Diakonat zu entwickeln und damit die notwendige und unvermeidliche Weltlich-Werdung des Dienstamtes zu verzögern.

Der „normale" künftige Priester verdient seinen Lebensunterhalt und wird einer wöchentlichen Versammlung von einem Dutzend Diakonen in seinem Haus vorstehen. Gemeinsam lesen sie die Heilige Schrift, studieren und kommentieren dann die wöchentliche Weisung des Bischofs. Nach der Versammlung, zu der auch die Messe gehört, nimmt jeder Diakon das Sakrament mit nach Hause und bewahrt es zusammen mit seinem Kruzifix und seiner Bibel dort auf. Der Priester besucht seine verschiedenen „Diakonien" und steht bei dieser Gelegenheit ihrer Messfeier vor. Bisweilen treffen sich mehrere „Diakonien" zu einer feierlicheren Messe in einem gemieteten Saal oder in einer Kathedrale.

Befreit von den gegenwärtigen Leitungs- und Verwaltungsaufgaben, werden der Bischof wie auch seine Priester Zeit für gelegentliche Konzelebrationen haben. Der Bischof wird seine wöchentliche Textauswahl aus den Kirchenvätern und den Impuls zur Diskussion vorbereiten und verteilen können. Er und seine Priester werden gemeinsam die Hausliturgie für die „Diakonien" vorbereiten. Diese Wandlungen erfordern eine andere Einstellung gegenüber der Verpflichtung zur wöchentlichen Messfeier sowie eine Neubewertung der derzeitigen rituellen Bußpraxis. Das gegenwärtige Kirchenrecht sieht die Weihe von Personen vor, deren Unterhalt lebenslang von der Kirche garantiert ist, und von anderen, die vom eigenen Vermögen leben können. Die Weihe auf diese Art von finanzieller Unabhängigkeit zu beschränken, erscheint in der heutigen Gesellschaft anomal oder gar empörend. Heutzutage bestreitet ein Mensch seinen Lebensunterhalt durch seine Arbeit in der Welt, nicht durch die Ausübung einer Rolle in einer Hierarchie. Es widerspricht sicherlich nicht den Zielen des Kirchenrechts, für die Ordination berufliche Befähigung oder erworbene soziale Sicherheit als hinreichendes Zeichen der Unabhängigkeit zu betrachten.

Eine neue Synthese

Das sakramentale Dienstamt geweihter Laien wird uns die Augen für ein völlig neues Verständnis des traditionellen „Gegensatzes“ zwischen Pfarrer und Laie in der Kirche öffnen. Wenn wir über beide Begriffe hinausgehen, werden wir ihren vorübergehenden Charakter klar erkennen. Das Konzil fasst eine historische Entwicklung der letzten hundert Jahre zusammen und hat versucht, den klerikalen Priester und den nicht geweihten Laien in zwei getrennten Dokumenten zu definieren. Doch die Zukunft wird anstelle des scheinbaren Gegensatzes eine neue Synthese jenseits der bisherigen Kategorien bringen. Die gegenwärtige kirchliche Vorstellungskraft reicht noch nicht aus, um diese neue Aufgabe zu definieren: Laienpriester, Sonntagspriester, kirchlicher Dienst in Teilzeit oder in säkularer Gestalt, geweihter Nicht-Kleriker. In erster Linie wird er ein Diener des Sakraments und des Wortes sein, nicht der Hans-Dampf-in-allen-Gassen, der oberflächlich einer verwirrenden Vielfalt sozialer und psychologischer Rollen folgt. Indem er auftaucht, wird sich die Kirche endlich von dem restriktiven Pfründensystem befreien. Noch bedeutsamer ist der Verzicht auf die komplizierte Reihe von kirchlichen Gottesdiensten, die aus dem Pfarrer ein künstliches Anhängsel etablierter sozialer Funktionen gemacht hat. Der geweihte Laie wird den katholischen Pfarrer pastoral überflüssig machen.

Städtische Anomalien

Die Kirche erwacht neu in der Stadt. Pastorale Analogien zur Tradition werden zu Anomalien im Kontext von Asphalt, Stahl und Beton des Stadtlebens. Städtische Erneuerung und neue Gemeinschaftserfahrungen fordern einen neuen Blick auf die frühere Terminologie. Könige, Kronen und Krummstäbe haben ihre Bedeutung verloren. Menschen sind keine Untertanen souveräner Herrscher, und sie fragen unwillig, weshalb sie sich als Schafe von einem Hirten führen lassen sollen. Die Gemeinschaft stiftenden Funktionen der Kirche brechen zusammen, wenn sie von Symbolen getragen sind, deren treibende Kraft in einer Autoritätsstruktur liegt. Anspruchsvolle städtische Katholiken suchen nicht bei einem Pfarrer nach verbindlicher Anleitung für gemeinschaftliches Handeln. Sie kennen soziales Handeln als ökumenisch und weltlich in Motiven, Methoden und Zielen. Ein protestantischer Pfarrer oder ein weltlicher Fachmann können bessere Führungsqualitäten aufweisen.

Theologisch gebildete Menschen suchen nicht mehr nach moralischer Anleitung durch einen Priester. Sie denken selbst. Häufig haben sie den Priester an theologischer Ausbildung längst überholt. Eltern mit einer guten liberalen Bildung sind zunehmend skeptisch, ob sie ihre Kinder dem klerikalen System der „professionellen" Katechese anvertrauen sollen. Wenn Kinder mit dem Evangelium vertraut gemacht werden können, sehen die Eltern das als ihre Aufgabe an und verfügen dazu über hinreichend Wissen und Glauben.

Kein denkender Katholik hinterfragt das Ja zu dem Ritus und zu einer Person, die göttliche Vollmacht empfangen hat, um eine Versammlung von Christen zu leiten oder der Feier eines Sakraments vorzustehen. Menschen beginnen jedoch, die Ansprüche eines Pfarrers zurückzuweisen, der aufgrund seiner Ordination bzw. Weihe vorgibt, für *jedes* Problem seiner heterogenen Gemeinschaft zuständig zu sein, sei es die Pfarrei, die Diözese oder die Welt.

Die Umstrukturierung des heutigen Lebens befreit Menschen, eine Berufung zu dienstamtlichen Aufgaben in Teilzeit anzunehmen. Die Freizeit wächst mit der Verkürzung der Arbeitszeit, der Frühpensionierung und den umfassenderen Sozialleistungen, die mehr Zeit für die Vorbereitung und Ausübung eines christlichen Dienstes in einer pluralistischen und säkularen Gesellschaft lassen.

Wie es scheint, können viele Einwände erhoben werden. Der Laienpriester oder -diakon könnte sich aus dem Dienst zurückziehen wollen, er könnte öffentlich sündigen, er oder seine Frau könnten Spaltelemente in der christlichen Gemeinschaft werden. Das geltende kanonische Recht enthält implizit die Lösung: Er kann von seinen Aufgaben „entbunden" werden. Die Suspendierung muss sowohl für den Betroffenen als auch für die Gemeinschaft zu einer Option werden, nicht nur eine dem Bischof vorbehaltene Strafe. Der zum kirchlichen Dienst Geweihte könnte sich berufen fühlen, eine kontroverse Position zu einer weltlichen Frage in der Gesellschaft einzunehmen, und dadurch aufhören, ein geeignetes Symbol der sakramentalen Einheit zu sein. Er könnte sich im Gewissen verpflichtet fühlen, ein Zeichen des Widerspruchs zu werden, nicht nur *für* die Welt, sondern auch *in* der Welt. Ihm oder der Gemeinde sollte die Bitte um Suspendierung freistehen. Die Gemeinschaft, die sein Charisma anerkannt und ihn dem Bischof vorgestellt hat, kann auch seine Gewissensfreiheit respektieren und ihm ein entsprechendes Handeln erlauben. Er selbst hat im kirchlichen Dienst weder besondere Vorteile noch Einkommen oder Status zu verteidigen. Sein Alltag ist nicht durch sein Priestertum bestimmt, sondern durch sein weltliches Engagement geprägt.

3. Dienstamt und Zölibat

Der Mensch kann nur schwer trennen, was Brauch und Sitte zusammengeführt haben. Die Verbindung von Klerikerstand, sakramentaler Weihe und Zölibat im Leben der Kirche hat das Verständnis der je einzelnen Elemente verwirrt und verhindert den Blick auf die Möglichkeit ihrer Trennung. Der Klerus hat sich auf Status und Macht im sozioökonomischen Sinne gestützt und sein exklusives Recht auf das Priesteramt verteidigt. Theologische Argumente gegen die geweihten Laien finden wir selten, außer vielleicht in Bezug auf die Unangemessenheit des Begriffs selbst. Nur katholische Kleriker, die heiraten möchten, und verheiratete protestantische Geistliche, die ihren klerikalen Status zu verlieren fürchten, verteidigen die Ausweitung der kirchlichen Sozialleistungen auf Verheiratete im kirchlichen Dienst.

Die Verbindung zwischen Zölibat und Priesteramt wird stark angegriffen, trotz offizieller kirchlicher Aussagen zu ihrer Verteidigung. Exegetische, pastorale und soziale Argumente werden dagegen vorgebracht. Damit sprechen sich nicht nur immer mehr Priester dagegen aus, sondern sie geben auch den Zölibat und das Dienstamt auf. Zugegeben, das Problem ist komplex, da zwei Realitäten des Glaubens aufeinandertreffen: der sakramentale priesterliche Dienst und das persönliche Geheimnis des außerordentlichen Verzichts. Unsere weltliche Sprache versagt bei der heiklen Analyse ihrer gegenseitigen Beziehungen. Die Formulierung und Erörterung von drei verschiedenen Fragen kann uns helfen, die richtigen Unterscheidungen zu treffen und das Wesen der beteiligten Beziehungen zu verstehen. Die Entscheidung für den freiwilligen Zölibat, die Errichtung von Ordensgemeinschaften und die gesetzliche Verankerung des zölibatären Priestertums müssen gesondert betrachtet werden.

Die Entscheidung für den freiwilligen Zölibat

Zu allen Zeiten haben Männer und Frauen in der Kirche freiwillig „um des Himmelreiches willen" auf die Ehe verzichtet. Im Einklang mit einem solchen Tun „erklären" sie ihre Entscheidung einfach als persönliche Verwirklichung einer innersten Berufung durch Gott. Diese geheimnisvolle Erfahrung der Berufung muss von der diskursiven Formulierung von Gründen zur „Rechtfertigung" einer solchen Entscheidung unterschieden werden. Vielen erscheinen derartige Argumente als sinnlos. Als Folge geben Männer ihre Zölibatsverpflichtung auf. Die Befürworter des Zölibats interpretieren dieses Tun häufig als Ausdruck eines ärmlichen oder schwachen Glaubens bei heutigen Katholiken. Es könnte, im Gegenteil, ebenso gut ein Beweis für die Läuterung ihres Glaubens sein. Menschen durchschauen inzwischen die angeblichen (soziologischen, psychologischen und mythologischen) Motive für den Zölibat und erkennen, wie bedeutungslos sie für den wahren christlichen Verzicht sind. Der Verzicht auf die Ehe ist weder wirtschaftlich notwendig für den Dienst an den Armen, noch rechtlich eine Bedingung für das geweihte Dienstamt, noch ist er für höhere Studien von großem Nutzen. Personen, die aus diesen Motiven heraus gehandelt haben, erkennen heute nicht mehr deren Wert und Wichtigkeit. Der Zölibat kann zu seiner Verteidigung nicht mehr die gesellschaftliche Zustimmung anführen.

Psychologische Motive, die früher zur Rechtfertigung der Überlegenheit sexueller Enthaltsamkeit angeführt wurden, finden heute kaum noch Zustimmung. Wie sie jetzt einsehen, haben viele Zölibatäre die Ehe zunächst abgelehnt, weil sie sich abgestoßen fühlten, Angst hatten, unvorbereitet waren oder sich nicht zu ihr hingezogen fühlten. Jetzt entscheiden sie sich für die Ehe, entweder weil sie ein reiferes Selbstverständnis haben oder um ihre ursprünglichen Gefühle zu widerlegen. Sie sehen sich nicht mehr als Helden für ihre Eltern, weil sie „treu" sind, und auch nicht als Parias, weil sie „abtrünnig" sind.

Vergleichende religiöse Studien enthüllen viele „Gründe" für den sexuellen Verzicht in der gesamten Menschheitsgeschichte. Sie können auf asketische, magische und mystische Motive zurückgeführt werden. Oft sind sie „religiös", haben aber kaum etwas mit dem christlichen

Glauben zu tun. Der Asket verzichtet auf die Ehe zugunsten der Freiheit für das Gebet; der Magier, um ein chinesisches Baby durch sein Opfer zu „retten"; der Mystiker, um die ausschließliche bräutliche Intimität mit „dem All" zu suchen. Wie der heutige Mensch weiß, macht der Verzicht auf Sexualität das Gebet nicht inniger, die Liebe nicht glühender und die empfangenen Gnaden nicht reichhaltiger.

Heute sucht der Christ, der um des Reiches Gottes willen auf Ehe und Kinder verzichtet, keinen abstrakten oder konkreten *Grund* für seine Entscheidung. Seine Wahl ist reines Risiko im Glauben, Ergebnis einer innigen und geheimnisvollen Erfahrung seines Herzens. Er entscheidet sich *jetzt* für ein Leben der absoluten Armut, die jeder Christ in der Stunde des Todes zu erfahren hofft. Sein Leben *beweist* nicht die Transzendenz Gottes; vielmehr bringt sein ganzes Wesen den Glauben daran zum Ausdruck. Seine Entscheidung, auf einen Ehepartner zu verzichten, ist ebenso intim und unmitteilbar wie die Entscheidung eines anderen, den eigenen Ehepartner allen anderen vorzuziehen.

Die Errichtung des Ordenslebens

Die Kirche hat zwei Verfahren entwickelt, um ein Charisma des Evangeliums zu kontrollieren: die soziale und rechtliche Organisation von Ordensgemeinschaften und die rituelle Feier der Gelübde. Orden bieten eine Gemeinschaftsstruktur, in der das Mitglied seine durch die Taufe eingegangene Verpflichtung zur Heiligkeit vertiefen kann und sich für den Personalbestand zur Verfügung stellt, den sein Vorgesetzter kontrolliert. Dieses eigene Personal ermöglichte es den Ordensgemeinschaften, Wohltätigkeits- und Wirtschaftsunternehmen zu betreiben. Nun sieht es so aus, als ob diese institutionellen Werke noch schneller verschwinden werden als die Strukturen von Pfarrei, Diözese und Kurie, da immer mehr Mitglieder ausscheiden, um ihrer Berufung auf dem freien Arbeitsmarkt gerecht zu werden.

Christen, die den Zölibat des Evangeliums leben wollen, sehen weniger Gründe, sich den rechtlich errichteten Gemeinschaften (auch Säkularinstituten) anzuschließen; sie erkennen jedoch die Notwendigkeit, sich mit anderen Gleichgesinnten zusammenzuschließen, vorübergehend oder auf Dauer, um gegenseitige Unterstützung in ihrem gemeinsamen schwierigen geistlichen Abenteuer zu suchen. Diese weiterhin bestehenden traditionellen Ordensgemeinschaften werden Häuser des intensiven Gebets behalten, die als Exerzitienhäuser, geistliche Ausbildungszentren, Klöster oder Wüstenorte zur Verfügung stehen. Um diese Art christlicher Armut und christlichen Zeugnisses zu erreichen, sichern sich die Kongregationen gegen ihr bevorstehendes Ende ab, indem sie kürzere Röcke bewilligen, Gebetszeiten abändern und mit sozialen Aktionen experimentieren. Vielleicht kann dieses gesetzesförmige Kurieren an Äußerlichkeiten den Schmerz der Menschen in der sterbenden Struktur lindern und ihnen das Bleiben bis zum bitteren Ende erleichtern.

Da die traditionell akzeptierten Gründe für die Beibehaltung der gegenwärtigen Rechtsgemeinschaften sich verflüchtigen, wird man andere Mittel zur Ablegung eines lebenslangen Gelübdes erkunden. Die Kirche hat traditionell die Möglichkeit von Privatgelübden akzeptiert. Immer weniger werden wir dies ausschließlich in Rechtskategorien sehen. Indem das Leben eines Gelübdes sich von klerikalen Strukturen zu einem Leben des Verzichts in der Weltlichkeit der Welt verlagert, scheint es angemessener, das freudige Ja zu dieser Art von Verpflichtung durch die liturgische Feier einer mystischen Tatsache kundzutun, nicht durch einen juristischen Akt, der rechtliche Verpflichtungen schafft. Die Kirche bewegt sich in diese Richtung, da Gelübde weniger öffentlich, feierlich und verbindlich werden. Heute erhält jedes Ordensmitglied eine Dispens, wenn es erklärt, sein Gelübde nicht einhalten zu wollen. Früher wurden Gelübde als öffentlicher Verzicht auf Rechte behandelt; heute erscheinen sie eher als öffentliche Absichtserklärung unter Vorbehalt. Ordensleute machen viel Aufhebens von der Tatsache, nicht verheiratet zu sein und nicht heiraten zu wollen – natürlich sofern sie ihre Meinung nicht ändern. Wir gehen von einem religiösen „Status“ zu einem religiösen „Stadium“ über. Diese Verwirrung und pharisäische Gesetzlichkeit ist ein klägliches Zeugnis für die Welt.

Die Feier eines Gelübdes sollte ein von der Kirche festgelegter Ritus sein, der öffentlich die Überzeugung von der Echtheit einer besonderen christlichen Berufung und eines besonderen Charismas bezeugt. Zu einer solchen liturgischen Feier sollten nur außergewöhnliche Personen zugelassen werden, nachdem sie viele Jahre lang ihren Verzicht im weltlichen Leben gelebt haben. Die Kirche bekundet damit öffentlich ihre Bereitschaft, der Treue dieser neuen „Mönche“ die Bezeugung eines Geheimnisses anzuvertrauen. Erst dann kehren wir zu der wirklichen und engen Analogie zwischen der christlichen Ehe und der Entsagung zurück: Beide Sakramente werden das volle Bewusstsein des Christen für die Tiefe und Ganzheit einer Verpflichtung feiern, die er in der realen Gesellschaft der Menschen eingegangen ist und lebt.

Priestertum und Zölibat

Ein großer Teil der denkenden Kirche stellt die Verbindung zwischen Zölibat und Priestertum infrage. Der Papst beharrt auf ihrer Verbindung. Weder die Lehre noch die Tradition stützen seine Position unwiderruflich. Meiner Meinung nach hängt das Entstehen einer neuen pastoralen Kirche weitgehend von der Folgsamkeit gegenüber dieser Richtlinie während unserer Generation ab. Seine Position trägt dazu bei, das rasche Sterben des Klerus zu sichern.

Um dem Trend rückläufiger Berufungen und ausscheidender Kleriker entgegenzuwirken, werden viele Lösungen vorgeschlagen: ein verheirateter Klerus, Schwestern und Laien in der Seelsorge, leuchtendere Aufrufe in Berufungskampagnen, weltweite Verteilung vorhandener Kleriker. All das sind nur viele kleinmütige Versuche, eine sterbende Struktur zu verjüngen.

Zumindest in unserer Generation besteht keine Notwendigkeit, die Priesterweihe von verheirateten Männern zu überdenken; wir haben mehr als genug unverheiratete. Die Weihe verheirateter Priester würde jede echte pastorale Reform verlangsamen. Es gibt allerdings einen zweiten, heikleren Grund für diese Entscheidung. Tausende von Priestern erteilen heute dem Zölibat eine Absage und bieten den schmerzlichen Anblick von Männern, die zur sexuellen Enthaltsamkeit erzogen wurden und sich im Nachhinein in eine Hochrisiko-Ehe stürzen. Die Kirche entlässt sie heimlich, willkürlich und verlegen. Die weitere Ausübung ihrer Weihe ist ihnen untersagt. Mit ihrer Entscheidung für die Ehe könnten sie zwar immer noch priesterliche Funktionen ausüben, doch sie wären keine Vorbilder mehr, außer vielleicht für ihresgleichen.

Was es hier wirklich braucht, ist die Klärung und Liberalisierung des Verfahrens, mit dem die Kirche einem Priester erlaubt zu heiraten. Wie für alle einsichtig ist, muss weiterhin der „Ex-Priester" zum Wohl der Kirche die klerikale Sicherheit wie auch die Dienstausübung aufgeben. Dies ist für den Priester, der „aussteigen will", ohne die Begleitumstände zu akzeptieren, ebenso schwierig wie für den Bischof, der an seinem Priester um jeden Preis „festhalten" will. Der klerikale Massenexodus wird nur so lange andauern, wie das derzeitige klerikale System besteht. In dieser Zeit wäre die Weihe von verheirateten Männern ein trauriger Fehler. Die daraus resultierende Verwirrung würde nötige radikale Reformen nur verzögern.

Diejenige Einrichtung, die in der Kirche keine Zukunft hat und gleichzeitig am meisten immun gegen jede radikale Reform ist, verliert heute aufgrund der Zölibatsvorschrift eine wachsende Zahl von Männern. Die Krise der Seminare als solche in ihrem umfassenden Ernst nötigt uns dazu, die gesamte Frage der Ausbildung für den kirchlichen Dienst sehr viel tiefer zu untersuchen.

4. Sakramentaler Dienst und theologische Ausbildung

Seit dem Trienter Konzil hat die Kirche darauf bestanden, ihre Ausbildung und Erziehung für den kirchlichen Dienst in ihren eigenen Berufsakademien anzusiedeln. Man hoffte, der Kleriker werde diesen Prozess in der Ordnung seines Lebens aus eigenem Antrieb fortsetzen. Die Kirche bildete für ihren Dienst Personen heran, die sie streng kontrollierte. Die weitere Rekrutierung von jungen, großherzigen Männern für eine klerikale Lebensform, wie noch das II. Vatikanische Konzil sie beschreibt, wird bald an das Unmoralische grenzen. Zur Zeit scheint es höchst unverantwortlich, die Vorbereitung von Männern auf einen verschwindenden Beruf fortzusetzen.

Keineswegs wird der christliche Dienst weniger intellektuelle Ausbildung erfordern. Diese kann sich jedoch nur unter der Bedingung einer besseren und allgemeineren christlichen Bildung entfalten. Dieser Ausdruck ist in problematischer Weise verwirrend allumfassend geworden und hat dadurch seine präzise Bedeutung verloren. Er muss neu definiert werden. Persönliche Reife, theologische Präzision, kontemplatives Gebet und heroische Nächstenliebe sind nicht spezifisch christlich. Atheisten können reif sein, Nichtkatholiken theologisch präzise, Buddhisten, Mystiker und Heiden auf heroische Weise großzügig. Das *spezifische* Ergebnis der christlichen Erziehung ist der *sensus ecclesiae*, der „Sinn für die Kirche". Der damit ausgestattete Mensch ist in der lebendigen Autorität der Kirche verwurzelt, lebt die phantasievolle Erfindungskraft des Glaubens und drückt sich mittels der Gaben des Geistes aus.

Dieser „Sinn" ergibt sich aus der Lektüre der Quellen der authentischen christlichen Tradition, aus der Teilnahme an der betenden Feier der Liturgie, aus einer bestimmten Lebensweise. Er ist die Frucht der Erfahrung Christi und das Maß für die wirkliche Tiefe des Gebets. Er folgt aus der Durchdringung der Glaubensinhalte mit dem Licht der Vernunft und der Kraft des Willens. Wenn wir einen Erwachsenen für den Diakonat oder das Priestertum auswählen, suchen wir in ihm nach diesem „Sinn“, nicht nach theologischen Diplomen oder einer Zeit des Rückzugs aus der Welt. Wir suchen nicht die Fachkompetenz, öffentlich zu unterrichten, sondern die prophetische Demut zur Leitung einer christlichen Gruppe.

Meiner Vermutung nach ist die wöchentliche Vorbereitung auf die liturgische Feier durch Lesungen eine bessere Ausbildung für die Ausübung des Dienstamtes als eine Spezialisierung in theologischen Studien. Damit will ich die Bedeutung eines strikten Theologiestudiums nicht schmälern. Ich möchte ihm nur den richtigen Ort zuweisen. Letztlich besteht die Aufgabe der Theologie darin, eine heutige Aussage zu klären oder ihre Treue zur offenbarten Wahrheit zu überprüfen. Der heutige Ausdruck der offenbarten Wahrheit geht allein aus dem Glauben der Kirche hervor. Die Aufgabe der theologischen Wissenschaft ist daher der Literaturkritik vergleichbar. Die *lectio divina* lässt sich mit dem Genuss der Literatur selbst vergleichen. Die Theologie prüft unsere Treue; die geistliche Lesung nährt unseren Glauben. In dem Maße, wie die Sozialwissenschaften als Antwort auf die Probleme der technologischen Gesellschaft komplexer und spezialisierter werden, hängt die Treue der christlichen Gemeinschaft zunehmend von ihrer Fähigkeit ab, den Glauben in einer neuen Sprache für Christen auszudrücken, deren Lebenssituation nie zuvor im Licht des Evangeliums interpretiert worden ist. Die Kirche wird in der kindlichen Einfachheit ihres Glaubens und in der intellektuellen Tiefe ihrer Theologie wachsen.

Fast alles, was heute als theologische Wissenschaft gilt, wird sich der exklusiven Zuständigkeit der Kirche entziehen. Schon jetzt werden die meisten Fächer im Lehrplan des Priesterseminars an säkularen Universitäten von Personen aller Bekenntnisrichtungen kompetent gelehrt. Mit der Schließung der Seminare wird der allzuständige theologische Generalist verschwinden. Das Theologiestudium wird auf spezialisierte Forschung und Lehre ausgerichtet sein, nicht mehr auf eine allseitige Berufsausübung. Christliche Professoren, die diesen kirchlichen „Sinn“ besitzen, werden die Studierenden auf eine Einheit zwischen biblischen und kirchlichen Studien hin ausrichten – eine Aufgabe, die kirchliche Lehrpläne nie wirklich erfüllt haben.

Auch das theologische Studium wird sich weiter verbreiten. Der christliche Hochschulabsolvent, der sich aktiver an der wöchentlichen Liturgie seiner Kleingruppe beteiligen möchte, wird die intellektuelle Analyse durch systematische theologische Lektüre und Studien suchen. Er wird die nötige Zeit dazu haben, weil die Freizeit in unserer Gesellschaft zunimmt. Diejenigen, die eine asketische Lebensweise, die zum sexuellen Verzicht führt, mit ihren Jahren des Studiums und der Teilnahme an der Liturgie verbunden haben, werden in einzigartiger Weise für den Episkopat geeignet sein. Die christliche Gemeinschaft wird ihr Charisma ohne Zögern und Irrtum anerkennen.

Das Lehramt der Kirche wird sich vermehrt nicht mehr in Hirtenbriefen zur Verurteilung der Abtreibung und in Enzykliken zugunsten sozialer Gerechtigkeit äußern. Die Kirche wird im offenbarten Wort neuen Glauben und neue Kraft entdecken. Ihre Lehre erfolgt durch eine lebendige Liturgie im vertrauten Kreis, mit diesem Wort als Mitte. Kleine christliche Gemeinschaften werden sich an der freudigen Feier des Wortes nähren.

Auf den Geist, der beständig die Kirche neu schafft, kann man vertrauen. In jeder christlichen Feier ist er schöpferisch gegenwärtig und macht den Menschen das Reich bewusst, das in ihnen lebt. Ob sie nun aus einigen wenigen Personen um den Diakon oder aus der gesamten Präsenz der ganzen Kirche um den Bischof besteht – die christliche Feier erneuert die *ganze* Kirche, die ganze Menschheit. Die Kirche wird den christlichen Glauben als die fortschreitende freudige Offenbarung der *personalen* Bedeutung der Liebe klar zum Ausdruck bringen; es ist die Liebe, die alle Menschen feiern.

Zur Hölle mit guten Absichten*

Es ist sehr schwierig, an diesem Abend zu sprechen, denn etwa zwanzig oder dreißig von uns haben heute bereits ein fünfstündiges Gespräch geführt, und es gibt noch andere, mit denen ich mich privat unterhalten habe. Es kommt mir vor, als würden wir alle in dieselbe Richtung schauen und unterschiedliche Dinge sehen. Wenn ich das Seminar, an dem ich heute Morgen teilgenommen habe, richtig verstanden habe, geht es bei dieser Konferenz nicht darum, wie man sich vorbereitet, um vielleicht den Sommer 1968 oder 1969 in Mexico zu verbringen, sondern um die Änderungen und Anpassungen, die in Struktur, Organisation, Grundidee, Lehre, Regeln und Finanzierung der CIASP[1] notwendig sind. In den Gesprächen, die ich heute geführt habe, haben mich zwei Dinge beeindruckt, und ich möchte sie nennen, bevor ich mit meinem vorbereiteten Vortrag beginne:

Beeindruckt hat mich Ihre Einsicht, wie sehr die Motivation der US-amerikanischen Freiwilligen im Ausland meist auf sehr abwegigen Empfindungen und Vorstellungen beruht. Ebenso beeindruckt war ich von etwas, das ich als einen Schritt vorwärts unter angehenden Freiwilligen wie Ihnen interpretiere: die Offenheit für die Idee, freiwillige Machtlosigkeit als das Einzige zu sehen, wofür man in Lateinamerika legitimerweise Freiwilligenarbeit leisten kann, freiwilliges Dasein als Empfangende und insofern als hoffentlich geschätzt oder angenommen ohne jegliche Möglichkeit, das Geschenk angemessen zu entgelten.

Ebenso beeindruckt war ich von der Heuchelei der meisten von Ihnen: von der Heuchelei der hier vorherrschenden Atmosphäre. Ich sage dies als Bruder, der zu Brüdern und Schwestern spricht. Ich sage es gegen viele Widerstände in mir; doch es muss gesagt werden. Gerade Ihre Einsicht, Ihre Offenheit für die Auswertungen früherer Programme

---

* Ivan Illich, To Hell with Good Intentions: Risk 6 (1970) 19-26; *unter dem Titel „Yankee, Go Home: The American Do-Gooder in Latin America" abgedruckt in: The Church, Change, and Development, hg. v. Fred Eychaner, Chicago 1970, 45-53. Online ist die Rede unter dem Titel „Talk Delivered at the Conference on Inter-american Student Projects by Mon. Ivan Illich, (Cuernavaca) April 20, 1968", zugänglich unter <http://www.ciasp.ca/CIASPhistory/IllichCIASPspeech.htm>.

1 *The Conference on Interamerican Student Projects.

macht Sie zu Heuchlern, denn Sie – zumindest die meisten unter Ihnen – sind entschlossen, den nächsten Sommer in Mexiko zu verbringen, und daher sind Sie nicht bereit, bei der Neubewertung Ihres Programms weit genug zu gehen. Sie verschließen die Augen, weil Sie weitermachen wollen und es nicht könnten, wenn Sie einige Fakten ins Auge fassen würden.

Möglicherweise ist diese Heuchelei den meisten von Ihnen nicht bewusst; das gilt nicht für alle, da bin ich mir sehr sicher. Intellektuell sehen Sie bereitwillig die Beweggründe, die 1963 einen freiwilligen Auslandseinsatz legitimieren konnten, 1968/69 für einen solchen Einsatz jedoch nicht geltend gemacht werden können. „Missionsurlaube" unter armen Mexikanern waren „genau das Richtige" für wohlhabende US-Studenten zu Beginn dieses Jahrzehnts: Sentimentale Sorge um die neu entdeckte Armut südlich der Grenze in Verbindung mit völliger Blindheit gegenüber der viel schlimmeren Armut im eigenen Land rechtfertigten solche wohltätigen Ausflüge. Die intellektuelle Einsicht in die Schwierigkeiten einer fruchtbaren Freiwilligentätigkeit hatte den Geist des Friedenskorps[2] der päpstlichen und selbsternannten Freiwilligen nicht ernüchtert.

Heute ist die Existenz von Organisationen wie der Ihren für Mexiko beleidigend. Mit dieser Feststellung möchte ich erklären, warum mich all das krank macht, und Sie darauf aufmerksam machen, wie wenig gute Absichten mit dem zu tun haben, was wir hier besprechen. Zur Hölle mit guten Absichten. Das ist eine theologische Aussage. Mit Ihren guten Absichten werden Sie niemandem helfen. Ein irisches Sprichwort besagt: Der Weg zur Hölle ist mit guten Vorsätzen gepflastert. Darin drückt sich dieselbe theologische Einsicht aus.

Hätte ich diese fünf Stunden Austausch mit Ihnen gehabt, hätte ich meine Rede anders vorbereitet, vor allem im Stil. Ich hätte sie weniger schroff und noch entschiedener formuliert. Das ist jetzt nicht mehr zu ändern, weil ich die englische Sprache nicht gut genug beherrsche, um meine Aussage verständlich zu halten, wenn ich sie beim Lesen ändere.

Vor meinem Beitrag möchte ich noch etwas anderes sagen. Meiner Meinung nach wird CIASP überleben; zu dieser Überzeugung bin ich im Laufe des heutigen Tages gelangt. Als ich hierher kam, fühlte ich

2 * Vgl. oben, S. 111, Anm. 8.

mich zu weiteren Bemühungen verpflichtet, Sie von Ihrem Vorhaben abzubringen. Wie ich jetzt sehe, stehen zu viel Geld, zu viele Interessen und zu viele Illusionen hinter CIASP, um sich mit dem Verschwinden dieser Organisation abzufinden. Da CIASP nicht sterben kann, müssen wir uns fragen: Was fangen wir damit an?

Ich stelle mir folgende Lösung vor: Einige Leute könnten von den Erfahrungen von CIASP aus den vergangenen Jahre profitieren und eine Art Bildungsagentur entwickeln, die nordamerikanischen Studierenden ermöglicht, in Mexiko zu leben. Mit „leben“ meine ich „Leben“ mit einem großen „L“; einen Monat lang im biblischen Sinne in Mexiko zu leben, im vollen Bewusstsein der Begrenztheit einer solchen Erfahrung, der Gefahr narzisstischer Illusionen bei einer so kurzen Begegnung – und doch dort das eigene *Leben* zu führen.

Mir fehlen Belege, ob CIASP als ganzes diesem Zweck in Zukunft dienen sollte oder könnte, denn die Einrichtung könnte zu sehr von den Sünden ihres Ursprungs geprägt sein, die Sie nicht als Sünden anerkannt haben, sondern eher als einfache Unzulänglichkeiten betrachten. Echte Umkehr ist meiner Meinung nach nicht möglich, ohne zu sagen: „Ich habe mich nicht geirrt, ich hatte Unrecht. Mein tief verwurzelter Stolz, mein Glaube an meine Überlegenheit und meine Überzeugung, etwas geben zu können, haben mich in die Organisation und die erste Gestalt von CIASP geführt.“ Eine solche „Bekehrung“ ist meiner Überzeugung nach für eine ganze Organisation nicht möglich, sehr wohl aber für einige wenige Personen.

Einige von Ihnen könnten noch von den vergangenen Erfahrungen in und durch CIASP profitieren. Gerade die Frustration und Demütigung, die eine Teilnahme an CIASP-Programmen für Sie bedeutet haben mag, könnte Sie zu einer neuen Wahrnehmung führen, indem Sie sich bewusst werden: Selbst Nordamerikaner können das Geschenk der Gastfreundschaft erhalten, ohne auch nur im Geringsten dafür zahlen zu können; ja, für manche Geschenke kann man nicht einmal „Danke“ sagen.

Nun zu meinem vorbereiteten Beitrag:

In den letzten sechs Jahren bin ich für meinen wachsenden Widerstand gegen die Präsenz all der nordamerikanischen Weltverbesserer in Lateinamerika bekannt geworden. Sicher wissen Sie von meinen derzeitigen Bemühungen, den freiwilligen Rückzug aller nordamerikanischen Freiwilligenarmeen aus Lateinamerika zu erreichen – Missionare, Mitglieder des Friedenskorps und Gruppen wie Sie, eine „Division", organisiert für eine wohltätige Invasion Mexikos. Sie waren sich dessen bewusst, als Sie ausgerechnet mich als Hauptredner zu Ihrem Jahreskongress einluden. Das ist erstaunlich! Meiner Schlussfolgerung nach kann Ihre Einladung nur eine von drei Bedeutungen haben:

Einige unter Ihnen könnten zu dem Schluss gekommen sein, CIASP solle sich entweder ganz auflösen oder die Förderung freiwilliger Hilfe für die Armen in Mexiko aus ihrem offiziellen Zweck herausnehmen. Vielleicht haben Sie mich also hierher eingeladen, um anderen zu der gleichen Entscheidung zu verhelfen.

Vielleicht haben Sie mich auch eingeladen, um zu lernen, wie man mit Leuten umgeht, die so denken wie ich – wie man erfolgreich mit ihnen streitet und wie man sie widerlegt. Inzwischen ist es üblich geworden, Black-Power-Vertreter für Reden vor Lions Clubs einzuladen. Eine „Taube" muss immer in einem öffentlichen Disput dabei sein, der organisiert wird, um die amerikanische Kriegslust zu steigern.

Oder Sie haben mich schließlich in der Hoffnung eingeladen, das meiste von dem, was ich sage, bejahen zu können, um dann in gutem Glauben weiterzumachen und in diesem Sommer in mexikanischen Dörfern zu arbeiten. Diese letzte Möglichkeit steht nur denen offen, die mir nicht zuhören oder mich nicht verstehen können.

Ich bin nicht gekommen, um zu streiten. Ich bin hier, um Ihnen zu sagen: Drängen Sie sich nicht anmaßend den Mexikanern auf. Hoffentlich kann ich Sie überzeugen und Sie von dem Vorsatz abbringen.

Mein Vertrauen in den enormen guten Willen des amerikanischen Freiwilligen ist in der Tat groß. Diese Gutgläubigkeit ist jedoch in der Regel nur durch einen abgründigen Mangel an Fingerspitzengefühl zu erklären. Der Sache nach können Sie gar nichts anderes als ein Vertreter des *American Way of Life* der Mittelschicht sein, denn das ist ja das einzige Leben, das Sie kennen.

Eine Gruppe wie diese hätte sich nicht entwickeln können, wenn nicht eine Stimmung in den Vereinigten Staaten sie unterstützt hätte – der Glaube, jeder wahre Amerikaner müsse die Segnungen Gottes mit seinen ärmeren Mitmenschen teilen. Jeder Amerikaner hat etwas zu geben und kann und sollte dies jederzeit tun – diese Idee erklärt, warum Studenten auf die Idee kamen, sie könnten mexikanischen Bauern bei ihrer „Entwicklung“ helfen, indem sie einige Monate in ihren Dörfern verbringen.

Natürlich wurde diese verwunderliche Überzeugung von Mitgliedern eines Missionsordens unterstützt, die ihre Existenzberechtigung verlören, wenn sie nicht die gleiche Überzeugung hätten – nur noch viel stärker. Nun ist es höchste Zeit, sich davon zu kurieren. Ebenso wie die Werte, die Sie vermitteln, sind Sie das Produkt einer amerikanischen Leistungs- und Konsumgesellschaft mit ihrem Zweiparteiensystem, ihrer allgemeinen Schulbildung und ihrem Familienwagen-Wohlstand. Sie sind letztlich – bewusst oder unbewusst – „Händler“ eines trügerischen Balletts der Ideale von Demokratie, Chancengleichheit und freiem Unternehmertum unter Menschen, die nicht die Möglichkeit haben, davon zu profitieren.

Neben Geld und Waffen ist der drittgrößte nordamerikanische Exportartikel der US-Idealist, der überall auf der Welt auftaucht: der Lehrer, der Freiwillige, der Missionar, der Gemeindeorganisator, der Wirtschaftsförderer und der Weltverbesserer auf Urlaub. Im Idealfall definieren diese Menschen ihre Rolle als Dienst. In Wirklichkeit enden sie häufig, indem sie den Schaden lindern, den Geld und Waffen anrichten, oder indem sie die „Unterentwickelten“ zu den Vorteilen der Welt von Wohlstand und Erfolg „verführen“. Vielleicht ist es an der Zeit, stattdessen den Menschen in den USA klarzumachen, warum die Lebensweise, die sie gewählt haben, einfach nicht lebendig genug ist, um geteilt zu werden.

Inzwischen sollte der gewaltige Kampf ums Überleben, in dem die USA sich befindet, für ganz Amerika offensichtlich sein. Die USA können nicht überleben, wenn der Rest der Welt nicht überzeugt ist, wir hätten hier den Himmel auf Erden. Die amerikanische Mittelschicht hat es „geschafft“. Das Überleben der USA ist nur möglich, wenn alle so genannten „freien“ Menschen das akzeptieren. Der US-amerikanische *Way of Life* ist zu einer Religion geworden, die von all jenen bejaht werden muss, die nicht durch das Schwert oder Napalm sterben wollen. Überall auf der Welt kämpfen die USA für den Schutz und die Entwicklung zumindest einer Minderheit, die das konsumiert, was sich die Mehrheit in den USA leisten kann. Das ist der Zweck der *Allianz für den Fortschritt*[3] der Mittelklassen, die vor einigen Jahren die USA mit

3 *Vgl. oben S. 106, Anm. 4.

Lateinamerika geschlossen haben. Dieses Handelsbündnis muss jedoch zunehmend durch Waffen geschützt werden, die es der Minderheit, die es „schaffen“ kann, erlauben, ihre Errungenschaften zu schützen.

Waffen reichen allerdings nicht aus, um die Herrschaft einer Minderheit zu erlauben. Die Massen am Rande werden unruhig, wenn man ihnen nicht ein „Glaubensbekenntnis“ gibt, das den Status quo erklärt. Diese Aufgabe wird dem US-Freiwilligen übertragen – ob er nun Mitglied der CIASP ist oder an den sogenannten „Befriedungsprogrammen“ in Vietnam mitarbeitet.

Die Vereinigten Staaten sind derzeit in einen Dreifrontenkampf verwickelt, um ihre Ideale der erwerbs- und erfolgsorientierten „Demokratie“ zu bekräftigen. Ich sage „drei“ Fronten, weil drei große Regionen der Welt die Gültigkeit eines politischen und sozialen Systems in Frage stellen, das die Reichen immer reicher macht und die Armen immer mehr an den Rand dieses Systems drängt.

In Asien werden die USA von China als etablierter Macht bedroht. Die USA setzen China drei Waffen entgegen: die winzigen asiatischen Eliten, die es nicht besser haben könnten als in einem Bündnis mit den Vereinigten Staaten; eine riesige Kriegsmaschinerie, um die Chinesen an der „Vorrangstellung“ *(taking over)* zu hindern – wie es hierzulande gewöhnlich heißt; und die gewaltsame Umerziehung der sogenannten „befriedeten“ Völker. Alle drei Bemühungen scheinen zu scheitern.

In Chicago sind offenbar die Armutsfonds, die Polizeigewalt und die Prediger ebenso wenig erfolgreich, wenn es darum geht, den Unwillen der schwarzen Bevölkerung einzudämmen, um eine sanfte Integration in das System erwarten zu können.

In Lateinamerika schließlich hat die *Allianz für den Fortschritt* recht erfolgreich dazu beigetragen, die Zahl der Menschen zu erhöhen, denen es nicht besser gehen könnte – also der winzigen Eliten aus der Mittelschicht – und hat damit ideale Bedingungen für Militärdiktaturen geschaffen. Früher standen die Diktatoren im Dienst der Plantagenbesitzer, heute schützen sie die neuen Industriekomplexe. Und schließlich sind Sie gekommen, um dem Benachteiligten zu helfen, sein Schicksal in diesem Prozess zu akzeptieren!

Alles, was Sie in einem mexikanischen Dorf tun werden, ist: Unordnung stiften. Bestenfalls können Sie mexikanische Mädchen davon zu überzeugen versuchen, einen jungen Mann zu heiraten, der ein

Selfmademan, reich, ein Konsument und genauso respektlos gegenüber den Traditionen ist wie jeder von Ihnen. Schlimmstenfalls könnten Sie in Ihrem „gemeinschaftsfördernden" Geist gerade genug Probleme stiften, damit jemand erschossen wird, wenn Ihr Urlaub zu Ende ist und Sie zurück in Ihr Mittelklasse-Viertel eilen, wo Ihre Freunde Witze über „spics" und „wetbacks"[4] machen.

Sie beginnen Ihre Aufgabe ohne jegliche Ausbildung. Sogar das Friedenskorps gibt für jeden Korpsangehörigen etwa 10'000 Dollar aus, um ihm zu helfen, sich an seine neue Umgebung anzupassen, und ihn vor einem Kulturschock zu bewahren. Wie seltsam: Niemand hat daran gedacht, Geld für die Ausbildung armer Mexikaner auszugeben, um sie vor dem Kulturschock der Begegnung mit Ihnen zu bewahren!

In der Tat können Sie nicht einmal die Mehrheit treffen, der Sie vorgeblich in Lateinamerika dienen – selbst wenn Sie ihre Sprache sprechen sollten, was die meisten von Ihnen nicht können. Sie können nur mit Ihresgleichen sprechen – mit lateinamerikanischen Imitationen der nordamerikanischen Mittelschicht. Für Sie besteht keine Möglichkeit, wirklich mit den Unterprivilegierten zusammenzukommen, da Sie keinerlei gemeinsame Grundlage für eine Begegnung haben.

Lassen Sie mich diese Aussage erläutern, und lassen Sie mich auch erklären, warum die meisten Lateinamerikaner, mit denen Sie vielleicht kommunizieren könnten, mir nicht zustimmen würden.

Nehmen wir an, Sie gingen diesen Sommer in ein amerikanisches Ghetto und versuchten, den Armen dort „Hilfe zur Selbsthilfe" zu leisten. Sehr bald würde man Sie entweder anspucken oder auslachen. Menschen, die sich über Ihre Überheblichkeit ärgern, würden Sie schlagen oder anspucken. Menschen, die verstehen, wie Ihr eigenes schlechtes Gewissen Sie zu dieser Geste treibt, würden herablassend lachen. Unter den Armen spielen Sie keine Rolle, Sie haben den Status eines Studenten aus der Mittelschicht mit einem Sommerjob – und darauf würde man Sie bald aufmerksam machen. Sie würden rundum abgelehnt werden, ganz gleich, ob Ihre Haut weiß ist – wie die meisten eurer Gesichter hier – oder braun oder schwarz, wie die wenigen Ausnahmen, die es irgendwie hier hinein geschafft haben.

---

4 *Abschätzige Bezeichnungen für spanischstämmige Personen und illegal über Mexiko kommende Einwanderer in die USA.

Die Berichte über Ihre Arbeit in Mexiko, die Sie mir freundlicherweise geschickt haben, strahlen Selbstgefälligkeit aus. Wie Ihre Berichte über vergangene Sommer beweisen, sind Sie nicht einmal in der Lage zu verstehen, warum Ihre Wohltätigkeit in einem mexikanischen Dorf noch weniger angebracht ist als in einem amerikanischen Ghetto. Die Kluft zwischen dem, was Sie haben, und dem, was andere haben, ist viel größer als die zwischen Ihnen und den Armen in Ihrem eigenen Land, und außerdem ist die Kluft zwischen dem, was Sie fühlen, und dem, was die mexikanische Bevölkerung fühlt, unvergleichlich größer. Sie als weiße Amerikaner (oder kulturell gesehen weiße Amerikaner) haben möglicherweise und de facto angesichts der Größe dieser Kluft in einem mexikanischen Dorf von sich dasselbe Bild, das ein weißer Prediger von sich hatte, als er sein Leben opferte, um den schwarzen Sklaven auf einer Plantage in Alabama zu predigen. Indem Sie ein paar Wochen lang in Hütten leben und sich von Tortillas ernähren, wirkt Ihre wohlmeinende Gruppe nur noch ein wenig pittoresker.

Die einzigen Menschen, mit denen Sie auf Verständigung hoffen können, sind einige Mitglieder der Mittelschicht. Und denken Sie hier bitte daran: Ich habe „einige" gesagt und meine damit eine winzige Elite in Lateinamerika. Sie kommen aus einem Land, das sich früh industrialisiert hat und dem es gelungen ist, die große Mehrheit seiner Bürger in die Mittelschicht einzugliedern. In den USA das zweijährige Grundstudium an einem College abzuschließen, bedeutet keinen sozialen Unterschied. In der Tat haben die meisten Amerikaner einen solchen Abschluss. Wer in diesem Land das Gymnasium nicht absolviert hat, gilt als unterprivilegiert.

In Lateinamerika ist die Situation ganz anders. Fünfundsiebzig Prozent aller Menschen brechen die Schule ab, bevor sie die sechste Klasse der Grundschule erreicht haben. Wer die Schule abgeschlossen hat, gehört also zu einer winzigen Minderheit. Eine Minderheit dieser Minderheit absolviert dann eine Universitätsausbildung. Nur unter diesen Menschen finden Sie bildungsmäßig Gleichgestellte.

Gleichzeitig ist die Mittelschicht in den Vereinigten Staaten die Mehrheit. In Mexiko ist es eine winzige Elite. Vor sieben Jahren hat Ihr Land eine so genannte *Allianz für den Fortschritt* gegründet und finanziert. Das war eine *Allianz* für den *Fortschritt* der Mittelklasse-Eliten. Nun werden Sie unter den Mitgliedern dieser Mittelschicht einige wenige Menschen finden, die bereit sind, ihre Zeit mit Ihnen zu verschwenden. Und das sind überwiegend die „netten Kinder“, die auch gern ihr schlechtes Gewissen beruhigen würden, indem sie „etwas Gutes zur Förderung der armen Indios tun“. Wenn Sie und Ihre mexikanischen Kollegen aus der Mittelschicht sich treffen, wird es natürlich heißen: Sie tun etwas Wertvolles, Sie „opfern sich auf“, um anderen zu helfen.

Besonders der ausländische Priester wird Ihnen Ihr Selbstbild bestätigen. Schließlich hängen sein Lebensunterhalt und der Sinn seines Daseins von seinem festen Glauben an eine permanente Mission ab, die von der gleichen Art ist wie Ihre Sommerferienaufgabe.

Ein Argument lautet: Einige zurückgekehrte Freiwillige haben Einsicht in den Schaden gewonnen, den sie anderen zugefügt haben – und sind dadurch reifere Menschen geworden. Seltener wird jedoch festgestellt: Die meisten von ihnen sind lächerlich stolz auf ihre „sommerlichen Opfer“. Vielleicht ist auch etwas Wahres an dem Argument, junge Männer sollten eine Zeit lang promiskuitiv leben, um sexuelle Liebe in einer monogamen Beziehung als das Schönste ausfindig zu machen. Vielleicht lässt man am besten die Finger von LSD, wenn man es eine Zeit lang ausprobiert, oder man versteht sogar am besten, wie unnötig und unerwünscht die eigene Hilfe ist, wenn man es versucht und scheitert. Diesem Argument kann ich nicht zustimmen. Der Schaden, den Freiwillige ungewollt anrichten, ist ein zu hoher Preis für die späte Einsicht, sie hätten gar nicht erst Freiwillige werden sollen.

Natürlich werden diejenigen unter Ihnen, die ganz bewusst gehen und einfach eine Organisation nutzen, um einen bezahlten Urlaub zu machen – und sicher sind das nur wenige –, diese Argumentation nicht verstehen, da ihr erster selbst eingestandener Zweck betrügerisch ist.

Falls Sie überhaupt einen Sinn für Verantwortung haben, bleiben Sie bei Ihren Tumulten hier zu Hause. Arbeiten Sie für die kommenden Wahlen. McCarthy[5] könnte verlieren, aber wenn Sie für ihn in den Wahlkampf ziehen, werden Sie wissen, was Sie tun, warum Sie es tun und wie Sie mit Ihren Gesprächspartnern kommunizieren. Und Sie werden wissen, wann Sie versagen. Falls Sie darauf bestehen, mit den

5 *Eugene J. McCarthy (1916-2005) unterlag 1968 bei den Vorwahlen zur Nominierung des Präsidentschaftskandidaten.

Armen zu arbeiten, falls das Ihre Berufung ist, dann arbeiten Sie wenigstens unter den Armen, die Ihnen sagen können: Fahr zur Hölle! Es ist unglaublich unfair, sich einem Dorf aufzudrängen, in dem Sie sprachlich taub und stumm sind und nicht einmal verstehen, was Sie tun oder was die Leute von Ihnen denken. Und es ist zutiefst schädlich für Sie selbst, wenn Sie das, was Sie tun wollen, als „gut", als „Opfer" und „Hilfe" definieren.

Ich bin hier, um Ihnen nahezulegen, freiwillig auf die Ausübung der Macht zu verzichten, die Ihnen das Amerikaner-sein verleiht. Ich bin hier, um Sie zu ersuchen, freiwillig, bewusst und demütig das Recht preiszugeben, das Sie haben, Mexiko Ihr Wohlwollen aufzuzwingen. Ich bin hier und fordere Sie auf anzuerkennen, wie unfähig, ohnmächtig und untauglich Sie sind, das angestrebte „Gute" zu tun.

Ich bin hier, um Sie zu ersuchen, Ihr Geld, Ihren Status und Ihre Bildung zu nutzen, um durch Lateinamerika zu reisen. Kommen Sie, um zu schauen, kommen Sie, um unsere Berge zu besteigen, um unsere Blumen zu genießen. Kommen Sie, um zu studieren. Aber kommen Sie nicht, um zu helfen.

Ivan Illich an Papst Paul VI.*

Heiliger Vater,

ich muss Ihr Schweigen tadeln. Respektvoll, entschieden und öffentlich muss ich das tun. Seit zwei Jahren ist es Ihre Pflicht, gegen die systematische Folterung politischer Gefangener durch die brasilianische Militärregierung Ihre Stimme zu erheben, mit der gleichen vehementen Empörung, mit der Sie die Ermordung eines amerikanischen Polizeitechnikers durch uruguayische Aufständische angeprangert haben. Sie sind dieser Pflicht nicht nachgekommen, so wie Sie sich auch immer wieder geweigert haben, persönlich gegen bestimmte unmenschliche Handlungen von Männern, die in Lateinamerika an der Regierung und an der Macht sind, das Wort zu erheben. Dieses Schweigen werfe ich Ihnen vor, und ich sage Ihnen, dass Gott es Ihnen vorhält.

Zusammen mit Hunderten anderer Katholiken habe ich Sie in den letzten zwei Jahren gebeten, die mutwillige Polizeifolter anzuprangern, die in Brasilien zum Regierungssystem geworden ist. Wir haben Ihnen überwältigende Beweise vorgelegt, Beweise, die vor den Gerichten jeder zivilisierten Nation ausgereicht hätten, Beweise für Hunderte von Fällen von Folter, und zwar von Folter, die nicht einmal zur Informationsbeschaffung eingesetzt wurde (was an sich schon abstoßend genug ist), sondern einzig und allein zu dem Zweck, politische Gefangene zu terrorisieren und zu strafen und so die gesamte Bevölkerung Brasiliens zu terrorisieren. Wir haben Sie gebeten, Ihre menschliche Stimme der unsrigen hinzuzufügen, um diese äußerste Unmenschlichkeit zu verurteilen. Die einzige Antwort, nach monatelangen schweigenden Versuchen, unserer Bitte auszuweichen, ist eine andere Form der Ausflucht: die fadenscheinigen, allgemeinen Erklärungen eines Bürokraten Ihrer Kurie. Die allgemeine Missbilligung des Heiligen Stuhls gegenüber bösen Taten ist keine Erfüllung Ihrer eigenen prophetischen Pflicht. Im Namen des Herrn sage ich Ihnen: Ihr Schweigen lastet auf Ihrem Gewissen, zusätzlich zu der Last von Pius XII., der die Gräueltaten Hitlers „klug" mit Schweigen beantwortet hat.

---

* Ivan Illich, Brief an Papst Paul VI., in: Commonweal, 4. September 1970, 428-429.

Persönlich verurteile ich bedingungslos jede vorsätzliche Tötung und jede körperliche Folter. Ich bete darum – und ich bitte Sie, für mich zu beten –, allzeit bereit zu sein, eher zu sterben, als mich an beidem zu beteiligen. Unabhängig von den Umständen verurteile ich die Ermordung des amerikanischen Polizeispezialisten durch uruguayische Aufständische als Verbrechen. Ich verurteile auch die Folterung der jungen Ehefrau eines Aufständischen, Maria do Carmo Brito, durch die brasilianische Polizei als Verbrechen. Sie wurde im Mai zusammen mit 40 anderen politischen Gefangenen ausgetauscht und lebt jetzt in Algier als Krüppel aufgrund dieser Folter. Und ich verurteile die Tötung einer nicht identifizierten Vietnamesin durch US-Soldaten mit Antipersonenwaffen in der vergangenen Nacht als Verbrechen.

Ich behaupte nicht, aufgrund meiner persönlichen Berufung zum Pazifismus das Recht zu haben, andere zu verurteilen, die diese Berufung nicht teilen und die den Weg der Gewalt gewählt haben: den Polizisten, den Soldaten, den Rebellen. Ich beanspruche jedoch das Recht – und ich erkenne meine Pflicht –, bestimmte Taten herauszustellen, die ich zum Himmel schreien höre, Taten, die dem Anstand Gewalt antun, den selbst ihre Urheber zu ehren vorgeben, und sie im Namen des Menschen und im Namen Gottes zu verurteilen. Das ist ein gottgegebenes Recht, eine gottgegebene Pflicht, die gleichermaßen denen obliegt, die sich für Sanftmut entschieden haben, und denen, die sich für Politik und Gewalt entschieden haben. Es ist schwieriger, Gottes Zorn über eine bestimmte Tat, begangen von bestimmten Menschen, prophetisch herabzurufen, als einfach nur das Böse anzuprangern. Es ist schwieriger, die Mächtigen anzuprangern als die Schwachen. Doch gerade das Schwierige ist die Last des Propheten. In Ihren Händen befinden sich reichliche, unbestreitbare Beweise für die Folter, die von der brasilianischen Regierung ständig als Mittel der Bestrafung und des Terrors eingesetzt wird, und Sie haben dies nicht verurteilt. Ich tadle Sie heute, weil Sie sich Ihrer prophetischen Bürde verweigert haben.

Heiliger Vater, ich gehöre der römischen Kirche an – der einzigen Kirche, die Sie, den Papst, hat, und ich danke Gott dafür. Denn sie ist die einzige Weltkirche, in deren Namen ein einziger geweihter Bischof prophetisch sprechen kann, wie viele ihrer Mitglieder auch mit dem, was er sagt, nicht einverstanden sein mögen. Sie ist die einzige Kirche, in der ein einziger Mann – das sind Sie – befugt ist, im Namen der

Kirche die von der brasilianischen Regierung begangenen oder heuchlerisch geduldeten Verbrechen zu verurteilen – Verbrechen, die zum Himmel schreien.

Über Ihr Schweigen bin ich zutiefst betrübt. Sie verurteilen die Verbrechen einer kleinen Gruppe von Rebellen. Doch auf die Verbrechen einer Regierung von Generälen, die die Macht an sich reißen und die Ihren Botschafter-Nuntius mit großer Ehre behandeln, antworten Sie nur mit weltlicher Vorsicht und – mit Schweigen. Im Namen der Menschlichkeit bitte ich Sie, Ihre Stimme zu erheben und diese Folter zu verurteilen, die als Strafe, zum Terror und vor allem als Mittel zum Regieren eingesetzt wird. Dies ist die Politik und Praxis der brasilianischen Regierung, wie Sie so gut wissen wie ich. Und dies ist eine absolute und äußerste Erniedrigung der Menschenwürde, wie Sie ebenfalls so gut wissen wie ich.

Ihr demütiger und gehorsamer Sohn,
Ivan Illich

Aufruf zum Feiern*

Dieser „Aufruf zum Feiern" ist ein Manifest, das 1967 von einer Gruppe von Freunden, darunter Robert Fox und Robert Theobald[1]*, gemeinsam verfasst wurde und deren Stimmungslage widerspiegelt. Es wurde zur Zeit des „Marsches auf das Pentagon"*[2] *zum Protest gegen den Vietnam-Krieg verfasst. Dieser Aufruf, den Tatsachen ins Auge zu sehen, statt sich Illusionen hinzugeben, den Wandel zu leben, statt sich auf Technik zu verlassen, versucht das Wort „Feier" wieder in den allgemeinen Sprachgebrauch einzuführen.*

Ich und viele andere, mir Bekannte und Unbekannte, rufen Dich auf:
- Feiere unsere gemeinsame Kraft, alle Menschen mit der Nahrung, Kleidung und Unterkunft zu versorgen, die sie brauchen, um Freude am Leben zu haben.
- Entdecke gemeinsam mit uns, was wir tun müssen, um die Macht der Menschheit zu nutzen und Menschlichkeit, Würde und Freude für jeden von uns zu schaffen.
- Sei Dir Deiner persönlichen Fähigkeit verantwortungsvoll bewusst, Deine wahren Gefühle auszudrücken und uns in ihrem Ausdruck zusammenzuführen.

Wir können diese Veränderungen nur leben: Wir können den Weg zur Menschlichkeit nicht denken. Jeder Einzelne von uns und jede Gruppe, mit der wir leben und arbeiten, muss zum Modell des Zeitalters werden,

---

* Ivan Illich, A Call to Celebration: The Critic (September – Oktober 1970), 17-18; *zuvor in: CIF Reports, Bd. 6, 16. Mai 1967, dann in: CIDOC Cuaderno Nr. 41, 1970, S. 5/33-35, mit der Angabe „New York, 16. Mai 1967"; vgl. Ivan Illich, Celebrare la consapevolezza. Opere complete, Band I, hg. von Fabio Milana, Vicenza 2020, 241f.

1 *Robert J. Fox (1930-1984) war Pfarrer an der St. Paul's Kirche in East Harlem, New York; Robert Theobald (1929-1999) kritisierte als Ökonom und futuristischer Autor u.a. das blinde Vertrauen in das Wirtschaftswachstum.

2 *Der Marsch auf das Pentagon als Protest gegen den Vietnam-Krieg fand am 21. Oktober 1967 statt; das Manifest steht aufgrund seiner Datierung eher in Verbindung mit der Versammlung des *National Mobilization Committee to End the War in Vietnam* am 20./21. Mai 1967 und mit den vorausgehenden Protesten im April.

das wir schaffen wollen. Die vielen Modelle, die sich entwickeln werden, sollten jedem von uns ein Umfeld bieten, in dem wir unser Potenzial feiern und den Weg in eine menschlichere Welt entdecken können.

Wir sind aufgerufen, die überholten sozialen und wirtschaftlichen Systeme zu durchbrechen, die unsere Welt in Überprivilegierte und Unterprivilegierte spalten. Wir alle, ob Regierungschef oder Protestler, Geschäftsmann oder Arbeiter, Professor oder Student, tragen gemeinsam eine Mitschuld. Wir haben versäumt zu erkennen, wie die notwendigen Veränderungen in unseren Idealen und unseren sozialen Strukturen erfolgen können. Jeder von uns verursacht also durch seine Unwirksamkeit und sein mangelndes Verantwortungsbewusstsein das Leid in aller Welt.

Wir alle sind verkrüppelt – manche körperlich, manche geistig, manche seelisch. Wir müssen daher gemeinschaftlich danach streben, die neue Welt zu schaffen. Es bleibt keine Zeit mehr für Zerstörung, Hass und Wut. Wir müssen aufbauen – in Hoffnung, Freude und im Feiern. Begegnen wir der neuen Ära des Überflusses mit selbst gewählter Arbeit und mit der Freiheit, dem eigenen Herzschlag zu folgen. Lasst uns begreifen, wie elementar der Mensch nach Selbstverwirklichung, nach Poesie und Spiel strebt, sobald seine Bedürfnisse nach Nahrung, Kleidung und Obdach befriedigt sind. So werden wir diejenigen Tätigkeitsbereiche wählen, die zu unserer eigenen Entwicklung beitragen und für unsere Gesellschaft bedeutsam sind.

Wir müssen aber auch erkennen, wie unser Streben nach Selbstverwirklichung durch veraltete Strukturen des Industriezeitalters zutiefst behindert ist. Gegenwärtig sind wir durch die Auswirkung der ständig wachsenden Macht des Menschen eingeschränkt und getrieben. Unsere bestehenden Systeme zwingen uns, jedes Waffensystem zu entwickeln und zu akzeptieren, das technologisch möglich ist; unsere derzeitigen Systeme zwingen uns, jede Verbesserung von Maschinen, Ausrüstung, Materialien und Zubehör zu entwickeln und zu akzeptieren, wenn die Produktion gesteigert und die Kosten gesenkt werden; unsere heutigen Systeme zwingen uns, Werbung und Verführung zum Konsum zu entwickeln und zu akzeptieren.

Der Bürger hat sein Schicksal selbst in der Hand; die Moral bestimmt die Entscheidungen, und die Technologie ist eher eine dienende als die treibende Kraft. Um diese Überzeugung zu vermitteln, ist es heute nötig, die Informationen zu verfälschen. Das Ideal, die Öffentlichkeit zu informieren, ist dem Versuch gewichen, der Öffentlichkeit erzwungene Handlungen als wünschenswerte Handlungen einzureden.

Fehleinschätzungen bei diesen immer komplexeren Rechtfertigungen und die daraus resultierenden Skandale geben Anlass für die zunehmende Infragestellung der Aufrichtigkeit privater und öffentlicher Entscheidungsträger. Es ist daher verlockend, diejenigen anzugreifen, die Rollen wie nationale Führer, Verwalter, Manager, Führungskräfte, Gewerkschaftsführer, Professoren, Studenten oder Eltern innehaben. Solche Angriffe auf Einzelpersonen verschleiern jedoch oft die wahre Natur der Krise, mit der wir konfrontiert sind: die dämonische Natur der gegenwärtigen Systeme, die den Menschen dazu zwingen, in seine eigene, immer tiefere Selbstzerstörung einzuwilligen.

Wir können diesen entmenschlichenden Systemen entrinnen. Den Weg in die Zukunft werden diejenigen finden, die nicht bereit sind, sich von den vermeintlich alles bestimmenden Kräften und Strukturen des Industriezeitalters einschränken zu lassen. Unsere Freiheit und unsere Macht hängen von der Bereitschaft ab, Verantwortung für die Zukunft zu übernehmen.

Die Zukunft ist in der Tat bereits in der Gegenwart angebrochen. Wir alle leben in vielen Zeiten. Die Gegenwart des einen ist die Vergangenheit des anderen, und wiederum die Zukunft eines anderen. Die Zukunft existiert, und jeder von uns kann sie eintreten lassen, wenn wir bereit sind, das Gleichgewicht der Vergangenheit wiederherzustellen. Wir sind zu einem Leben berufen, in dem wir dies wissen und zeigen.

In Zukunft müssen wir dem Gebrauch von Macht und Autorität unter Zwang ein Ende setzen, d.h. der Fähigkeit, aufgrund der eigenen hierarchischen Position ein Handeln einzufordern. Wenn es einen Ausdruck gibt, der das Wesen des neuen Zeitalters zusammenfasst, dann lautet er: *das Ende von Privilegien und Freibriefen.* Autorität sollte aus einer besonderen Fähigkeit erwachsen, bestimmte gemeinsame Aufgaben zu fördern.[3]

3 *Der letzte Satz dieses Paragraphen, der sich im Manuskript findet, ist in der englischen Fassung ausgelassen.

Wir müssen unseren Versuch aufgeben, unsere Probleme durch die Verlagerung von Machtverhältnissen oder die Schaffung effizienterer bürokratischer Apparate zu lösen.

Wir laden Dich ein, Dich dem Wettlauf der Menschheit zur Reife anzuschließen und mit uns an der Erfindung der Zukunft zu arbeiten. Ein Abenteuer der Menschheit hebt unserer Meinung nach gerade an: Bislang war die Menschheit in der Entwicklung ihrer innovativen und kreativen Kräfte eingeschränkt, weil sie von mühseliger Arbeit überwältigt war. Jetzt sind wir frei, so menschlich zu sein, wie wir wollen.

Die Feier der Menschlichkeit des Menschen als Zusammenfinden im heilsamen Ausdruck der Beziehungen zu anderen und die wachsende Annahme der eigenen Natur und Bedürfnisse werden zweifellos zu großen Konfrontationen mit bestehenden Werten und Systemen führen. Die wachsende Würde jedes Menschen und jeder menschlichen Beziehung muss unweigerlich bestehende Systeme in Frage stellen.

Der Aufruf lautet: Leben wir die Zukunft. Wir können unser heutiges Leben zur Gestalt der Zukunft von morgen machen. Verbinden wir uns mit Freude, um diese Bewusstheit zu feiern.

Kirche ohne Macht*

Im April 1967 kamen die Verantwortlichen für Sozialarbeit in der Anglikanischen Kirche zu einer breit gefassten Aussprache zusammen. Ich war zur Mitwirkung eingeladen. Dutzende von sozialen Themen standen auf der Tagesordnung, und zu einigen von ihnen gab es eher widersprüchliche Positionen. Nach meinem Eindruck bemühte man sich bei jedem dieser Themen darum festzustellen, welche Position als die christliche bezeichnet werden kann, und versuchte mangels einer Einigung zumindest, die eine als christlicher zu bezeichnen als die andere. Einer meiner Beiträge zu dieser Konferenz war die folgende Rede. Es geht um die Rolle der Kirche im sozialen Wandel und in der Entwicklung.

Nur die Kirche kann uns den vollen Sinn der Entwicklung „offenbaren". Will die Kirche dieser Aufgabe gerecht werden, muss sie erkennen, wie sie zunehmend machtlos ist, der Entwicklung eine Ausrichtung zu geben oder sie hervorzubringen. Je weniger effizient sie als Macht ist, desto wirksamer kann sie als Zelebrantin des Geheimnisses sein.

Wird diese Aussage verstanden, dann stößt sie beim Hierarchen, der seine Kollekten durch seinen wachsenden Dienst an den Armen rechtfertigen will, wie auch beim rebellischen Priester, der seinen Kragen als attraktives Banner in der Agitation benutzen will, auf Unmut. Beide machen sich ein gutes Leben im sozialen Dienst, den die Kirche leistet, und beide symbolisieren meiner Meinung nach Hindernisse für die spezifische Aufgabe der Kirche: die Verkündigung des Evangeliums.

Diese spezifische Aufgabe der Kirche muss ein Beitrag zur Entwicklung sein, der von keiner anderen Institution geleistet werden kann. Meiner Überzeugung nach ist dieser Beitrag der Glaube an Christus. Auf die Entwicklung angewandt, offenbart der Glaube an Christus die

---

* Erstmals veröffentlicht 1968 im *Newsletter* des *Emmaus House* für Obdachlose in East Harlem, New York, unter dem Titel „Celebration of the Experience of Change"; unter dem Titel „The Church, Change and Development" folgte die Publikation in dem gleichnamigen Buch, hg. von Fred Eychaner, Chicago: Urban Training Center Press, 1970, 17-22. Den Titel „The Powerless Church" trug der Text erstmals in dem Werk „The Celebration of Awareness", New York 1971, 87-94.

Entwicklung der Menschheit in ihrer Ausrichtung auf die Verwirklichung des Reiches Christi, das in der Kirche bereits gegenwärtig ist. Die Kirche deutet dem modernen Menschen die Entwicklung als ein Hineinwachsen in Christus. Sie macht ihn damit vertraut, dieses Geheimnis im Gebet zu betrachten und in ihrer Liturgie zu feiern.

Wie ich meine, besteht die besondere Aufgabe der Kirche in der modernen Welt darin, die Erfahrung des Wandels christlich zu feiern. Um diese Aufgabe zu erfüllen, muss die Kirche nach und nach auf die „Macht, Gutes zu tun“, die sie jetzt hat, verzichten und diese Macht in die Hände einer neuen Art von Institution übergehen sehen: die freiwilligen und stets umstrittenen Verkörperungen der säkularen Religion.

Später werde ich erklären, was ich mit dem fortschreitenden Verzicht auf Macht und dem Wachstum der säkularen Religion meine. Jetzt möchte ich erklären, was ich unter der Feier des Wandels verstehe.

Wir haben aufgehört, innerhalb eines starren Rahmens zu leben. Der allumfassende, durchdringende Wandel ist die grundlegende Erfahrung unserer Zeit und stellt für diejenigen, die für ein anderes Zeitalter erzogen wurden, einen Schock dar. In der Vergangenheit bildete eine solche Erfahrung die Ausnahme und hatte viele Erscheinungsformen: Exil, Migration, Gefängnis, Verpflichtungen im Ausland, Ausbildung, Krankenhausaufenthalt. All dies steht traditionell für den plötzlichen Verlust des Umfelds, das den Gefühlen und Vorstellungen eines Menschen Form gegeben hatte. Diese Erfahrung des Wandels begegnet heute jedem Einzelnen in der technologischen Gesellschaft als ein lebenslanger Prozess.

In Cuernavaca haben wir ein Zentrum errichtet, in dem wir Menschen darin schulen, mit anderen zu spüren, was der Wandel für ihre Herzen bedeutet. Was geht im Innersten eines Menschen vor, wenn seine vertraute Umgebung plötzlich verschwindet und mit ihr die Symbole, die er verehrt? Was geschieht, wenn die Worte, in die er den Strom seines Lebens zu gießen gelernt hat, ihre gewohnte Bedeutung verlieren? Was geschieht mit den Gefühlen eines Indios aus den Bergen, den man in eine Fabrik steckt? Welche Ängste empfindet der Missionar aus Chicago, wenn er plötzlich den Bergen Boliviens ausgesetzt ist und feststellt, wie er als Deckung für Napalm-Bomben benutzt wird? Was geschieht mit dem Herzen einer Nonne, die den Konvent verlässt?

Diese Fragen sind präzise und schwer fassbar: Jede muss auf das eine Herz abgestimmt sein, das sie eröffnet.

Welche Bedrohung und welche Herausforderung stellt der soziale Wandel für dieses Individuum oder jene soziale Gruppe dar? Wie reagiert dieses Herz oder jene gemeinsame Stimmung auf eine Veränderung der Rahmenbedingungen? Wir sprechen von Bedrohung und von Herausforderung, weil die Reaktion auf den Übergang sehr vieldeutig ist. Er kann neue Einsichten ermöglichen, neue Perspektiven eröffnen und somit die Person vor neue Wahlmöglichkeiten stellen. Entwicklung kann ein Rahmen für Erlösung sein, die zur Auferstehung führt. Der Übergang kann einen verwirrten Menschen aber auch in defensive Selbstbezogenheit, in Abhängigkeit und Aggression stürzen; er kann in die Agonie einer gelebten Lebenszerstörung führen, direkt in die Hölle.

Weder Effizienz noch Komfort noch Wohlstand sind Kriterien für die Qualität der Veränderung. Nur die Reaktion des menschlichen Herzens auf den Wandel zeigt dessen objektiven Wert an. Alle anderen Maßstäbe ohne Rücksicht auf die Reaktion des menschlichen Herzens sind entweder schlecht oder naiv. Entwicklung wird nicht anhand einer Regel, sondern aufgrund einer Erfahrung beurteilt. Und diese Erfahrung ist nicht durch das Studium von Tabellen verfügbar, sondern durch die Feier einer geteilten Erfahrung: Dialog, Streit, Spiel, Poesie, kurz: Selbstverwirklichung in kreativer Muße.

Die Kirche lehrt uns, den transzendenten Sinn dieser Lebenserfahrung zu entdecken. Sie lehrt uns in liturgischer Feier, die Gegenwart Christi in der wachsenden gegenseitigen Verbundenheit zu erkennen, die sich aus der komplexen und spezialisierten Entwicklung ergibt. Und sie offenbart uns die persönliche Verantwortung für unsere Sünden: unsere wachsende Abhängigkeit, Einsamkeit und Begierde als Ergebnis unserer Selbstentfremdung in Dingen, Systemen und Helden. Sie ruft uns zu tieferer Armut anstelle der Sicherheit im Erreichten; zur Personalisierung der Liebe (Keuschheit) anstelle der Entpersönlichung im Götzendienst; zum Glauben an den anderen anstelle von Prognosen.

Die Kirche gibt also dem Wandel keine Richtung und lehrt nicht, wie man auf ihn reagieren soll. Sie eröffnet eine neue Dimension des konkreten Glaubens für eine ökumenische Erfahrung des transzendenzoffenen Humanismus. Alle Menschen machen Erfahrungen; der Christ weiß, was sie bedeuten. Der Beitrag der Kirche durch die Evangelisierung ist wie das Lachen in einem Witz: Zwei hören die gleiche Geschichte, einer versteht die Pointe. Es ist wie der Rhythmus in einer sprachlichen Wendung, den nur der Dichter versteht.

Das neue Zeitalter beständiger Entwicklung muss nicht nur ausgekostet, sondern auch hervorgebracht werden. Was ist die Aufgabe der Kirche beim Heranreifen der neuen Welt? Die Kirche kann die Zeit beschleunigen, indem sie ihre Ankunft feiert, allerdings nur, wenn sie darauf verzichtet, ihre Form zu konstruieren.

Die Zukunft ist bereits in der Gegenwart angebrochen. Wir alle leben in vielen Zeiten. Die Gegenwart des einen ist die Vergangenheit des anderen, und wiederum die Zukunft eines anderen. Die Zukunft existiert und wird geteilt, indem sie gefeiert wird – und wir sind berufen, in diesem Wissen zu leben. Der Wandel, der herbeigeführt werden muss, kann nur gelebt werden. Wir können unseren Weg zur Menschlichkeit nicht planen. Jeder von uns und jede der Gruppen, mit denen wir leben und arbeiten, muss ein Modell für das Zeitalter werden, das wir schaffen wollen. Die vielen Modelle, die sich entwickeln werden, sollten jedem von uns ein Umfeld bieten, in dem wir unsere kreative Antwort auf den Wandel mit anderen, die uns brauchen, feiern können.

Möge die Kirche den Mut haben, uns bei dieser Feier zu leiten und deren Tiefe zu erhellen. Möge die Kirche den Geist Gottes erkennen, wo auch immer charismatische Gaben die Zukunft in die Gegenwart hineinrufen und so ein Lebensmodell schaffen. Möge die Kirche *mater et magistra*[1] dieses Stückes sein. Sie möge seine Schönheit unterstreichen und uns lehren, den Wandel zu leben, weil er sinnvoll ist, und ihn nicht einfach zu produzieren, weil er nützlich ist.

Das Bewusstsein für den Wandel schärft den Sinn für die persönliche Verantwortung, um dessen Vorzüge zu teilen. Im Bewusstsein für den Wandel rufen wir daher nicht nur zum Feiern auf, sondern auch zur Arbeit: zur Beseitigung von Hindernissen, die es anderen unmöglich machen, sich von Mühsal und Illusion zu befreien.

Sozialer Wandel bringt immer einen Wandel der sozialen Struktur mit sich, einen Wandel der bindenden Werte und schließlich einen Wandel im sozialen Charakter. Diese drei Faktoren hemmen Erfin-

---

1 *Anspielung auf die Enzyklika *Mater et Magistra* von Papst Johannes XXIII. (15. Mai 1961) aus Anlass des 70jährigen Jubiläums der Sozial-Enzyklika *Rerum novarum*.

dungsgeist und Kreativität, und diejenigen, die diese Zwänge als Fesseln empfinden, tragen die Verantwortung, dagegen vorzugehen. Der soziale Wandel zieht also eine dreifache Reaktion nach sich: 1) die Reorganisation der sozialen Struktur; sie wird als Umsturz oder Revolution empfunden; 2) den Versuch, die öffentlichen Illusionen zur Rechtfertigung der Strukturen zu überwinden; dies beinhaltet den Spott über Ideologien und wird als Gottlosigkeit oder als Ausdruck von Bildung erlebt; 3) die Entstehung eines neuen „sozialen Typus", den viele als völlige Verwirrung erfahren.

Im Laufe der Geschichte hat die Kirche ständig an der Gestaltung des sozialen Wandels mitgewirkt: entweder als Kraft der Erhaltung oder als Kraft der sozialen Förderung. Sie hat Regierungen gesegnet und sie verurteilt. Sie hat Systeme gerechtfertigt und sie als unheilig erklärt. Sie hat Sparsamkeit und bürgerliche Werte empfohlen und sie verteufelt.

Jetzt ist unserer Überzeugung nach für die Kirche der Zeitpunkt gekommen, sich von bestimmten sozialen Initiativen im Namen der kirchlichen Struktur zurückzuziehen. Folgen wir dem Beispiel des Papstes: Haben wir den Mut, Kirchenmännern zu erlauben, Erklärungen abzugeben, die zu kurzlebig sind, um jemals als Lehre der Kirche aufgefasst zu werden. Wer würde den *International Fund* für ein katholisches Dogma halten?[2]

Dieser Rückzug ist sehr schmerzhaft. Dies gilt, weil die Kirche immer noch über große Macht verfügt, die sie in den letzten Generationen auf gesellschaftlich relevante Weise genutzt hat. Wenn die Kirche derzeit in Lateinamerika die angesammelte Macht nicht für Grundschulerziehung, Arbeiterorganisationen, Förderung von Genossenschaften und politischen Einfluss nutzt, setzt sie sich von außen dem Vorwurf aus, ein Machtvakuum zu schaffen, und stößt von innen auf den Vorwurf: „Wenn jemand es ertragen kann, Macht zu haben, dann die Kirche, da sie selbstkritisch genug ist, auf Machtmissbrauch zu verzichten!" Nutzt die Kirche jedoch ihre Machtbasis (man denke an die Bildung), dann ist sie bleibend unfähig zu bezeugen, was ihre spezifische Mission ist.

2 *Nach Fabio Milana ist diese Initiative der US-amerikanischen Kirche, die bald fallengelassen wurde, nicht präziser zu bestimmen: vgl. Ivan Illich, Celebrare la consapevolezza. Opere complete, Band I, hg. von Fabio Milana, Vicenza 2020, 270.

Die gesellschaftliche Innovation wird zu einem immer komplexeren Prozess. Innovatives Handeln muss immer häufiger und aufwändiger erfolgen. Dies erfordert Menschen, die mutig sind, engagiert und bereit, ihre Karriere zu verlieren. Innovatives Handeln wird zunehmend von Gruppen getragen werden, die radikal humanistischen Idealen und nicht der Autorität des Evangeliums verpflichtet sind, und daher sollten die Kirchen daran nicht mitwirken.

Der moderne Humanist braucht das Evangelium nicht als Norm; der Christ will frei bleiben, um durch das Evangelium eine Dimension wirkungsvoller Überraschung zu finden – jenseits und oberhalb der humanistischen Vernunft, die das soziale Handeln motiviert. Die soziale Aktionsgruppe braucht Aktionsfreiheit: die Freiheit, die Wahl der Prioritäten, der Ziele, der Taktik und sogar der Strategie von Bequemlichkeit oder Opportunismus diktieren zu lassen. Ein und dasselbe soziale Ziel kann von zwei gegnerischen Gruppen angestrebt werden: die eine wählt Gewalt, die andere Gewaltlosigkeit als Methode.

Soziales Handeln scheidet zwangsläufig taktische Gegner. Wenn es auf tief verwurzelten, radikal menschlichen, säkular-religiösen Grundsätzen beruht, wirkt es auch als mächtiger Katalysator für neue Formen säkularer Ökumene: die Ökumene des Handelns, die aus einer gemeinsamen radikalen Überzeugung erwächst. Soziales Handeln auf der Grundlage säkular-religiöser (zivilreligiöser) Ideen befreit die Kirche daher aus dem uralten Dilemma, ihre Einheit in der Feier des Glaubens zugunsten ihres Dienstes in umstrittener Wohltätigkeit zu riskieren.

Die christliche Antwort ist zutiefst von der Beschleunigung der Zeit geprägt. Wandel, Entwicklung und Wachstum sind zur Normalität, Beständigkeit ist zur Ausnahme geworden. Früher konnten König und Priester, das Sakrale und das Profane, das Kirchliche und das Weltliche Gegenpole bilden, und wir konnten vom Einfluss des einen auf das andere sprechen.

Wir stehen am Ende eines jahrhundertelangen Kampfes um die Befreiung des Menschen aus dem Zwang von Ideologien, Überzeugungen und Religionen als leitenden Kräften seines Lebens. Ein unthematisches Bewusstsein für die Bedeutung der Inkarnation taucht auf: die Fähigkeit, ein großes „Ja“ zur Erfahrung des Lebens zu sagen. Eine neue Polarität taucht auf: die alltägliche Einsicht in die Spannung zwischen der Handhabung von Dingen und der Beziehung zu Personen. Wir werden fähig, die Autonomie des Spielerischen gegenüber dem Nützlichen zu bejahen, des Geschenkhaften gegenüber dem Zweckmäßigen, des Spontanen gegenüber dem Durchdachten und Geplanten, den schöpferischen Ausdruck, ermöglicht durch erfinderische Lösungen.

Noch lange werden wir ideologische Rechtfertigungen benötigen, um erfinderische Lösungen für soziale Probleme durch zielstrebige Planung zu erreichen. Lassen Sie eine bewusst säkulare Ideologie diese Aufgabe übernehmen.

Ich möchte meinen Glauben ohne jeden Zweck feiern.

Die Entschulung der Lehrorden*

Die Armen können nicht „beschult“ werden – das wird sich in den nächsten Jahren mit unwiderstehlicher Logik herausstellen. Die Lehrorden werden sich dann mit der wachsenden Bewegung zur Entschulung der Gesellschaft auseinandersetzen müssen. Was werden sie tun?

Papst Johannes XXIII. hat keine Krise innerhalb der Kirche provoziert. Da wir mit der Rückschau gesegnet sind, können wir das jetzt sehen. Die Kirche befand sich bereits in einer Krise, und das erkannte sie auf dem einberufenen Konzil feierlich an. Wie die Christen einsahen, konnten sie einer von zwei Versuchungen erliegen: die kranke Mutter im Stich zu lassen – oder an ihr festzuhalten, als sei sie ein Götze.

Ständig sind sie genötigt, sich zu fragen, ob sie ihre Häuser an der Küste aufgeben sollen, um ein Schiff zu nehmen, oder ob sie ihre Schiffe abwracken sollen, um Häuser an der Küste zu bauen. Jedes Mal, wenn sie in den Hafen zurückkehren, müssen sie sich einen Weg zwischen Glaubensabfall und Götzendienst bahnen.

Jeder Christ muss darum kämpfen, ein labiles Gleichgewicht zwischen Unabhängigkeit und Abhängigkeit von der Kirche herzustellen und zu wahren. Beide stehen in Wechselbeziehung; sie bedingen einander. Niemand, der in der Kirche aufgewachsen ist, ist von ihr unabhängig, auch wenn er die Brücken abbricht, die ihn mit der kirchlichen (und seiner eigenen) Vergangenheit verbinden, denn die Kirche ist der Bezugspunkt für seine Unabhängigkeit.

Die Kirche dient auch als Bezugspunkt für die Freiheit des Christen. Lehnt er die Kirche ganz ab, verliert er seine Freiheit ebenso sicher, als wenn er ihre Regeln zu seinem Fetisch macht. Der Christ, der in einer Leere ohne Kirche lebt, ohne Bezugspunkte für die persönliche Entscheidung, hat nicht mehr Freiheit als der Einzelne, der als bloßes Rädchen im kirchlichen Getriebe fungiert.

Diese bewusst übernommene Last der Freiheit, dieses Gleichgewicht zwischen Unabhängigkeit und Symbiose, ermöglicht es Christen, ihre Kirche zu erneuern. Die Ordensleute entscheiden sich kraft ihrer

---

* Ivan Illich, De-schooling the Teaching Orders, in: America, 9. Januar 1971, 12-14.

Lebensweihe, dies in einer einzigartigen Spannung zu leben. Sie tragen das Gewicht der traditionellen Weisheit mit sich, auch wenn sie wissen: Ihr Schiff hat einen größeren Tiefgang und wird eher an den Riffen und Untiefen scheitern, die sich in den wirbelnden kulturellen Strömungen von heute verbergen. Ständig werden sie von der Versuchung bedrängt, die Schätze der Kirche über Bord zu werfen oder die Segel einzuholen und in der Sicherheit der tiefen Wasser zu verweilen, anstatt voll beladen den schmalen Kanal zwischen Glaubensabfall und Götzendienst zu durchqueren.

Für eine bestimmte Gruppe von Ordensleuten – diejenigen, die lehren – wird dieser Kanal in den nächsten Jahren noch enger werden. Für sie wird die Krise der Freiheit, die der Christ aus freien Stücken annimmt, durch die unvermeidliche Krise, die sich im Lehrberuf abzeichnet, noch verschärft.

Die Hunderttausende von lehrenden Ordensleuten – Schwestern, Brüder und Patres – bilden den weltweit größten Pool an pädagogischen Arbeitskräften. Jeder und jede einzelne unter den lehrenden Ordensleuten hat das ganze Leben der Arbeit in und um Schulen gewidmet. Sie können sich die Schulen der Welt ansehen und wissen aus der Geschichte: Die meisten ihrer Methoden und Prinzipien sind säkularisierte Formen der Methoden und Prinzipien, die von dem einen oder anderen der großen Lehrorden der Kirche entwickelt worden sind. Sie haben Bildung in das Industriezeitalter eingebracht. Wegbereitend für das Ideal einer gleichberechtigten Schulbildung für die Armen als solches waren Männer und Frauen, die sich um ihrer Schüler und Schülerinnen willen zur freiwilligen Armut entschieden. Lehrende Ordensleute haben mehr als alle anderen Grund, auf dem Wert der schulischen Bildung zu bestehen.

Doch die Zukunft ihrer Berufung wird mehr als bei jeder anderen Berufung von der Fähigkeit abhängen, zu der Einsicht zu erlangen: Die Armen können nicht „beschult" werden. Diese Einsicht ist noch nicht ganz erreicht, sie wird sich jedoch in den nächsten Jahren mit unwiderstehlicher Logik herausstellen, und lehrende Ordensleute werden sich dann mit der wachsenden Bewegung zur Entschulung der Gesellschaft auseinandersetzen müssen. Was werden sie tun? Entweder werden sie zum Opfer der Einsichten anderer, bleiben im gegenwärtigen Schulsystem, beharren auf der Lehre im Klassenraum und verlieren damit ihre Berufung als Erzieher der Armen; oder sie erkennen ihre einzigartige Stellung unter den Lehrern, nutzen ihre Freiheit, um die Erziehung von der Schule zu befreien und werden selbst zu Erziehern ihrer Kollegen. Es braucht Führungspersönlichkeiten, um das Bildungswesen in das postindustrielle Zeitalter zu führen.

Heute, am Ende des Jahres 1970, sind die folgenden Aussagen über die Zukunft der Schule nichts anderes als selbsterfüllende Prophezeiungen, mit denen die lehrenden Ordensleute zu kämpfen haben werden:

In den nächsten Jahren werden die meisten Erzieher lernen, klar zwischen Bildungsreform und Bildungsrevolution zu unterscheiden. Dynamischere Stile im Klassenraum, mehr Öffnung der Klassenräume zur Welt, effizientere Unterrichtsapparate, größere Bankkonten – all das kann die Schulen nicht glaubwürdiger machen. Das werden die Erzieher lernen, und deshalb werden sie sich in wachsender Zahl der weltweiten Bewegung zur Abschaffung der obligatorischen, staatlich geförderten und finanzierten Schulbildung anschließen.

Im gleichen Zeitraum wird die breite Öffentlichkeit dieselben Fakten erkennen und zu denselben Einsichten gelangen. Die Schule wird in der Öffentlichkeit als ein Ritual erkannt werden, das vor seinen Teilnehmern einen Widerspruch verbirgt: den Widerspruch zwischen dem Mythos des obligatorischen Lernens um der Gleichheit willen, der die Begründung für die Schule liefert, und der Realität einer Konsumgesellschaft, deren Hauptprodukte die Ausweitung sozialer Ungleichheit und die Schaffung unerfüllter (und unerfüllbarer) Wünsche beim einzelnen Verbraucher sind.

Die Schulen bringen eine Gesellschaft mit 16 verschiedenen Klassen von Schulabbrechern hervor, eine Gesellschaft, die heimtückischer ist als die streng geschichteten Gesellschaften, die wir früher kannten. Selbst wenn in Lateinamerika der gesamte Staatshaushalt für Schulen ausgegeben würde, könnten nicht alle Jugendlichen des Kontinents die gesetzlich vorgeschriebene fünfjährige Schulzeit absolvieren. Selbst wenn all diese jungen Menschen fünf Schuljahre erfolgreich abschließen würden, hätten sie nur den genauen Grad ihrer Degradierung auf einer 16stufigen Pyramide gelernt – einer Pyramide, auf der jeder Straßenreiniger in den Vereinigten Staaten die zwölfte Stufe erreicht. Alles, was sie in der Schule lernen würden – wenn auch jedes Jahr intensiver – wäre, wie sehr sie anderen unterlegen sind.

Überall wird den Menschen das Ausmaß ihrer schulisch bedingten Degradierung bewusst. Überall weigern sie sich, diese Entwürdigung zu akzeptieren. Überall wird ihnen bewusst, wie die Schule sie durch ihr Wettbewerbsritual in den geschlossenen Kreis des Konsumdenkens einbindet, indem sie selbst die Jüngsten mit dem Glauben indoktriniert, persönliches Wachstum und Lernen seien wertvoller, wenn sie durch den Unterricht zertifizierter Fachleute in einem institutionellen Programm zustande kommen.

Vor einigen Jahren begannen viele Priester, die Beweggründe zu entdecken, die sie persönlich in den Klerus geführt hatten. Diese Entdeckung stellte ihre Bischöfe vor ein Problem: Sie sahen sich mit Priestern konfrontiert, die zwar am Altar dienen, aber nicht hauptamtlich im Kanzleibüro arbeiten wollten. In gleicher Weise beginnen nun auch die Lehrkräfte, die Motive zu erkennen, die sie dazu veranlasst haben, sich an *Normal Schools*[1] und Lehrerkollegien anzumelden. Sobald sie ihr Engagement für die Bildung vertiefen, lehnen sie ihre Beschäftigung in den Schulen ab. Diese Entdeckung der Lehrkräfte wird die Schulen grundlegender erschüttern, als die Entdeckung der Priester die Bischöfe erschüttert hat. Viele Lehrkräfte gingen auf *Normal Schools*, weil sie sich anderen überlegen fühlen wollten, weil sie Sicherheit und Ansehen suchten und weil sie das Zeremoniell der Schule genossen. Die Läuterung ihrer persönlichen Motive führt bei den besten von ihnen nur zu einem neuen persönlichen Einsatz.

In der ersten Hälfte des kommenden Jahrzehnts wird die Bewegung zur Abschaffung der Schulen per Gesetz eine ähnliche Bedeutung erlangen wie die liberalen Bemühungen zur Abschaffung der Kirche vor einem Jahrhundert. Die heutige Bewegung wird jedoch tiefer an der Basis der Gesellschaft verankert sein, sie wird überall auf der Welt gleichzeitig stattfinden und viel schneller voranschreiten.

Mit den Forderungen dieser Bewegung werden Bürger versuchen, sich vor den Übergriffen der Schule zu schützen, die mitsamt ihrer Doktrin und ihren Ritualen zur neuen, internationalen Kirche der Nationalstaaten geworden ist. Die Forderungen selbst lassen sich in vier Kategorien einteilen:

---

1 *„Normal Schools" (französisch: École normale) wurden seit dem 19. Jahrhundert gegründet, um Standards und „Normen" (daher der Name) für die Lehrtätigkeit an Schulen zu vermitteln.

1. Schutz vor der regressiven Besteuerung, bei der die Armen relativ mehr zahlen als die Reichen, bei der die Mehrheit der Übertragung von Privilegien auf eine Minderheit zustimmt; sie wird unweigerlich, erhoben, wenn der Staat direkt ein System der Selektion finanziert, das den Bürgern fälschlich verspricht, sie könnten durch einen abgestuften und verbindlichen Wettbewerb Gleichheit erreichen.
2. Schutz vor Diskriminierung aufgrund der Methode, wie Kompetenzen erworben werden; diese Diskriminierung entsteht, wenn „Beschulte" gegenüber „Unbeschulten" bevorzugt werden, nur weil sie eine Schule besucht haben.
2. Schutz vor dem willkürlichen Ausschluss einer Person davon, anderen das beizubringen, was sie zu wissen beansprucht; ein solcher Ausschluss wird gegenwärtig bewirkt, indem ein Nachweis der Lehrbefähigung erforderlich ist.
4. Schutz vor der Entrechtung eines Bürgers, weil er nach dem Urteil von Fachleuten eine Behandlung braucht, die nur Fachleute überprüfen können; die Fachleute sind natürlich Lehrkräfte, und die vorgeschriebene Behandlung ist die Schulbildung.

Mit Sicherheit werden 1971 viele Menschen plötzlich gemeinsam zu der Einsicht gelangen, wie rasant sich unsere Gesellschaften im Prozess der Entschulung befinden. Bis jetzt haben die meisten von uns irgendwie, wenn auch zaghaft, geglaubt, radikale Veränderungen bei Lehrkräften, Schülern, Steuerstrukturen und Programmen könnten das System retten. In den nächsten Monaten wird sich dieser letzte Hoffnungsschimmer völlig in Luft auflösen.

Die plötzliche Entschulung einer „beschulten" Gesellschaft ist in vielerlei Hinsicht vergleichbar mit der Entchristlichung einer „katholischen" Kultur. Die Erkenntnis, was Schulunterricht ist und was dabei wirklich geschieht – und was dagegen getan werden muss –, breitet sich wie ein Lauffeuer aus, von Peru bis Sambia, von Harlem bis Ontario und Cambridge. Nur eine Gruppe internationaler Organisationen wird in reichen wie in armen Ländern gleichermaßen von dieser Woge gemeinsamer Einsichten betroffen sein: die katholischen Lehrorden – Benediktiner, die Gesellschaft vom Heiligen Herzen Jesu, Jesuiten, Christliche Brüder, die Nonnen, die Arme unterrichten.

Mehr als jede andere Gruppe von Lehrkräften sind die Ordensleute in der Lage, eine reife Führungsrolle in der Bewegung zur Abschaffung der Schulen zu übernehmen und eine führende Rolle bei der Entmystifizierung des Schulrituals zu spielen – eines Rituals, das die Konsumgesellschaften der Welt unterstützt. Ihr Verpflichtung auf die Armut unterscheidet sie von selbstsüchtigen Bürokratien wie den Lehrergewerkschaften und ermöglicht es ihnen, sich freudig von den Institutionen loszusagen, denen sie gedient haben. Ihr Zölibat macht sie weniger anfällig für die Ängste, die mit einer radikalen Veränderung menschlicher Erziehungsmuster einhergehen werden. Ihr Wunsch, die erzieherischen Anliegen ihrer Gründer gehorsam für die heutige Welt zu interpretieren, wird ihnen helfen, ihrer Berufung als Erzieher treu zu bleiben. Sie könnten die Entschulung der Gesellschaft anführen, weil sie wissen: Die Armen sind nicht beschulbar. Alles hängt von der Kraft des Evangeliums ab, das ihr seliges Selbstbild erschüttert.

Johannes der Täufer sandte zwei Jünger zu Jesus, um ihn zu fragen, ob er es sei, dessen Kommen vorhergesagt worden war. Jesus sandte sie zurück, um Johannes zu berichten, was sie gesehen hatten: „Tote stehen auf" und (was noch bedeutsamer erscheint) *„den Armen wird das Evangelium verkündet"* [Mt 11,5; Lk 7,22]. In den heutigen Gesellschaften sind die Jünger Jesu aufgerufen, den Armen das Evangelium zu verkünden und damit zu zeigen, wie auch die Unbeschulten gebildet werden können.

Die Lima-Rede*

Alle Menschen brauchen Nahrung und ein Dach über dem Kopf. Andere Bedürfnisse sind weniger katholisch. Noch vor einem Jahrhundert war ein Taufschein die erste Voraussetzung für das Leben in einer spanischen Kolonie. Heute kann man das Angebot der Taufe ablehnen, man kann ohne Scham ungetauft leben, während Bildung heute eine erste und universale Notwendigkeit zu sein scheint. Wenn die Welt überlebt, wird auch dieses Bedürfnis bald verschwinden.

Etwa ein Drittel aller heute lebenden Menschen predigt die Notwendigkeit von Bildung. Zwar gibt man zu, manche Menschen könnten ohne Bildung überleben, so wie andere ohne Obdach überleben, doch man bemitleidet diejenigen, denen beides vorenthalten bleibt. Die meisten der hier Anwesenden können, wie ich vermute, zu diesen neuen Evangelisten gezählt werden.

Alle Macht der Welt geht in die Hände der Gebildeten über. Bildung dient der herrschenden Minderheit als Rechtfertigung für das Privileg, das sie besitzt und beansprucht. Werden die Gebildeten in Frage gestellt, so reagieren sie wie der Verwalter, der unfähig ist zu arbeiten und sich schämt zu betteln [Lk 16,3] und daher seine Zukunft auf den Wert seiner Urkunden setzt.

Ablässe im Bildungswesen

Am Ende des Mittelalters vertrauten die Menschen auf Urkunden, die den Ablass garantierten. In unserem Zeitalter der schwindenden Aufklärung vertrauen die Menschen auf Urkunden, die ihnen etwas bescheinigen, das man „Bildung“ nennt.

Bildung steht inzwischen im Gegensatz zum lebendigen Prozess des Lernens in einer menschlichen Umgebung; in einer solchen Umgebung haben die meisten Menschen die meiste Zeit Zugang zu allen Fakten und Hilfsmitteln, die ihr Leben tatsächlich gestalten. Bildung ist zu etwas geworden, das man nur erwerben kann, indem man sich von der

---

* Ivan Illich, Lima Discourse, in: Learning for Living 13, Nr. 3 (1974) 85-90. Es handelt sich ursprünglich um einen Vortrag, der am 18. Juli 1971 auf der Konferenz des Weltrats für christliche Erziehung in Lima, Peru, gehalten wurde.

alltäglichen Realität entfernt, um eine spezielle Ware zu konsumieren und abstraktes Wissen über das Leben anzuhäufen.

Unmerklich haben alle Länder in Ost und West ein System des Wissenskapitalismus übernommen. Reichtum wird neu definiert in Form von Unterrichtsstunden, die mit öffentlichen Geldern erworben werden, und Armut wird erklärt und gemessen an der Unfähigkeit eines Menschen zu konsumieren. In einer solchen Gesellschaft sind die Armen diejenigen, die der Bildung nach hinter anderen zurückbleiben. Der reiche Mann, der Wissenskapitalist, kann die Kluft, die ihn von Lazarus trennt, nicht überbrücken [Lk 16,26]. Es ist leichter für ein Kamel, durch ein Nadelöhr zu gehen [Mk 10,25], als für einen Mann, der eine solche Bildung anhäuft, eine Weltsicht aus der Perspektive der Armen zurückzugewinnen.

Bildung und Alchemie

Historisch gesehen wuchs der Glaube an die Bildung in Verbindung mit der Alchemie. Bildung ist das Elixier des Alchemisten in zeitgenössischer Form. Sie ist der mystische Stein, dessen bloße Berührung die grundlegenden Elemente der Welt veredeln kann. Sie ist das Verfahren, gewöhnliche Metalle durch aufeinander folgende Stadien zu zwingen, bis sie als reines Gold hervortreten.

Bischof Johann Amos Comenius [1592-1670] wird zu Recht als Begründer der modernen Bildung angesehen. Als Mann seiner Zeit war er mit der Alchemie vertraut und wandte Idee und Sprache der Großen Kunst auf die Veredelung und Aufklärung der Menschen an. Er verlieh dem chemischen Vokabular von Fortschritt, Entwicklung und Aufklärung eine pädagogische Bedeutung. Heute beseelt der Glaube an die Bildung eine neue Weltreligion. Der religiöse Charakter der Bildung wird kaum wahrgenommen, denn der Glaube an sie ist ökumenisch. Der Traum des Alchimisten ist universal und unbestreitbar geworden und gilt darüber hinaus jetzt als traditionell: Bildung könne die Menschen umgestalten und in eine Welt einfügen, die der Mensch durch die Magie der Technokraten geschaffen hat. Marxisten und Kapitalisten, die Führer der armen Länder und der Großmächte, Rabbiner, Atheisten und Priester teilen diesen Glauben. Ihr grundlegendes Dogma lautet: Ein Prozess namens „Bildung" kann den Wert eines Menschen steigern, führt zur Schaffung von Humankapital und wird alle Menschen zu einem besseren Leben geleiten.

Die großzügigsten Menschen unserer Zeit leben ihr Leben für die Bildung der Armen. Erzieher können unweigerlich auf die Unterstützung der Mächtigen zählen, so wie die spanischen Missionare durch die Krone unterstützt wurden. Schließlich ist es der Erzieher, der den Armen der Unfähigkeit überführt. In allen Nationen wenden die Gebildeten das gleiche Ritual an, um andere zu verführen oder zu zwingen, ihren Glauben zu teilen. Dieses Ritual nennt man Schulbildung. Alle Länder, die der UNO angehören, verlangen von all ihren Bürgern einen wöchentlichen Schulbesuch von mindestens 20 Stunden über einen Zeitraum von mindestens fünf Jahren. Noch nie war eine etablierte Kirche so anspruchsvoll. Die Liturgie des Schulunterrichts trägt überall die gleichen Züge. Die Kinder werden nach Alter in Gruppen eingeteilt. Sie müssen an den Gottesdiensten in einem heiligen Bereich teilnehmen, der diesem Zweck vorbehalten ist und „Klassenraum" heißt; sie müssen Aufgaben erfüllen, die Bildung produzieren, weil sie von einem geweihten Geistlichen, „diplomierte Lehrkraft" genannt, festgelegt werden; die Gesellschaft gewährt ihnen eine Gnade, in der sie voranschreiten müssen, indem sie von einer Klasse zur nächsten wechseln.

Ich habe kein Problem mit unseren Lehrkräften. Sie gehören zu den engagiertesten, großzügigsten und freundlichsten Menschen. Rein ihren menschlichen Qualitäten nach können sie mit jeder früheren Gruppe von professionellen Religionsdienern konkurrieren. Sie leisten vielfältigere Dienste als alle Priester vor ihnen. Es gibt nichts, das nicht der Kompetenz irgendeiner Lehrkraft zuzutrauen wäre. Was wir heute „Bildung" nennen, ist allerdings nicht der Austausch zwischen Schüler und Lehrer. Es ist vielmehr die bürokratisch geprägte Währung, die eine Institution ihren Kunden gewährt, besiegelt durch eine professionelle Lehrkraft.

Das Ritual der Schulbildung

Das Ritual der Schulbildung enthält verborgen einen machtvollen Lehrplan. Der verborgene Lehrplan hängt weder von den Absichten des Lehrers ab, noch variiert er je nach Unterrichtsgegenstand, sei es Kommunismus, Lesen, Sex, Geschichte oder Rhetorik. Das Erste, was das Kind aus dem verborgenen Lehrplan der Beschulung lernt, ist ein uraltes Sprichwort des durch die Inquisition korrumpierten Glaubens – *„extra scholam nulla est salus"* – außerhalb dieses Ritus gibt es keine

Rettung. Durch seine bloße Anwesenheit in der Schule bekennt sich der Schüler zum Wert des Lernens von einem Lehrer und zum Wert des Lernens *über* die Welt. Dadurch verlernt es, jeden Menschen potenziell als Vorbild zu nehmen, und wird unfähig, alles aus dem Alltag zu lernen. In der Schule lernt das Kind zu unterscheiden zwischen einer Welt, die real ist und in die es eines Tages eintreten wird, und einer Welt, die heilig ist und in der es jetzt lernt. Durch die schrittweise Beförderung in der Schule lernt das Kind, wie wertvoll der unendliche Konsum und wie erstrebenswert die jährlich verfallenden Noten sind. Wie es in der Schule lernt, ist sein eigenes Aufwachsen nur deshalb gesellschaftlich wertvoll, weil es aus seinem Konsum einer Ware namens Bildung folgt.

Seit Generationen versuchen wir die Welt zu verbessern, indem wir immer mehr Schulbildung bereitstellen. Bislang ist dieses Unterfangen gescheitert. Stattdessen haben wir gelernt: Indem wir alle Kinder zwingen, eine unendliche Leiter hinaufzuklettern, wird nicht Gleichheit gefördert, sondern diejenigen werden begünstigt, die früher, gesünder oder besser vorbereitet beginnen. Weiterhin haben wir gelernt: Erzwungener Unterricht tötet bei den meisten Menschen den Willen zum eigenständigen Lernen. Und: Wissen, wie eine Ware behandelt, in Paketen geliefert und mit dem Status von Privateigentum versehen, wird immer knapp sein.

Plötzlich verliert die Schule ihre politische, wirtschaftliche und pädagogische Legitimation. Sie wird plötzlich als ein notwendiges Ritual begriffen, um die Widersprüche unserer Gesellschaft erträglich zu machen, als ein Prozess, der in die Konformität mit den Anforderungen der Konsumgesellschaft hineinsozialisiert. Die Schule stützt den Egalitätsmythos unserer Gesellschaft und etabliert gleichzeitig ihre rigorose Struktur von 16 Stufen des Abbruchs. Der Herausgedrängte wird sein Leben lang für den unzureichenden Konsum der pädagogischen Behandlung getadelt.

Dieser Zusammenbruch der Schulen ist ein Hoffnungszeichen. Doch nicht alle, die die Schule kritisieren, haben deshalb schon den Traum des Alchemisten aufgegeben. Wie wir aus der Kirchengeschichte wissen, ist eine Liturgiereform keine Garantie für theologische Erneuerung. Der Zusammenbruch der Schule könnte zur Suche nach neuen „pädagogischen“ Verfahren führen. Die Schule soll in der Tat entthront werden, wie alle anderen Kirchen entthront worden sind. Diese Entthronung könnte allerdings zu einer Apotheose der Erziehung zum Fortschritt führen, und dann wäre der Zustand am Ende schlimmer als am Anfang.

Es könnte zu einer enormen Anstrengung kommen, außerhalb der Schulstruktur das zu erreichen, was innerhalb dieser Struktur so offensichtlich gescheitert ist, im Bemühen, effektivere und universalere Wege zu finden, „Lernen für das Leben" zu verpacken und es durch andere Systeme zu vermarkten. Das Ergebnis wäre letztlich dasselbe: Immer noch würden wir die Vorstellung bejahen, als ob Menschen zum Leben „erzogen" werden müssen, indem sie sich Informationen über jeden Aspekt der Welt aneignen, bevor sie sich ihr stellen dürfen. Ein solcher Versuch, die ganze Welt in ein globales Schulhaus zu verwandeln, könnte zu einer Welt führen, die von einer Partei allwissender Lehrer betrieben wird. Wenn die Abschaffung der Schule nicht zu einer Gesellschaft führt, in der Bildung zugleich durch ein Umfeld ersetzt wird, in dem Menschen uneingeschränkten Zugang zur Natur der Dinge und zum Gebrauch von Arbeitsmitteln haben, wird die Übertragung der Bildung von der Schule auf andere Institutionen der Konsumgesellschaft unweigerlich mehr Unterricht über eine noch mehr entfremdete Welt nach sich ziehen.

Gegenwärtig beschränkt die Schule die Kompetenz des Lehrers auf den Klassenraum. Sie hindert ihn daran, das ganze Leben eines Menschen als sein Gebiet zu beanspruchen. Der Niedergang der Schule wird diese Beschränkung aufheben und dem lebenslangen pädagogischen Eindringen in die Privatsphäre eines jeden den Anschein von Legitimität geben. Damit wird der Weg frei für ein Gerangel um „Wissen" auf einem freien Markt, und das würde uns zum Paradox einer scheinbar egalitären, de facto aber trivialen Leistungsgesellschaft führen. Wenn der Begriff des Wissens nicht umgestaltet wird, wird die Abschaffung der Schule zu einer Hochzeit zwischen einem wachsenden Leistungssystem, das Lernen und Beurkundung voneinander trennt, und einer Gesellschaft führen, die sich verpflichtet, jeden Menschen pädagogisch zu therapieren, bis er reif ist für das goldene Zeitalter. Das globale Schulhaus wäre nur dem Namen nach von einem globalen Irrenhaus oder einem globalen Gefängnis zu unterscheiden. Solowjew sagte bereits vor 80 Jahren voraus, der Antichrist werde ein Lehrer sein.[1]

„Bildung" als Neuheit

Das Wort „Bildung" ist eine neue Wortschöpfung, wie wir oft vergessen. Vor der Reformation war es unbekannt. Die Erziehung von Kindern wird erstmals auf Französisch in einem Dokument aus dem Jahr 1498 erwähnt. In diesem Jahr ließ Erasmus sich in Oxford nieder, Savonarola wurde in Florenz auf dem Scheiterhaufen verbrannt, und Dürer schuf seine Radierungen zur Apokalypse, die uns eindringlich von der Untergangsstimmung erzählen, die über dem Ende des Mittelalters lag. In der englischen Sprache taucht das Wort „education" erstmals 1530 auf. In diesem Jahr ließ sich Heinrich VIII. von Katharina von Aragon scheiden, und auf dem Augsburger Reichstag trennte sich die lutherische Kirche von Rom. In den Ländern Spaniens dauerte es ein weiteres Jahrhundert, bis Wort und Idee der Bildung eine gewisse Verbreitung fanden. Im Jahr 1632 bezeichnet Lope de Vega „Bildung" noch als eine Neuheit. Wie Sie wissen, feiert in diesem Jahr die Universität von San Marcos hier in Lima ihr achtzigjähriges Bestehen.[2] Lernzentren gab es schon, bevor der Begriff „Bildung" in den allgemeinen Sprachgebrauch einging. Man „las" die Klassiker oder das Gesetz, man wurde nicht für das Leben ausgebildet.

Als Christen müssen wir die Verantwortung übernehmen, die unsere Kirchen bei der Förderung aller Arten von Kapitalismus hatten, insbesondere aber bei der Förderung des Wissenskapitalismus, den ich gerade beschrieben habe. Die Religion der allgemeinen und obligatorischen Bildung entpuppt sich als eine Korruption der Reformation. Es ist unsere Aufgabe, dies zu verstehen und darauf hinzuweisen. Gutenberg erfand eine Technologie, die Bücher für jedermann zugänglich machen konnte. Anstatt sie jedoch zu diesem Zweck zu nutzen, wurde das Buch in ein professionelles Werkzeug verwandelt, das nur den Eingeweihten der neuen Kirche zur Verfügung steht. Luther machte die Bibel verfügbar, aber er erfand auch eine Methode der Massenbeleh-

1 *Vgl. die „Kurze Erzählung vom Antichrist" von Wladimir Solowjew [1853-1900], in: ders., Deutsche Gesamtausgabe der Werke, Band 8, München 1979, 259-294.

2 *Da die Universität San Marcos in Lima 1551 gegründet wurde, wurde die Angabe „sixtieth anniversary" im englischen Text bei der Übersetzung korrigiert.

rung: den Katechismus, ein Kursprogramm in Fragen und Antworten. Die katholische Kirche leitete die Gegenreformation ein, indem sie ihre Lehre in einem eigenen Katechismus einfror. Die Jesuiten säkularisierten die Idee und schufen die *Ratio Studiorum* für ihre Kollegien. Paradoxerweise wurde diese *Ratio* zum Lehrplan, nach dem die Eliten der Aufklärung ausgebildet wurden. (Voltaire und seine Kollegen waren ihre Schüler.) Und schließlich produzieren heute alle Nationalstaaten durch den verordneten Konsum von Bildung ihre Eliten als diejenigen, denen das gute Leben vorbehalten ist, während derselbe Konsum in kleinen Dosen dazu dient, die Armen über ihre prädestinierte *Minderwertigkeit* aufzuklären.

Die Kirche muss wählen

Lassen Sie mich mein Argument zusammenfassen: Die Reformatoren haben versucht, das Geheimnis der Offenbarung Gottes über das kommende Reich zu verbreiten. Erzieher machen nun das Kommen des irdischen Reiches von dem allgemeinen Konsum ihrer institutionalisierten Fürsorgedienste abhängig. Der Mythos der allgemeinen Bildung, das Ritual der Schulpflicht und eine für den Fortschritt der Technokraten errichtete professionelle Struktur verstärken sich gegenseitig. Sobald dies erkannt ist, kann eine weitere Mitwirkung der christlichen Kirchen an der Anbetung des Götzen namens Fortschritt nicht mehr geduldet werden. Jede organisierte christliche Gemeinschaft muss nun zwischen drei Handlungsstrategien wählen: Man kann bei den Schulen bleiben. Man kann Schulen abreißen und doch weiterhin der Pseudo-Religion der Bildung anhängen. Oder man kann sich berufen fühlen, radikal und prophetisch zu sein.

1. Wenn eine Kirche an den Schulen festhält, werden sich ihre Entscheidungsträger Gedanken machen, wie man deren Zahl erhöhen, die Qualität verbessern und mehr Angebote für die Ungebildeten bereitstellen kann, z.B. Förderunterricht, Radioschulen, Berufsausbildung und Ähnliches. Weitsichtige Personen, die sich in einer Kirche mit dieser Strategie wiederfinden, sollten sich vor allem mit der zunehmenden Frustration ihrer Mitarbeiter im Bildungsbereich befassen.

2. Eine Kirche kann sich auch entscheiden, den Zusammenbruch der Schulen anzuerkennen, und dennoch dem Mythos der allgemeinen Bildung als Produktion einer Konsumware verhaftet bleiben. Eine solche Kirche wird sich für die Abschaffung der Schulen, für eine ge-

rechtere Verteilung der Bildungsressourcen und für den Schutz der Ungebildeten vor Diskriminierung am Arbeitsplatz oder in der Gesellschaft einsetzen. All diese Garantien sind nötig, und eine Kirche, die sie unterstützt, wird sicherlich in der Gesellschaft anderer progressiver Bewegungen willkommen sein.

Doch eine Kirche, die diese Wahl trifft und den unvermeidlichen Zusammenbruch der Schule zwar anerkennt, den pseudo-religiösen Charakter der „Bildung" jedoch nicht bemerkt, wird unweigerlich zur Komplizin einer Konsumgesellschaft der Zukunft werden. Entschulte Bildungseinrichtungen sind lediglich neue Methoden der Verpackung und Vermarktung von Informationen über die Welt auf wirksamere Weise. Auf neue Weise werden vorverpackte Informationen über das Leben angehäuft, passend zu der von Fachleuten entworfenen und errichteten Gestalt; neue Wege, den Menschen die immateriellen Besitztümer zufließen zu lassen, die sie brauchen, um den Anforderungen einer Konsumgesellschaft zu entsprechen. Wenn Ihre Kirche nicht über die Forderung nach Abschaffung der Schulen hinausgeht, werden Sie zu Komplizen des Pharaos, der neue Sklaven in eine Welt lockt, die durch technokratischen Fortschritt immer unpersönlicher, undurchsichtiger und verseuchter wird.

3. Sie haben eine dritte Möglichkeit. Sie können die Heilige Schrift lesen, zur reinsten Tradition der Kirche zurückkehren und das Kommen des Reiches ankündigen, das nicht von dieser Erde ist. Wir haben das Vorrecht, das Geheimnis dieses Reiches zu kennen. Diese Wahl muss jeder von uns treffen, wenn er Jesus nachfolgen will, und er muss sie treffen, auch wenn die Kirche, in der er verwurzelt ist, den „Fortschritt der Menschen" in ihre ehrwürdige Sprache aufgenommen hat.[3]

Wir prangern an

Im Namen Gottes müssen wir den Götzendienst des Fortschritts und die verseuchende Eskalation der Produktion anprangern. Wir müssen die Pseudotheologie der Bildung als Vorbereitung auf ein Leben des frustrierenden Konsums entlarven. Gott hat eine gute Welt geschaffen und uns die Kraft gegeben, sie zu erkennen und zu schätzen, ohne einen Vermittler zu benötigen. Daran müssen wir Menschen erinnern, und

---

3 *Anspielung auf die Enzyklika „Populorum Progressio" von Papst Paul VI. (26. März 1967).

wir wissen aus der Erfahrung eines jeden von uns: Der Mensch wächst und lernt in dem Maße, in dem er in einem persönlichen, intimen – und immer wieder überraschenden – Umgang mit anderen in einer sinnvollen Umgebung steht; hingegen verkümmert und verdorrt er, wenn er von Beamten bedient wird. Folglich müssen wir die Mitwirkung an jeglichem Versuch verweigern, eine von Menschen gemachte Umgebung zu schaffen, in der das Leben aller Personen davon abhinge, Kunden einer Dienstleistungsorganisation gewesen zu sein.

Es braucht Mut, den Preis für eine saubere und transparente Welt zu nennen; den Preis zu nennen, zu dem die Technologie in den direkten Dienst der Mehrheit der Weltbevölkerung gestellt werden könnte, damit jeder Mensch in der Lage wäre, sich selbst zu heilen, sich selbst zu versorgen, sich leicht in seiner Welt zu bewegen und zu lernen, was er wissen will. Es braucht Mut, die Technologie in die Hände aller zu legen und sie den Händen der Technokraten zu entreißen, die sich damit brüsten, für immer weniger Menschen immer teurere Medizin, Bildung, Wohnungen oder Transportmittel bereitzustellen – lauter Waren, deren Produktionsgeheimnisse das Privatwissen von Experten sind.

Eine Welt, die auf das Spektakel der hemmungslosen Technokratie verzichtet, ist eine Welt der radikalen Einschränkungen des Konsums die im Einvernehmen mit einer breiten Mehrheit und letztlich im Interesse aller erzielt werden. Es hat keinen Sinn, ein Mindesteinkommen vorzuschlagen, wenn man nicht mit der Notwendigkeit eines Höchsteinkommens konfrontiert ist. Niemand kann je genug bekommen, der nicht weiß, was genug ist. Es macht keinen Sinn, für ein Minimum an Medizin, Zugang zu Werkzeugen und Transportmitteln einzutreten, wenn man nicht ein Maximalniveau an Behandlung, Größe und Geschwindigkeit als nötig bejaht.

Ein derartiger antitechnokratischer Konsens lässt sich leicht in die Notwendigkeit freiwilliger Armut übersetzen, wie sie vom Herrn gepredigt wurde. Selbstgewählte Armut, Macht- und Gewaltlosigkeit stehen im Mittelpunkt der christlichen Botschaft. Weil sie zu ihren zartesten Elementen gehören, lassen sie sich auch am leichtesten korrumpieren, lächerlich machen und vernachlässigen. Wer das unverfälschte Evangelium predigt und die Seligkeit der Armen verkündet, wird von den Reichen ausgelacht und von den Möchte-gern-Reichen verhöhnt. Doch wie nie zuvor ist die christliche Botschaft auch die vernünftigste Politik in einer Welt, die sich zunehmend der Vergrößerung der Kluft zwischen Arm und Reich verschrieben hat.

Bei der Befreiung der Welt von den Götzen des Fortschritts, der Entwicklung, der Effizienz, des Bruttosozialprodukts und der Bruttosozialbildung hat die Dritte Welt eine entscheidende Verantwortung. Ihre Massen sind noch nicht völlig süchtig und abhängig vom Konsum, insbesondere durch Konsum von Dienstleistungen. Die meisten Menschen heilen, versorgen und unterrichten sich noch gegenseitig, und sie könnten es besser, wenn sie etwas bessere Arbeitsmittel hätten. Die Dritte Welt könnte dem Rest bei der Suche nach einer Umwelt, die modern und zugleich menschlich ist, vorangehen.

Jetzt stehen zwei Welten einander gegenüber: das Babel Russlands und das Ägypten der Vereinigten Staaten. Beide sind Gefangene ihrer gemeinsamen Götzen. Eine dritte Welt bedeckt den Rest des Erdballs. Es ist die Welt der Wüste.

Sogar innerhalb der Weltreiche breitet sich nun die Öde der Slums aus. Ägypten und Babel sind unfähig, sich selbst zu retten. Vor der Tyrannei ihrer Götzen können sie nur von den Menschen gerettet werden, die ihren namenlosen und lebendigen Gott in der Wüste anbeten, von denen, die den Fleischtöpfen Ägyptens entsagt haben.

Längst nicht alle, die in der Wüste wandern, gehören jedoch zum Volk Gottes. Einige tanzen um das goldene Kalb; sie errichten Außenposten der Reiche inmitten der Wüste. Andere rebellieren gegen den Propheten Gottes, ernennen ihre eigenen Führer und kehren in die Sklaverei zurück, die ihre Väter verließen, als sie die Ägypter ausplünderten. Sie ziehen sich auf ein Bündnis mit Ägypten zurück. Wieder andere halten die Wüste nicht aus. Sie trennen sich von Gottes Volk, ziehen in den Osten und salben schließlich, wie die Juden, ihren eigenen König und werden Leibeigene wie die anderen Völker der Erde.

Es ist an der Zeit, bekannt zu machen, was wir herausfinden können: Die Befreiung der Reichen und der Möchte-gern-Reichen hängt vom Volk Gottes ab, von jenen, die Dom Helder Camara die abrahamitischen Minderheiten genannt hat, unter denen die Christen eine Ausnahme zu sein scheinen. Die Befreiung kann nur von denen kommen, die die Wüste wählen, weil sie in die Freiheit geführt worden sind.

Wie geben wir das Christentum weiter?*

Nach vier Jahren des Schweigens, das ich auf mich genommen habe und das mir aufgrund eines Artikels auferlegt wurde, den ich für *The Critic* geschrieben habe[1], bin ich sehr froh, meinen Mund wieder aufzutun. Mehr oder weniger direkt möchte ich die Probleme ansprechen, mit denen die Kirche, die ich liebe, konfrontiert ist. Der erwähnte Artikel sollte der erste von zweien sein: Der erste befasste sich mit dem Weihesakrament und der zweite, in recht ähnlicher Weise, mit dem Ehesakrament. Den zweiten Artikel habe ich zerrissen und werde ihn nicht veröffentlichen. Es bewegt mich emotional ziemlich stark, hier im Forum von *The Critic* – einem verantwortungsbewussten Forum, das ich in den Vereinigten Staaten aufs Höchste schätze – das Schweigen zu brechen, das ich über kirchliche Angelegenheiten wahren wollte. Lassen Sie uns also beginnen im Namen des Vaters, des Sohnes und des Heiligen Geistes.

1. Wie kann das Christentum weitergegeben werden? Wie kann der Glaube weitergegeben werden? Ich beginne mit der ersten von fünf Fragen[2], die ich aufwerfen möchte: Was ist aus der Lesung, der öffentlichen Lesung, dem öffentlichen Vortragen des traditionellen geschriebenen Wortes heute geworden?

Ich bin jetzt fünfundvierzig Jahre alt. Ich wurde in eine Kirche hineingeboren, die fünfundvierzig Jahre jünger war, als sie es heute ist.

---

* Ivan Illich, How Will We Pass on Christianity?, in: The Critic 30, Nr. 3 (1972) 14-20.

1 *Der Kleriker im Schwinden; vgl. oben 114-136. Nach Fabio Milana ist diese Angabe der genaueste chronologische Hinweis auf eine informelle „Zensur" durch Papst Paul VI., an die Illich sich hielt: vgl. Ivan Illich, Celebrare la consapevolezza. Opere complete, Band I, hg. von Fabio Milana, Vicenza 2020, 559. 1968 wurde Illich durch die Kongregation für die Katholische Glaubenslehre vorgeladen, und ihm wurde eine Anklageschrift vorgelegt: vgl. das Kapitel „Church" in: David Cayley, Ivan Illich. An Intellectual Journey, The Pennsylvania State University Press 2021, 62-93.

2 *Zur besseren Übersicht sind die fünf angekündigten Fragestellungen des Beitrags hier nummeriert.

Mir wurde zum Beispiel beigebracht, mich öffentlich zu demütigen, auf sehr rituelle Weise, ohne jegliches Schuldgefühl, aber mit dem Wissen, etwas falsch gemacht zu haben, als ich im Chorgestühl einen halben Ton daneben sang. Ich habe mir Asche auf mein Haupt gestreut, weil ich ein Wort falsch ausgesprochen oder einen Ton falsch gesungen hatte. Ich habe auch an allen Einzelheiten der liturgischen Rubriken immer größte Freude gehabt: nicht weil sie mir Sicherheit gaben, sondern weil sie mir erlaubten, das tiefe Verantwortungsgefühl zu erneuern, das ich empfand, wenn ich Worte wiederholte, die immer auf die gleiche Weise gesprochen und ausgesprochen wurden (auch wenn ich vielleicht etwas verlegen oder verdrossen war über die barocke Form der Liturgie unserer westlichen Kirche in der Zeit, als ich aufwuchs). Der Rahmen einer gleichbleibenden, unveränderlichen Liturgie bot sicherlich dem Geistlichen die Grundlage, die er zum Zelebrieren brauchte – mit anderen Worten, um die Messe von heute genau nach den Regeln von gestern zu feiern und doch in allen Einzelheiten fast unmerklich offenkundig *nicht* von gestern, sondern als einzigartiger Vollzug heute. Was für die Musik und für den sakralen Tanz gilt, trifft auch für die Lesung des Evangeliums zu. Es ist von Vorteil, wenn man zum Beispiel weiß: An jedem siebzehnten Sonntag nach Pfingsten taucht dasselbe Evangelium wieder auf. Und doch wird die laut lesende Person es jedes Jahr im Bewusstsein lesen, dies mit einem anderen Tonfall zu tun. Es bedeutet also etwas Neues. Eine schöpferische Spannung trat auf: Einerseits übernahm man die fast erstarrten (ich sage nicht: völlig erstarrten) sehr strengen Regeln, die man aus dem grundlosen Gefallen beachtet, einen Akt des Gedenkens zu vollziehen, und andererseits bestand die Verantwortung, diese Worte, diese Handlungen, diese Klänge zu etwas zu machen, das auf einzigartige Weise für heute bestimmt ist.

Als ich aufwuchs, konnten wir die Bedeutung der sakralen Geste, der sakralen Musik und der sakralen Lesungen als selbstverständlich, als eine Sache der Freude und meistens als eine Sache der Demütigung seiner selbst und des Erleidens erleben. Diese Dinge – sakrale Musik, sakrales Handeln, das Vortragen sakraler Texte – erschienen mir wie die lebendigen Knochen und Arterien, um die herum und durch die hindurch sich Leben in ständiger Erneuerung entwickeln konnte. Und hier stoßen wir auf die erste Schwierigkeit bei der Weitergabe des Glaubens heute: Die Menschen, denen wir ihn weitergeben, die fünfzehn, zwanzig, dreißig Jahre jünger sind und doch so vernünftig und erwachsen wie ein Mann von fünfundvierzig Jahren – diese jungen Leute haben nicht dieselbe Erfahrung, an der wir teilhatten.

Das wurde mir heute wieder klar, als mir jemand erzählte, seine Kinder würden bald ihre erste lateinische Messe hören, weil die Feier einer solche Messe in ihrer Pfarrkirche angekündigt sei – wie man wohl früher eine äthiopische Messe feierte. Auf andere Weise wurde es mir vor drei Wochen bewusst, als ich an einer wunderbaren philosophischen Konferenz (sehr ruhig, sehr englisch) auf Zypern teilnahm. Nach der Tagung hatte ich einen Tag frei und telegrafierte nach Rom zu einem alten Freund von mir, der jetzt ein Kolleg[3] leitet, in dem ich fünf oder sechs Jahre lang mitten im Herzen des alten schwarz-vatikanischen Rom gewohnt hatte. Er arrangierte ein Abendessen und lud eine Gruppe von etwa fünfzehn meiner ehemaligen Kommilitonen und Kollegen ein. Vor dem Abendessen feierten wir die Messe. Die anderen zogen sich um; aus Prinzip legte ich keine Gewänder an und sah auch von der offiziellen Teilnahme als Vorsteher der Feier ab. Nur acht von uns standen um den Altar, und plötzlich machte der Leiter dieses ältesten Kollegs in Rom das Kreuzzeichen auf Italienisch. Nun hatte ich in Italien mit Kindern gearbeitet, armen Kindern, und wir hatten den Rosenkranz gebetet. Ich liebe den Rosenkranz. Doch in Italien wird der Rosenkranz normalerweise lateinisch gebetet. Und hier beginnt der Leiter des ältesten der italienischen Kollegien mit dem Kreuzzeichen auf Italienisch! Nun, ich spreche Italienisch, aber ich habe nie gelernt, die Gebete der Messe auf Italienisch zu rezitieren. Wie ich erstaunt feststellte, sollten sieben Männer, fünf von ihnen Mittelalterforscher, die Latein fließender als Italienisch sprechen, nicht bemerken, wie ein anderer Anwesender, ein Ausländer, die Gebete der Messe nicht mit ihnen rezitieren konnte. Als wir so zum *Vater unser* kamen und der Vorsteher das *Oremus* sprach, sagte ich: *Nunc lingua Latina.*

Ich schlage nicht vor, wie früher regelmäßig Gebete in einer Sprache zu rezitieren, die niemand in den Vereinigten Staaten versteht. Das ist hoffentlich ganz klar. Ich versuche nur, den ersten, sehr ernsten Grund aufzuzeigen, warum es schwierig ist, den Glauben an die nächste

3 *Es handelt sich um das Collegio Capranica, in dem Illich als Seminarist von 1945 bis 1950 oder 1951 gewohnt hatte. Rektor des Hauses war Mons. Franco Gualdrini (1923-2010).

Generation weiterzugeben. Dazu ist es meiner Meinung nach notwendig, die Schönheit in der rituellen Gestaltung der traditionellen Feste wiederzuentdecken.

Ich bin keineswegs dagegen – und schmälere nicht den Wert, den es hat –, den Originaltext der Vulgata des hl. Hieronymus in dem Versuch zu studieren, die Kirche so kennenzulernen, wie sie wirklich war. Ich will auch nicht nahelegen oder behaupten, wir könnten dem Herrn nicht viel näher kommen durch den Versuch, mit allen Mitteln der modernen Wissenschaft die sogenannten „eigenen Worte des Herrn" zu studieren, um uns so dem irdischen Leben Christi zu nähern. Ich sage einfach: Die alte Vulgata, sei es die King-James-Version oder die von Trient, oder die volkssprachlichen – wirklich umgangssprachlichen – Texte, die heute vom Bischofsrat oder von der Bischofskonferenz eines beliebigen Landes approbiert werden, bieten mir in der Tat eine herrliche Gelegenheit, die Kirche so zu erfassen, wie sie jetzt sichtbar ist, wie sie sich sichtbar inkarniert, und die gleichzeitige Suche, die in jeder Versammlung feiernder Christen stattfindet, sollte glaubenserneuernd sein. Wir setzen diese Tradition gerade nicht fort, selbst wenn wir neue Formen und neue Inhalte hinzufügen. Das ist eines der sehr ernsten Hindernisse für die Weitergabe des Glaubens in diesem Augenblick der Kirchengeschichte.

2. Es gibt eine zweite ernsthafte Schwierigkeit bei der Weitergabe des Glaubens: Vielleicht sind wir zu sehr damit beschäftigt sicherzustellen, wie die Zukunft aussehen wird. Körperschaften und andere ausgestaltete Institutionen haben in der modernen Welt viele der Funktionen übernommen, die früher von Familien oder gemeinschaftlichen Gruppierungen ausgeübt wurden. Wir haben uns weitgehend daran gewöhnt und sind nun bereit, den Großteil der Verantwortung und der Aufgaben, die ein Mann und eine Frau auf sich nahmen, wenn sie Kinder zeugten, an „George" zu übergeben[4], an eine Institution, die sich darum kümmern soll. Lass die Kirche das doch machen!

---

4 *Der Ausdruck „Let George do it!" leitet sich vermutlich vom Namen „George" ab, mit dem freigelassene Sklaven gerufen wurden, die George Pullman als Träger bei der Eisenbahngesellschaft anstellte. Verschiedene Radio-, Theater-, Film- und Werbeproduktionen griffen den Ausdruck auf. Immer geht es darum, einen Dienst an eine andere Person oder an eine Institution abzutreten.

Als ich einmal über die Entinstitutionalisierung von Werten als Hauptaufgabe der 1970er Jahre in allen Lebensbereichen sprach, stand ein schwarzes Mädchen auf (sie kann nicht älter als dreizehn oder vierzehn gewesen sein) und sagte zu mir: „Oh, du meinst: ‚Lass George das machen', bedeutet, es sollte eine Institution geben, die sich um diesen kranken Mann kümmert – es sollte einen Beruf dafür geben." Das gilt auch für die Kirche und ist eine große Schwierigkeit bei der Weitergabe des Glaubens. Die Zukunft der Kirche liegt in Gottes Händen. Ich bin nur für *meine* und *unsere* Vergangenheit verantwortlich, nicht für die Zukunft der Kirche. Man muss verstehen und neu verstehen lernen, wie die Dichte der Fleischwerdung, die einzige Zeit, in der unser Herr uns gegenwärtig ist, im gegenwärtigen Augenblick liegt, den wir gemeinsam feiern.

Wir können von der Kirche in der Vergangenheitsform sprechen, und wir können uns in der Gegenwart an ihr als Mutter, als Braut und als verdorbene Frau – als Hure – erfreuen, indem wir sie dankbar, freudig, beschämt bejahen und uns als das erkennen, was wir sind: Kinder *dieser Art* von Frau. Doch das gilt nur für die Gegenwart; nur in der Gegenwart erlöst sie der Herr. Wir haben keine Ahnung, ob es eine Zukunft gibt. Als Christ zu leben bedeutet, im Geist des *Maran Atha* [Offb 22,20] zu leben: Der Herr kommt in diesem Augenblick. Es gilt am Rande der Zeit zu leben und sich des Lebens zu erfreuen, im letzten Moment der Zeit.

Und hier kommen wir zu der ersten von mehreren Annäherungen, die ich Ihnen nennen möchte. Niemals, außer vielleicht für einige wenige Momente in der Geschichte, etwa um die Zeit des Ausbruchs der Kreuzzüge, waren so viele Menschen überzeugt: Das Ende der Welt steht bevor – nicht weil der Herr es vorhergesagt hat, sondern weil alle Beweise (heute sprechen wir von wissenschaftlichen Beweisen; damals waren es astrologische Beweise) darauf hindeuten, es könnte ein Jahr 1984 nicht geben, wir könnten es nicht erreichen. Wir als Christen, die wir den Geist der Urkirche leben und mit einer theologischen Interpretation dessen leben, was es bedeutet, die Gegenwart des Herrn zu feiern, können also die Endzeitstimmung evangelisieren, die heute so stark ist, wie sie in den letzten Epochen oder Generationen nie war. Schließlich wissen wir, was es heißt, sich zu einem Galgenmahl zu versammeln – jede Messe, die wir feiern, ist eine Erinnerung an ein solches letztes Mahl, wie man es einem Verurteilten vor der Hinrichtung gewährt. Das ist die Stimmung, in der die erste Messe gefeiert wurde, und sie wird nie wieder in demselben Geist gefeiert werden, bis wir sie gemeinsam im Reich des Vaters feiern.

Ich sehe keine Möglichkeit, den Glauben weiterzugeben, wenn wir es nicht einfach hier und jetzt tun und aufhören, uns um die Institutionen zu sorgen, die wir schaffen müssen, um die Form zu sichern – sicherzustellen – , die der Glaube im Jahr 1975 oder 1980 annehmen wird. Die erste Schwierigkeit bei der Weitergabe des Glaubens besteht, wie gesagt, darin herauszufinden, wie man dem Sprechen und der Weitergabe des alten geschriebenen Wortes wieder einen Wert geben kann, indem man einen bedeutsamen Ritus vollzieht, der Form und Inhalt nicht trennt, sondern aufwertet. Ebenso besteht die zweite Schwierigkeit in meiner Sicht darin, sich nicht darum zu sorgen, was mit dem Glauben von morgen geschehen wird, sondern in diesem Moment voll und ganz die Verantwortung zu übernehmen im *memoriale mortis Domini* – im Gedenken an das Todesmahl, das Galgenmahl.

3. Eine dritte Schwierigkeit in Verbindung mit der Weitergabe des Glaubens in der heutigen Zeit hängt mit der Frage der Entsagung zusammen. In den frühen 1960er Jahren überkam Katholiken, besonders die katholischen Ordensleute, die seltsame Stimmung eines innerweltlichen Optimismus. Sie wollten in ihren Gelübden einen positiven Sinn finden.

Ich erinnere mich, wie ich in Milwaukee achttägige Exerzitien für eine Gruppe von Ordensoberen gab – es muss 1964 gewesen sein. Ich erinnere mich, wie ich die drei Gelübde als die in Wahrheit drei großen Dimensionen einer entsagungsvollen Selbstdefinition darlegte: Armut, die ich immer als Gottesfurcht definiere, ein Leitprinzip in meinem Leben; eine Gottesfurcht, die besagt: „Lass nie, nie etwas zwischen mich und dich kommen." Aus diesem Grund möchte ich so losgelöst von den Dingen in dieser schönen, herrlichen Welt leben, wie jeder Mensch im Moment des Todes von ihnen und von ihr losgelöst sein muss. Zweitens: Gehorsam. Ich werde immer die Autonomie, die überraschende Autonomie, die grundlosen Verpflichtungen durch den Menschen bejahen, mit dem ich gerade zusammen bin, denn nur der tiefste Respekt vor seinem Anderssein wird mich dazu verpflichten, meine eigene Autonomie ständig zu suchen und zu bejahen. Drittens: Keuschheit, die erschütternde Selbstdefinition, die in der Aussage liegt: „Ich weiß, ich lebe am Rande der Zeit, am Ende der Zeit; ich liebe, doch mit einer Liebe, für die ich nicht die Verantwortung übernehmen kann; ich will auch keine Verpflichtungen hier eingehen, denn ich kenne die Prognosen; besser: ich glaube all das in der Dunkelheit, die mir in der Stunde des Todes bevorsteht".

Nun, damals war ich ziemlich überrascht von der überwältigenden Mehrheit der dortigen Oberen, die noch dazu für die Ausbildung von Schwestern verantwortlich waren und die sich sehr stark gegen eine derartig negative Interpretation dessen wehrten, was es bedeutet, radikal und vollständig gemäß einer ganz besonderen Berufung innerhalb der Kirche gebunden zu sein. Meiner Meinung nach bricht die Zeit wieder an, in der viele Christen erkennen, was es bedeutet, sich mit dem gekreuzigten Herrn zu identifizieren, mit ihm, der wahrhaftig Mensch war, wahrhaftig an einen allmächtigen Gott glaubte und sich selbst einem Galgentod ganz und gar unterwarf.

In Verbindung mit dem, was wir im ersten und zweiten Punkt besprochen haben, finde ich es traurig, wie viele von uns, denen bestimmte Gewohnheiten und eine gewisse Zucht sowie die Tradition der Entsagung aus der Kirche vor dem II. Vatikanum eingeschärft wurden – vor dem Einbruch des therapeutischen Imperativs in das kirchliche Leben –, sich heute fast schämen, genau die Zucht und die Traditionen, in denen wir erzogen wurden, an andere weiterzugeben, die das wollen und verlangen.

Wie es scheint, suchen wir die Sichtbarkeit der Kirche entweder in neuen politischen Formen, oder wir verzichten auf eine sichtbare Kirche, um uns, wie so viele Protestanten, einbilden zu können, wir könnten einer Kirche unserer Wahl angehören, um uns nicht als Kinder einer sichtbaren Schlampe bekennen zu müssen. (Das ist eine theologische Aussage, und ich wünschte mir Zeit, um sie näher auszuführen. Ich empfehle jedoch dringlich die Lektüre von Hans Urs von Balthasars *Casta Meretrix*[5], die mich teuer zu stehen kam, als ich vor sechs Jahren in Schwierigkeiten geriet bei der Bitte, jemand möge den Text übersetzen.)

5 *Hans Urs von Balthasar, Casta Meretrix, in: ders., Sponsa Verbi (Skizzen zur Theologie II), Einsiedeln (1960) 1971, 203-305.

Wenn wir die Kirche weitergeben wollen, geht es inzwischen wirklich darum wiederzuentdecken, durch welche Elemente sie ihre gegenwärtige Sichtbarkeit unter uns findet – auf welchen Wegen das Mysterium greifbar wird; mit anderen Worten, wie sich die Fleischwerdung in der sozialen und gemeinschaftlichen Ordnung vollzieht. Und um dies tun zu können, um nach dem zu suchen, was in der Kirche wirklich dauerhaft sichtbar ist, müssen wir fähig sein, uns von bestimmten alten Bildern zu befreien, die uns glauben ließen, die Kirche müsse in der Weise eines Staates oder einer politischen Einheit sichtbar sein.

Nun möchte ich, wie zu Beginn angekündigt, Fragen formulieren. Ich möchte Ihre Aufmerksamkeit auf Richtungen lenken, in die wir meiner Überzeugung nach wahrhaft suchen müssen, was es plötzlich so schwierig macht, den Glauben weiterzugeben. Verzeihen Sie mir, wenn ich in diesem Punkt so schrecklich traditionell bin. Ich hatte nie Angst davor zu sagen, was ich denke, aber ich denke es *innerhalb* der Kirche, und das möchte ich immer betonen. Ich habe keine Ahnung, ob es der Kirche innerhalb unserer eigenen Generation möglich sein wird, als Gemeinschaft Ja zu sagen zu dem, was ich jetzt vorschlage – und ich möchte es nur vorschlagen. Doch wir haben die Sichtbarkeit der Kirche grundlegend in politischen Modellen gesucht. Wir verstehen die Einsetzung der Kirche in gewisser Weise, als sei sie ein gottgleicher byzantinischer Hof oder später ein mittelalterliches feudales Lehenssystem. Nach meiner jetzigen Wahrnehmung versuchen die eher Konservativen innerhalb der Kirche zu sagen: Da weder das erste noch das zweite Modell wirklich funktioniert, sollte die Sichtbarkeit der Kirche nach dem Vorbild einer konstitutionellen Monarchie vorgestellt werden. Daher die aktuelle Diskussion über das Grundgesetz – *lex fundamentalis* –, das die Bischöfe während der kürzlich abgehaltenen Synode in Rom[6] besprochen haben wollten. Ich werde darauf zurückkommen, denn meiner Meinung nach gibt es ein viertes Modell, das jetzt als sehr fortschrittlich betrachtet wird von bestimmten Gruppen, die sich gegen die alten Modelle wenden und die der Kirche Sichtbarkeit in Form einer Institution zur Dienstleistung geben möchten, Sichtbarkeit in der Art

6 *Illich bezieht sich auf die zweite Generalversammlung der durch Papst Paul VI. neu errichteten Bischofssynode, die vom 30. September bis 6. November 1971 unter dem Titel „Der priesterliche Dienst und die Gerechtigkeit in der Welt“ tagte.

eines weltweiten Schulsystems oder eines entschulten Erziehungssystems, das den Glauben über die Welt außerhalb des Lebens in der Welt vermittelt, so wie alle Erziehungssysteme Erziehung außerhalb der wirklichen Realität *über* eine Realität vermitteln, in der man nur leben kann, nachdem man diese Erziehung konsumiert hat. Mein Vorschlag lautet: In diesen nächsten zehn Jahren sollten wir schauen, ob es nicht möglich ist, alles, was wir glauben und was die Kirche uns im Wesentlichen über die Sichtbarkeit der Kirche zu glauben gelehrt hat, auf die Sichtbarkeit bestimmter Verhaltensweisen im Gebet anzuwenden.

Deshalb erzähle ich Ihnen, was ich persönlich in der zweiten Hälfte dieses Jahrzehnts tun möchte. Ich würde gerne mit einer Gruppe von Menschen daran arbeiten, eine Matrix auszufüllen, die einerseits bestimmte Verhaltensformen verzeichnet, die ich in alter Weise als explizit formale Gebetsformen bestimmen würde, z.B. Schweigen, oder Nachtwachen, oder Enthaltsamkeit, oder gutes kulinarisches Essen zu bestimmten Anlässen, Schwelgen und sogar orgienhaftes Verhalten, oder gemeinsames Rezitieren von Gedichten. Und entlang der anderen Linie dieser Matrix möchte ich bestimmte Höhepunkte in großen religiösen Bewegungen aufzählen; von bestimmten Momenten im Sufismus oder in jüdischen mystischen Traditionen bis zur lurianischen Zeit, oder das Ende des 11. Jahrhunderts, oder sogar eine bestimmten Barockbewegung – und sehen, wie auf der Suche nach der Gegenwart Gottes, vielleicht überall auf der Welt, Menschen darauf zurückkommen, ihrer Gemeinschaft die gleiche strukturelle Form zu geben – eine freiwillig gewählte Verhaltensform, die geeignet ist, ihnen die wahre Gegenwart des Herrn näher zu bringen. Das Ziel wäre, zu sehen, ob wir die Sichtbarkeit der Kirche nicht eher in der bewussten Interpretation des Gebets im Licht des Evangeliums suchen können als im Licht des Evangeliums irgendeine politische oder organisatorische Struktur zu deuten. Denn es ist dieses Problem mangelnder Sichtbarkeit, das ich als die dritte Schwierigkeit bei der Weitergabe des Glaubens heute sehe.

4. Eine vierte Schwierigkeit ist die tiefe Scheidung, die sich offenbar aufgetan hat zwischen dem, was die Christen früher beschäftigte, und dem, was sie heute beschäftigt – zwischen den traditionsbewussten Christen und denselben Menschen, wenn sie heute bereit sind, sich in den politischen Streit zu begeben, um die Rechte ihrer Geschwister zu verteidigen oder gegen Unterdrückung zu kämpfen. Meiner Meinung

nach kann diese Schwierigkeit nur überwunden werden, wenn wir eine Konvergenz zweier Bewegungen zeigen: eine wahrhaft radikale Gesellschaftskritik, und die christliche Prophetie, die unabhängig und frei ist. Ich sehe daher die vierte Schwierigkeit bei der Weitergabe des Glaubens heute in der offenkundigen Scheidung zwischen Gesellschaftskritik und christlicher Botschaft.

Der Grund für diese Scheidung und die fehlende Konvergenz ist meiner Meinung nach ein Mangel an ausreichend tiefer Radikalität – nicht nur bei Christen, sondern bei den meisten Menschen, die sich heute in politischen Bewegungen engagieren. Sie sind einerseits nicht radikal genug in ihrer Gesellschaftskritik, und andererseits fehlt ihnen der Mut, zum Hauptthema ihrer Prophetie das zu machen, was im Evangelium grundlegend ist: die Bergpredigt.

Lassen Sie mich ein einfaches Beispiel geben. In der Gesellschaftskritik ist eines der großen Ideale eines Sozialisten (und ich mag das Wort in den USA im Moment nicht verwenden, weil ich nicht sicher bin, was es hier genau bedeutet) die soziale Kontrolle der Art der Produktionsmittel, die in einer bestimmten Gesellschaft vorherrscht. Die meisten Leute, die über eine soziale Kontrolle der Produktionsweise sprechen, sind, wie ich meine, einfach nicht radikal genug, weil die soziale Kontrolle der Produktion in einer sehr fortgeschrittenen technologischen Gesellschaft nicht nur zwei, sondern drei Dinge umfasst, und das dritte wird im Allgemeinen nicht beachtet. Soziale Kontrolle bedeutet erstens die Kontrolle über das Kapital oder die Produktionsmittel. Zweitens bedeutet es die Kontrolle über die Mechanismen der Verteilung. Doch es bedeutet auch ein Drittes, das in den letzten fünfzig Jahren nicht so breit wahrgenommen wurde. Es bedeutet, sich freiwillig Grenzen für bestimmte technologische Dimensionen im Erzeugnis aufzuerlegen. Und meiner Meinung nach kann keine Gesellschaftskritik, wie die weltweite Linke sie entwickelt hat, gültig oder radikal sein, wenn sie sich nicht der Notwendigkeit bewusst ist, dem Erzeugnis derartige Beschränkungen aufzuerlegen.

Gegenwärtig begreifen wir politisches Handeln als gemeinsame Einigung auf das Minimum, das man allen Menschen in einer Gesellschaft garantieren muss, um ihnen das Leben zu ermöglichen. Dieses Minimum wird immer als Ertrag einer Institution gedacht und ist zwangsläufig eine Ware: so viel Bildung, so viel Gesundheit, so viel

Nahrung, so viel Land oder was auch immer. Indem wir Mindestwerte als Ziele für politische Programme und Aktionen festlegen, errichten wir unweigerlich – je nach Reichtum einer Gesellschaft – verschiedene Niveaus bei den Ausgangsebenen, auf denen alle Menschen sich abmühen, um ein paar Leute von der Matte zu stoßen – eine wahre Verkehrung der politischen Realitäten.

Eine Politik, die wahrhaft kritisch und auf die Verwirklichung einer sozialistischen Gesellschaft ausgerichtet wäre, muss sich zwangsläufig mit der Festlegung von Maximalwerten beschäftigen. Um ein Beispiel zu geben (Sie können die Zahlen selbst überprüfen, wenn Sie mir nicht glauben): Die Zeit, die das durchschnittliche Mitglied einer Gesellschaft mit Reisen verbringt, ist direkt proportional zu der Geschwindigkeit, mit der es sich fortbewegen kann. Das heißt, je schneller die Menschen in einer Gesellschaft sich bewegen können, desto mehr Zeit verlieren sie beim Transport. Als weiteres Beispiel habe ich erst kürzlich einen sehr wissenschaftlichen und detaillierten Beweis für etwas erhalten, was ich schon lange geglaubt hatte: Ab einem bestimmten Punkt bedeutet jeder weitere medizinische Aufwand eine verlängerte und schmerzhaftere Tortur für die Person im Endstadium, die wir zu retten versuchen. Und in meiner jüngsten Schrift[7] hoffe ich, zumindest eine Diskussion über den Beleg der These angestoßen zu haben: Nach einer Anzahl von Jahren – vielleicht Jeffersons drei Jahren[8] – bedeutet mehr Erziehung unweigerlich mehr übermäßig festgelegte, unfähige Menschen. Und für den Dienstleistungsbereich lautet mein Argument: Erhöhte Produktion erhöht ab einem bestimmten Punkt unerwünschte Nebenwirkungen weit schneller als den erwünschten Nutzen. Das haben die Umweltschützer in den letzten drei oder vier Jahren erkannt.

Aus all dem ergibt sich, zumindest für mich: Eine Gesellschaftskritik, die nicht nach einer mehrheitlichen Einigung über das Dach der technologischen Merkmale sucht, unter denen eine Gesellschaft leben und glücklich sein will, kann nicht radikal sein – als Gegenrede zu

---

7 *Deschooling Society, New York 1971; deutsch: Ivan Illich, Entschulung der Gesellschaft, München 1995 (und weitere Auflagen).

8 *Thomas Jefferson (1743-1826) war der dritte Präsident der Vereinigten Staaten (1801-1809). In „A Bill for the More General Diffusion of Knowledge“ schlug er 1779 eine mit Steuergeldern finanzierte öffentliche Erziehung im Umfang von drei Jahren für alle Kinder vor.

Mindeststandards. Meiner Meinung nach muss die Gesellschaftskritik in den nächsten Jahren in diese Richtung gehen. Das ist an sich schon ein erheblicher Vorteil für diejenigen, denen wir den Glauben weitergeben wollen.

Denn zum ersten Mal in der Geschichte – und ich nenne Ihnen nur eine der Seligpreisungen als Beispiel – wird man wissenschaftlich nachweisen können: „Selig die Armen", die freiwillig gemeinschaftliche Grenzen setzen für das, was genug ist und damit gut genug sein sollte für unsere Gesellschaft. Selig die Armen, denn ihnen gehört die Erde. Daher sehe ich in der Tat, um mich noch einmal zu wiederholen, die *vierte Schwierigkeit* bei der Weitergabe des Glaubens in der Scheidung zwischen den wahren, letzten und einzig christlichen Anliegen und der Gesellschaftskritik – eine Scheidung, die nur überwunden werden kann, indem man beides radikalisiert.

5. Nun kommen wir zu der fünften Schwierigkeit. Sie hängt mit der Überwindung der industriellen Produktionsweise zusammen, die auch in die Kirche eingedrungen ist. Noch vor kurzem betrachteten die Menschen die Pfarrei als den Ort, an dem für jeden, der dazugehörte, festgelegt war, welche Riten er auszuführen hatte. Es war ein Ort, an dem man der Messe *beiwohnen* konnte. Oder der Ort, an dem man von einem dazu ausgebildeten Fachmann *Anleitung* bekommen konnte, wie man sich in bestimmten Situationen, die den Glauben oder die Moral betreffen, verhalten soll. Oder wo man den Segen erhalten kann, und, in den letzten zehn oder fünfzehn Jahren, die seelsorgliche Beratung oder andere therapeutische, pseudo-therapeutische Dienste und Waren, die man nicht auf dem allgemeinen Markt beziehen wollte (sondern die man katholisch verpackt oder in einem vertrauenswürdigen Nachdruck mit dem Siegel der Approbation des bischöflichen Ordinariats beziehen musste).

Wie wir im Wesentlichen feststellen, sind die Menschen in den letzten Jahrzehnten dazu übergegangen, die Kirche als eine zusätzliche Dienstleistungseinrichtung zu betrachten. Das ist nicht verwunderlich in einer Industriegesellschaft, in der alle Waren Massenprodukte nach internationalen Standards werden können; in der auch Dienstleistungen von Fachleuten in professionell standardisierten Einrichtungen der Gesundheits- und Sozialfürsorge erbracht werden – so auch in einer Kirche, die religiöse Dienstleistungen anbietet. Menschen, die sich heute am meisten damit beschäftigen, wie der Glaube weitergegeben werden kann, sind gewöhnlich damit befasst, wie die Kirche dazu gebracht werden kann, diese immateriellen Güter zu produzieren, diese institutionellen Erträge, die wir programmieren können, indem wir den Katechismus neu schreiben oder das Gesetz standardisieren, damit künftige Erträge sicher katholisch sind und Katholiken hervorbringen. Es ist wichtig für uns, das zu verstehen.

Darin ist die Kirche in die gleiche Zwickmühle geraten, in der auch das Erziehungssystem gefangen ist. In der Tat habe ich über Bildungsfragen unter anderem aus dem einen Grund geforscht und geschrieben, weil ich eine Analyse liefern wollte, einen Vergleich mit dem, was der Kirche widerfahren ist: um die eigentümliche Form zu sehen, die zersetzte Form eines weltweiten obligatorischen Schulsystems, zu dem die Kirche geworden ist. Es gibt keine Möglichkeit, einen Glauben weiterzugeben durch eine Institution, die in einer industriellen, managerhaften Produktionsweise gestaltet ist. Genau wie im Bildungsbereich müssen wir uns fragen, wie wir den Menschen, die lernen wollen, die Bücher, die Begegnungen, die Gelegenheiten bieten können, die sie brauchen, um zu lernen und dabei tatsächlich ein sinnerfülltes Leben zu führen, anstatt das zu tun, was wir jetzt tun: wir bieten den Menschen verpackte Lehre, Erziehung genannt (wirklich eine Form von säkularisierter Gnade).

Wir müssen uns also fragen, wie wir Dinge, Ereignisse, Menschen zur Verfügung stellen können, zu denen jemand, der vom Herrn berufen ist, Zugang braucht, wenn er sich Christus nähern will, und es dem Herrn überlassen, den nach uns Kommenden zu zeigen, wie diese Dinge in unserer Generation geschehen sind. Kurz, wir müssen in diesem Fall das Ideal der Sozialwissenschaftler und der Marxisten aufgeben, in der Gegenwart die Geschichte für die Zukunft schreiben zu können.

Die fünfte Schwierigkeit, die ich bei der Weitergabe des Glaubens heute sehe, ist also die industrielle Art und Struktur, in der die Kirche uns wie durch Eintrichterung mit dem Glauben versorgen oder bedienen will. Diese Struktur ist genau das Gegenteil von dem, was eine Atmosphäre der Freiheit schaffen würde, in der Menschen mit dem Wunsch, dem Herrn nahe zu sein, wissen, wie sie die Begegnung mit dem „Anderen" in einer sehr traditionsbewussten und daher sehr alltäglichen Form feiern können, die als solche für das Neue offen ist. Dementsprechend muss die Pfarrei, oder was auch immer an ihre Stelle tritt, der Ort, der Moment, der Raum werden, den wir einvernehmlich in dieser vergänglichen, sich wandelnden Welt dem Gedenken an den Herrn vorbehalten – ein Ort, ein Raum, um so gut wie möglich zu sehen, wie wir die Tradition, in der sich dieses Gedenken vollzieht, weiterführen.

Lassen Sie mich mit dem Gebet schließen, das ich heute morgen anstelle der Lesung aus dem Brevier gesprochen habe. (Für diejenigen, die meinen, man könne das Brevier nicht durch anderes ersetzen, kann ich nur anführen, was der Bischof von Cuernavaca vor vielen Jahren zu einigen von uns gesagt hat: „Nun, du kannst auch gute Gedichte rezitieren.“) Das Gedicht stammt aus der Steinzeit (in Mexiko dauerte die Jungsteinzeit bis zur Ankunft von Hernán Cortés). Es stammt aus der aztekischen Nahuatl-Sprache, in der ein Drittel aller Wortwurzeln sich auf Blumen bezieht, und es richtet sich an den Gott, in dem alles über Bewusstsein verfügt. Das besagt sein Name, der aber auch bedeutet: „In dessen Saft wir alle wachsen.“ Übersetzen Sie, wie es Ihnen gefällt, das Gedicht ist jedenfalls an *diesen* Gott gerichtet und sagt:

Ach, nur für so kurze Zeit hast du uns einander geliehen.
Denn wir nehmen Gestalt an in deinem Akt, uns zu zeichnen,
Und wir nehmen Leben an, indem Du uns malst.
Und wir atmen, indem Du uns singst.
Doch nur für kurze Zeit hast du uns einander geliehen.
Denn selbst eine in Obsidian geschnittene Zeichnung verblasst,
Und selbst die grünen Federn, die Kronenfedern des Quetzalvogels, verlieren ihre Farbe,
Und selbst die Klänge des Wasserfalls sterben in der Trockenzeit aus.
So auch wir, denn nur für kurze Zeit hast Du uns einander geliehen.

Ein Wort zu Robert J. Fox*

Liebe Schwester Bea,

Sie haben mich gebeten, einen Beitrag für den Band zum Gedenken an unseren Freund Bob zu schreiben. Indem ich über einen Mann schreibe, der vor kurzem gestorben ist, breche ich eine Regel, die ich bislang strikt eingehalten habe, zumindest seit dem Tag, an dem ich meine erste Beichte hörte. Ich habe beschlossen, diese Regel zu brechen, um Bob für eine Einsicht zu danken, die er mir am Tag unseres ersten Gesprächs vermittelt hat, und ich möchte andere einladen, mit mir über die besondere Art von Betrachtung der „Innenstadt" nachzudenken, zu der mich das Beispiel seiner Torheit geführt hat.

Nach seinem Studium der Sozialarbeit an der Katholischen Universität in Washington wurde Pater Robert Fox von Erzbischof Maguire beauftragt, einen Sommer in Ponce, Puerto Rico, zu verbringen, um Spanisch zu lernen. Schwester Joseph Lorraine McCormack bat mich um meine Zustimmung zu seiner verspäteten Einschreibung. Sie war die Dekanin der Fakultäten, hatte viele Fühler, wusste alles und hatte meistens den richtigen Riecher. Ich erinnere mich noch an ihr Lächeln, das Funkeln in ihren Augen und ihre Aussage: „Er scheint ein besonderer Mensch zu sein."

Der Kurs für New Yorker Priester und Nonnen, die für die Arbeit mit Puerto-Ricanern bestimmt waren, wurde mit einem knappen Budget durchgeführt, und nach einer Woche war klar, dass Fox ein finanzielles Problem darstellte. Ein eigener Lehrer musste ihm zugewiesen werden, weil er in keine Gruppe passte. Wenn er zuhörte, hörte er viel besser als andere. Mit verblüffender Leichtigkeit wiederholte er Klangmuster, und im Gegensatz zu den meisten anderen stellte er nie die eher spanische als englische Syntax des Lehrers in Frage. Ob Sie es glauben oder nicht, 1958 sorgten Sprachübungen, die auf einem Strukturvergleich und nicht auf Grammatik beruhten, noch immer für viel Stirnrunzeln!

---

* Ivan Illich, Commentary on Robert J. Fox, in: Fox-Sight: Telling the Vision of Robert J. Fox, hg. v. Bea McMahon, Huntington, Ind. 1989, 154-160. *Zu Robert J. Fox vgl. oben S. 150, Anm. 1.

Ich kann mich auch erinnern, wie ich Fox zum ersten Mal traf. Ich sehe ihn noch vor mir, wie er in Begleitung seiner Lehrerin Carmen Olivieri den mit Hibiskus bepflanzten Weg hinunterging, der von der Bibliothek zur provisorischen Mensa führt, die Nora Duffy eingerichtet hatte. Ich war beeindruckt von der entspannten Art, mit der er sich bemühte, ihre puerto-ricanische Intonation zu erfassen. Ich hatte Vertrauen zu ihm, bevor wir überhaupt miteinander sprachen.

Es muss drei Wochen später gewesen sein, als ich ihn über die Berge nach San Juan mitnahm. René Voillaume hatte ein paar Tage bei mir verbracht, und ich fuhr ihn zum Flughafen zurück. Pater Voillaume ist der Gründer und damalige Prior der Kleinen Brüder Jesu: Kontemplative, die in Gruppen von zwei oder drei Personen in die schlimmsten Slums ziehen, ihren Lebensunterhalt unter den Ärmsten verdienen und lange Stunden in schweigender Anbetung verbringen. Die bescheidene, anspruchslose Präsenz ist der einzige Lebensinhalt eines solchen Bruders. Als wir durch St. Isabel fuhren, zeigte Voillaume sich verwundert, da bislang kein einziger echter Nordamerikaner den Weg in die Bruderschaft gefunden hatte. Er wagte eine Erklärung für diese Tatsache: In den USA könne man Armut als Dauerzustand nicht verstehen. Wer nach Armut suchte, entdeckte immer einen Zustand, den man lindern konnte und in den man nicht etwa auf Dauer überwechseln konnte. Nach langem Schweigen auf dem Rücksitz des Wagens erwiderte Fox mit seiner festen, sanften Stimme: „Wenn es im Umkreis so viel Reichtum gibt, muss man nicht nach Armut *suchen,* man sieht sie überall."

Auf dem Weg vom Flughafen nach San Juan hielten Bob und ich an, um Reis mit Bohnen zu essen. Wir sprachen über den Versuch der Inselregierung, Waisenhäuser zu finanzieren – ein Versuch, den ich für einen Irrweg hielt. Der Tradition nach hatten die Puerto-Ricaner seit Jahrhunderten diejenigen, die aus irgendeinem Grund obdachlos geworden waren, sei es durch einen Hurrikan oder durch Migration, als Patenkinder *(hijos de crianza)* angenommen. Fox war der erste diplomierte Sozialarbeiter, mit dem ich ein persönliches Gespräch führte. Als ich ihn fragte, was er in Washington studiert habe, schwieg er wieder. Nach einer Weile sagte er dann etwas wie: Ich habe herausgefunden, wie man Waisenkinder macht. Ganz beiläufig nahm er damals als Tatsache an, was zehn Jahre später ein Chor von Propheten singen sollte.

Am nächsten Abend, bei der täglichen Predigt, die ich für die Sommergemeinschaft in Ponce vorbereitete, versuchte ich weiterzugeben, was ich durch Fox verstanden hatte. Ed Burke aus Brooklyn (der als älterer Priester dabei war, um die neu geweihten Priester vor Irrlehren zu schützen), erinnert sich vielleicht noch daran, denn er wurde mir zur Herausforderung. Blitzschnell verstand ich: Der Samariter hatte nicht nach seinem Juden gesucht. Er hatte auch kein Bedürfnis verspürt, ein Samariter zu werden. Er hatte einfach jemanden wahrgenommen, der ausgeraubt und niedergestochen worden war, um dessentwillen er seine Straße verlassen würde, während der Schriftgelehrte und der Levit ein weiteres dieser Opfer gesehen hatten und weiter ihren Geschäften nachgegangen waren. Ich sprach von der Wahl zwischen dem Samariterdasein – wie erhaben und dankbar es auch sein mag – und einem Leben mit bedingungslos offenen Augen.

So lernte ich von Fox, vom Glauben zu sprechen als Feier dessen, was da ist, wenn wir hinsehen: Gott das sein zu lassen, was und wer Gott ist – meistens „Müll", wie er in den fünfundzwanzig Jahren auf den Straßen New Yorks herausfinden sollte. Man kann sich wie er dafür entscheiden, mit offenen Augen durch das Leben zu gehen, und die erschütternde Erfahrung machen, wie entsetzlich die Folgen der Menschwerdung sind, egal wie sehr es schmerzt oder benommen macht. Man kann aber auch davor flüchten und es meiden, indem man mit den Erfahrungen, die man anderen zuschreibt – Schwarzen, Krüppeln, Überarbeiteten, gequälten Frauen oder Süchtigen –, Mitleid empfindet. Fox wusste: Ohne starke Freundschaft und Gnade ist es unmöglich, „Gott das sein zu lassen, was und wer Gott ist". Er wusste schon früh um die Versuchung, „von Gott unberührt zu sein, Gott so zu wollen, wie wir uns Gott leisten können" und ... Gott in den Waisen zu dienen, die wir gemacht haben.

Viele Jahre später, als wir uns in einer Bar in der Innenstadt trafen, um eine Kleinigkeit zu essen, sah ich in Bobs Augen seine Entscheidung für ein unbezahlbares Leben. Und mehr als je zuvor erbaute er mich. Ich brauchte ihn nicht mehr zu fragen, woher er den Mut nahm, verletzlich zu bleiben. Wie ich nun sah, hatte seine Ablehnung von stellvertretendem Nervenkitzel oder Schmerz etwas Jungfräuliches an sich. Er hatte sich nie dazu herabgelassen, Programme zu organisieren, nur Feiern. Er hatte etwas von Fürst Myschkin, dem Idioten, an sich. Bei einer Gelegenheit sagte mir einer unserer gemeinsamen kirchlichen Vorgesetzten, ein mutiger und betender alter Mann, er könne Fox einfach nicht verstehen – ihm nur vertrauen. Ich schlug ihm dringend vor, die letzten Seiten eines Buches zu lesen, in dem Romano Guardini den Roman „Der Idiot" kommentiert: „Religiöse Gestalten in Dostojewskijs Werk".[1] Der lebenslange Respekt für Pater Fox ist ein mindestens ebenso überraschendes Anzeichen für die Vitalität der New Yorker Erzdiözese wie der lebenslange Respekt für Dorothy Day.

Zum Zeitpunkt unseres ersten Besuchs in Cayay, auf dem Weg, Voillaume zum Flughafen zu bringen, war Fox jedoch noch in seinen Zwanzigern, und im katholischen Sprachgebrauch war Armut etwas, um das sich die Vinzenz-von-Paul-Gesellschaft in der Gemeinde kümmerte und über das Missionare aus Übersee berichteten. Eine große Mehrheit der Amerikaner fühlte sich, wie Hoover 1928, „dem endgültigen Triumph über die Armut näher als je zuvor in der Geschichte eines Landes".[2] John Galbraiths „neue Position zur Armut", die er in „The Affluent Society" dargelegt hatte[3], war noch immer im Handel. Michael Harrington hatte gerade sein Stipendium erhalten, mit dem er vier Jahre später zeigte, wie die Armut die Wohlstandsgesellschaft auf einzigartig hässliche Weise heimsucht.[4] Zwei Jahre zuvor hatte Kennedy in einer Rede in den Appalachen den „Krieg gegen die Armut" *(War on Poverty)* erklärt, und erst Jahre später begannen Akademiker, Ausdrücke wie Armutsgrenze, Armutsschwelle und Armutsprogramme zu prägen, die seither so vielen Bürokratien Macht verliehen haben. Selbst das Wort „Unterentwicklung" war damals eine Neuschöpfung: Kaum acht Jahre zuvor war es zum ersten Mal in der New York Times aufgetaucht, in einem Bericht über Trumans Ankündigung eines Vier-Punkte-Programms. Ja, „Entwicklung" stand bereits auf der Tages-

1 *Leipzig 1939.

2 *Herbert Clark Hoover (1874-1964) war der 31. Präsident der Vereinigten Staaten (1929-1933). 1928 zog er mit dem zitierten Programm in den Wahlkampf.

3 *„The Affluent Society" (1958) ist das erfolgreichste Buch von John Kenneth Galbraith (1908-2006), einem kanadisch-US-amerikanischen Ökonomen.

4 *Edward Michael Harrington (1928-1989) war ein amerikanischer politischer Denker. Sein Buch „The Other America. Poverty in the United States" (1962) beeinflusste die politischen Maßnahmen von John F. Kennedy und Lyndon B. Johnson gegen die Armut in den USA.

ordnung; Puerto Rico war eines der Vorzeigebeispiele für das neue Allheilmittel. Und da zu diesem Zeitpunkt so viel Geld zur Verfügung stand, hatte sich der Berufsstand der „Entwicklungsökonomen" innerhalb eines halben Jahrzehnts von Null zu einer festen Größe entwickelt. Doch die Kirche war noch nicht in die Entwicklung eingestiegen. Die päpstliche Enzyklika „Populorum Progressio" (1967), die versuchte, die Kirche in den Dienst des Wirtschaftswachstums zu stellen, war damals noch nicht veröffentlicht; die Idee, das Friedenskorps mit päpstlichen Freiwilligen zu imitieren, war noch nicht geboren; und die Möglichkeit, den Armen Gewissensbildung zu predigen, gab es noch nicht. Die Originalität und Konsequenz von Fox' Überlegungen, die ihm die Charakterstärke verliehen, sich nicht auf diese Aktion einzulassen, sollten in diesem Zusammenhang gesehen werden.

Denn innerhalb weniger Jahre wurden die „Armen" zu einer Modeerscheinung im In- und Ausland. Ihre Armut wurde zu einem „Problem", das entweder durch ein Management von oben gelöst werden sollte oder indem man sich den Armen als Erzieher, Experte, Guerilla-Berater, Gemeinschafts-Organisator oder Interessenvertreter anschloss. Armut wurde als eine Wunde betrachtet, die es zu heilen galt. Das medizinische Paradigma begann sich durchzusetzen: Tests, Diagnosen und Therapien durch Operationen, Infusionen oder Veränderungen des Stoffwechsels wurden zu gängigen Begriffen des militärischen oder wirtschaftlichen Jargons. Alle traditionellen „Übel" des menschlichen Daseins wurden zu Zielen, zu Angriffspunkten. Die neue Magie bestand darin, die Übel „Probleme" zu nennen und sie so in einen „Lösungsbedarf" zu verwandeln. Die beiden Wörter „Problem" und „Lösung" wirkten wie Amöben auf die Sprache der katholischen Wohlfahrtsverbände wie auch der öffentlichen Einrichtungen ein.

Fox forderte seine Freunde auf, diesen verbalen Müll mit dem gleichen Schmerz und der gleichen Geduld zu betrachten, mit der er den Müll in den Treppenhäusern der Mietskasernen ertragen musste. Dies ermöglichte es ihm, in vielen Ausschüssen zu sitzen und „den Glauben zu bewahren", wie Pater Ed Burke sagte. Pater Fox stand – bis zur Absurdität – für das ein, was er sah, und tat das Mögliche. Vermutlich aus diesem Grund ernannte Kardinal Spellman, ein Virtuose in der Kunst des Möglichen, ihn im Alter von dreiunddreißig Jahren zum Monsignore.

Fox war ein Don Quijote, und er zitierte ihn bewusst. Aber er war sich nach meinem Wissen nicht bewusst, wie oft er José Ortega y Gassett wiederholte: „Yo soy yo y mis circunstancias“ – „Ich bin ich und meine Umstände“, womit er jedoch seinen Glauben an die Gegenwart Gottes zum Ausdruck brachte. Damit Menschen, die von Müll umgeben und durchdrungen sind, „sich erfahren und einsetzen können, müssen sie mit der Schönheit und dem Guten, das es dort gibt, in Berührung kommen ... also lassen Sie die Kinder ein Stück Papier auf einem Kanaldeckel ausbreiten und ihn durchreiben. Dieser Deckel wurde kommerziell entworfen, und die Person, die ihn gemacht hat, tat dies aus Profitgründen. Doch er hat Linien, die Dreiecke bilden, die wie Diamanten aussehen können. Und die Löcher, die ein Abwasserkanal haben muss, damit Wasser hindurchfließen kann, sind Kreise, und Kreise sind auch Objekte der Schönheit, ... und wenn das Muster des Kanaldeckels auf dem Papier durchscheint, bedeutet das Ding, das dem Jungen oder dem Mädchen nichts sagte, plötzlich etwas ... es wird mit der Person in Verbindung gebracht, weil sie etwas aus diesem Kanaldeckel gemacht hat ... und es mit anderen gemacht hat ... der Kleine Prinz hat diesen Kanaldeckel gezähmt.“

Schwester Bea, bitte denken Sie daran: Wir sprechen von Mitte der sechziger Jahre, den Zeiten des „Krieges gegen die Armut“, des „Krieges gegen die Unwissenheit“, der „Ausrottung“ von Malaria und Analphabetentum, der technischen Hilfe, des Strukturwandels, der Expertenanalyse, sogar der „friedlichen Strategien“, der „gewaltlosen Taktiken“. Und inmitten dieses anmaßenden soziologischen Jargons verteilt ein Mann mit einem Masterdiplom in nichts Geringerem als Sozialarbeit, umgeben von einem bunten Haufen von Nonnen, Neuankömmlingen aus Puerto Rico und Süchtigen, Kameras an Kinder in den New Yorker Slums, damit sie fotografieren, was in Harlem schön ist, und Durchreibebilder auf Abwasserkanälen machen! Zu welchem Zweck? „Um unsere Wahrnehmung für das, was da ist, zu feiern.“ Bea, das ist gute Theologie: das gemeinsame Feiern dessen, was wir sehen und damit „zähmen“ – „sanft“ wäre das richtige Wort, um Saint-Exuperys „apprivoiser“ zu übersetzen. Das gemeinsame Feiern des Kreuzes, das wir als das unsere annehmen, ist der Beginn des wirklichen Lebens, und wenn auch nur ein einziger unter den Feiernden dabei ist, der in diesem Kreuz das Kreuz Christi erkennt, tritt die Kirche ins Leben. Welch ein

Privileg für Sie und für mich, mit einem Mann befreundet gewesen zu sein, der in den frühen sechziger Jahren dieses Beispiel des Feierns gab.

Ich habe gehört, wie Ideologen Fox, den Hippie, verhöhnten, wie Psychoanalytiker Fox, den gescheiterten Schauspieler, sachverständig belächelten, und wie Pastoren die wirklichen Dinge, die in ihrer Kirche geschehen, dem öffentlichen Vergnügen von Fox entgegensetzten. Ich habe ihn aber auch bei einem Besuch gesehen, den er mir in Cuernavaca abstattete, zu einer Zeit, als die heutigen Patriarchen und Vorreiter der Befreiungstheologie, von Pater Segundo Galilea aus Santiago versammelt, meine Gäste waren. Sicherlich nicht Gelehrsamkeit, sondern das, was die Theologen *sensus fidei* (Instinkt des lebendigen Glaubens) nennen, gab ihm die schlafwandlerische Sicherheit, das Evangelium weder als Freibrief für wirtschaftliche oder politische Utopien noch als Freibrief für Romantik oder Gefühlsduselei zu missbrauchen. Nein, ein Theologe war er sicher nicht, doch ungeachtet theologischer, sozialer, politischer und der Mode folgender Strukturen hat er mit seinem Leben eine wichtige theologische Aussage gemacht.

Ich habe Fox traurig, aber nie wütend erlebt, wenn er missverstanden oder verleumdet wurde. Zu gut kannte er die Logik, die daran hindert, Kanaldeckel, Bürgermeister Lindsays Polizeihorden oder das Sonnenlicht auf Müllhalden zu feiern. Was einen davon abhält, ist die Selbstverteidigung, die nach den meisten Maßstäben mehr als legitim ist. „Die Erfahrung lehrt: Wenn Sie die Straße hinuntergehen und dort Ihre Augen für das Aufbrechen von Schönheit und Freude offenhalten und tief einatmen, wird bei den nächsten Schritten alles wieder ausgeatmet, und eine riesengroße Portion Frustration kommt hinzu. Wenn man nicht zu tief von der Freude trinkt – so redet man sich ein –, wird die Frustration auch nicht so weitreichend sein. So stellt man im Laufe der Zeit eine Art Gleichgewicht her und lebt etwas unterhalb des Menschlichen. Christus hingegen war in der Lage, ganz und gar menschlich zu leben, ganz und gar der Liebe verpflichtet, und zwar einer Vielzahl *echter* Ausdrücke der Liebe – und der Frustration und der Angst und dem Versagen und der Einsamkeit.

Das bedeutete es für Bob zu leben: eine Person zu sein, die an jeder Stelle des Weges bereit ist, mit dir tief aus allem zu trinken, was da ist, einschließlich Frustration und Versagen und ein immer tieferes Gefühl der Einsamkeit. Er verstand sich als Priester, der mit den anderen feiernd den Sommer und den Müll wahrnahm, Großzügigkeit und Gewalt, oft in ein und derselben Person. Und für diese Feier suchte er stets die Straße, das öffentliche Forum, „nicht irgendeinen privaten sektiererischen Keller irgendwo, oder irgendein großes Schulgebäude, oder ein Siedlungshaus oder irgendeine regenerierende Art von Badewanne, wo jeder sein eigenes privates Liedchen singen kann ... sondern in den Straßen, die wir ‚re-spektieren', was wörtlich bedeutet: wieder und wieder und wieder anschauen." „Respektieren" bedeutet auf diese Weise „mehr und mehr eine Person zu sein, zusammen mit dem anderen, und das, was da ist, zu verwandeln." Was das Durchreiben mit dem Kanaldeckel macht, macht das Feiern dessen, was da ist, mit der Gemeinschaft.

Seine Fähigkeit, Müll, Abfall, Gerümpel zu „re-spektieren", hielt Pater Fox im New Yorker Klerus und andere mit ihm. Wo einige seiner Mitbrüder und Schwestern vor dem Körpergeruch von Mutter Kirche zurückschreckten, nahm Fox ihn wahr und sprach von ihm als Analogie zu den moralischen Abwässern an der Wall Street und dem Schutt und der Gewalt im spanischsprachigen Stadtteil: als etwas, das „re-spektvoll" gefeiert, nachahmend karikiert, belacht und so als ein Aspekt des Leibes Christi offenbart werden musste. Ich habe vier getippte Seiten vor mir, Notizen für eine Art Rede, datiert kurz vor seinem Tod. Sie betonen das Recht, dem unerschwinglichen Gott anzugehören, trotz des Anspruchs der Kirche auf den Kleriker; das Recht, Gott im Abschaum inkarniert zu sehen, trotz der sauberen Bilder mit klaren Konturen unserer legitimen Nächsten, mit denen die Kirche hausieren geht; und das Recht, Gottes Namen von den Lippen derer offenbart zu hören, die uns mit ihrer Liebe überwältigen.

Ivan Illich
Cuernavaca, Mexiko

Verlust von Welt und Fleisch*

Früher, da verließ man die Welt beim Sterben. Bis dahin stand man in ihr. Wir gehören beide zur Generation derer, die noch „auf die Welt" gekommen sind, und die jetzt doch bedroht sind, bodenlos zu sterben. Wir – ungleich anderen Generationen – haben den Bruch mit der Welt erlebt.

Der Aussteiger machte sich auf die Pilgerschaft nach Santiago; bat um *stabilitas* an der Klosterpforte; schloss sich den Aussätzigen an. In der russischen und griechischen Welt gab's auch noch die Möglichkeit, nicht Mönch, sondern Narr zu werden, und den Rest des Lebens unter Hunden und Bettlern im Atrium der Kirche zu schmarotzen. Aber selbst diesen extremen Weltflüchtlingen blieb die „Welt" der sinnliche Rahmen ihres vorläufigen Da-seins. Die „Welt" blieb Versuchung, gerade für den, der ihr entsagen wollte. Die Meisten, die vorgaben, die Welt verlassen zu haben, ertappten sich nur zu bald beim Mogeln. Die Geschichte der christlichen Askese ist die des heroischen Versuches der Ehrlichkeit beim Verzicht auf eine „Welt", an der jede Faser hängen bleibt. Mein Onkel Alberto noch ließ sich den VinSanto aus dem eigenen Geburtsjahr zum Sterben servieren.

Heute ist das anders. Die zweitausendjährige Epoche des christlichen Europa ist vorbei. Jene Welt, in die unsere Generation noch geboren wurde, ist abhanden gekommen. Nicht nur den Nachgeborenen, sondern auch uns Alten ist sie unfassbar geworden. Dass Greise sich schon immer an bessere Zeiten erinnert haben, ist kein triftiger Grund für uns, die wir vor den Regimen von Stalin, Roosevelt, Hitler und Franco da waren, diesen durchlebten Abschied zu vergessen.

---

* Geburtstagsbrief von Ivan Illich an seinen Freund Hellmut Becker, Direktor des Max-Planck-Instituts für Bildungsforschung in Berlin, vom 19. November 1992. Der Text ist in der englischen Buchvorlage nicht enthalten und wurde auf Bitte von Valentina Borremans hier aufgenommen. Sie stellte die gescannte Fassung des deutschen Originalbriefs zur Verfügung. Für den Abdruck wurden Schreibfehler stillschweigend korrigiert und leichte Anpassungen in Schreibweise und Zeichensetzung vorgenommen.

Ich erinnere mich an den Tag, an dem ich für immer vergreist bin. Ich kann die schwarzen Märzwolken in der Abendsonne nicht vergessen, und den Weinberg auf der Sommerheide zwischen Plötzleinsdorf und Salmannsdorf bei Wien, zwei Tage vor dem Anschluss. Bis zu jener Stunde war es mir eine Selbstverständlichkeit gewesen, einmal dem alten Turm auf der dalmatinischen Insel Kinder zu zeugen. Seit jenem einsamen Spaziergang schien es mir unmöglich. Die Ausbettung des Körpers aus dem Gewebe der Geschichte habe ich damals als Zwölfjähriger erlebt, noch bevor von Berlin der Befehl ausging, im ganzen Reich die Narren zu vergasen.

Von diesem Umbruch im Erleben von Welt und Tod miteinander zu sprechen, ist ein Privileg der Generation, die das Vorher kannte. Hellmut, ich glaube an einen zu schreiben, der davon was weiß. Das Schicksal hat mich sehr jung zum Kollegen, Beirat und Freund von Frauen und von Männern gemacht, die um Jahrzehnte älter waren. So hab ich es gelernt, mich von Menschen erbauen und bilden zu lassen, die zu alt waren, um jenes Erlebnis der Entkörperung mitmachen zu können.

Andererseits sind unsere Schüler allesamt Kinder der Epoche nach Guernica, Leipzig, Belsen und Los Alamos. Genozid und Genomprojekt; Waldsterben und Hydroponik; Herztausch und versichertes Medizid sind gleichmäßig geschmacklos, geruchlos, unfassbar und un-weltlich. Die Adventsfeier um die Erlanger Leiche zelebriert die Bodenlosigkeit des weltlosen Unmenschen.[1] Wir, die wir gerade alt genug sind, und jung genug, um das Ende der Natur, der den Sinnen entsprechenden Welt, erlebt zu haben, sollten, wie kaum andere, sterben können.

Gewesenes kann verwesen. Vergangenes kann erinnert werden. Paul Celan wusste, dass vom Weltschwund, den wir erlebt haben, nur Rauch bleibt. Erst der *virtual drive* meines Computers hat mir das Wahrzeichen für jenes „auf immer Weg-Gehens“ geschaffen, durch das sich der

---

1 Anspielung auf eine unheimliche Meldung: 1991 oder 1992 fiel im bayerischen Erlangen eine schwangere Frau einem Unfall zum Opfer, und als Folge wurde sie für „hirntot“ erklärt. Die Ärzte des Krankenhauses bemühen sich, die Schwangerschaft dieser Leiche, die an eine Maschine zur künstlichen Lebenserhaltung angeschlossen ist, zum Abschluss zu führen. Die Journalisten ihrerseits verwandeln das Warten auf die Frucht aus dem Schoß einer Toten in einen grotesken „Advent“. Das Kind der Toten wird tot geboren.

Verlust von Welt und Fleisch vorstellen lässt. Das Welthafte an der Welt liegt nicht wie ein Toter hinter Feindeslinien, noch wie Trümmer in tieferen Schichten des Bodens. Es ist weg, wie eine gelöschte Zeile im RAM-drive.

Deshalb können wir, die Siebzigjährigen, einzigartige Zeugen sein, nicht nur für Namen, sondern für Wahrnehmungen, die keiner mehr kennt. Viele, die im Bruch gestanden, sind aber an ihm zerbrochen. Ich kenne welche, die selbst den Faden zerrissen zum Dasein vor der Atombombe und Auschwitz und AIDS. Sie sind tief im Herzen, und mitten im Leben schon, zu *viejos verdes* geworden, zu alten Grünen, die so tun, als könnte es Väter geben in dem zur machbaren *show* gewordenen „System". Was im Dritten Reich noch Propaganda war, die durch das Gerücht unterlaufen werden konnte, wird jetzt verkauft: als Menü mit dem Programm des Computers oder der Versicherung; als Beratung für Studium, Trauerarbeit oder Krebsbehandlung; als Gruppentherapie der Betroffenen. Wir Alten gehören zur Generation der Pioniere dieses Un-sinnes. Wir sind die letzten der Generation, durch die das Entwicklungs-, Kommunikations- und Dienstleistungswesen zum weltweiten Bedürfnis geworden ist. Die weltentfremdete Entsinnlichung und programmierte Hilflosigkeit, die wir propagiert haben, stellt den Abfall, der in unserer Generation im Himmel und auf Erden, in Grundwasser und Stratosphäre, abgelagert wurde, in den Schatten.

Wir waren in den Schlüsselposten, als das Fernsehen den Alltag entrückte. Ich selbst habe mich dafür geschlagen, dass regensicher, auf jedem Dorfplatz von Puerto Rico, der Universitäts-Sender strahlen musste. Ich wusste damals noch nicht, wie sehr damit die Reichweite der Sinne schrumpfen musste, und der Horizont mit verwalteten Darstellungsmöbeln verrammelt würde. Ich dachte nicht daran, dass bald das europäische Wetter aus der Abendschau schon den ersten Morgenblick durchs Fenster einfärben würde. Mit unfassbaren Dingen, wie einer Milliarde Menschen als Säulendiagramm, bin ich Jahrzehnte unzüchtig umgegangen. Seit Januar kommt nun mein Kontoauszug von Chase Manhattan mit einer Säulengraphik dekoriert: Sie erlaubt mit einem Blick meine Ausgaben für Kneipen und für Büromaterial zu vergleichen. Durch Hunderte von kleinsten Informations-, Verwaltungs- und Beratungsleistungen, die sich mir anbiedern, wird mir meine *conditio humana* interpretiert. *So smooth and slick* habe ich mir den Einbau des Erziehungsvorhabens in den lebenslangen Alltag nicht vorstellen können, als ich mit Dir, Hellmut, vor mehr als zwanzig Jahren von diesem Thema sprach.

Immer tiefer sinkt die sinnliche Wirklichkeit unter die Folien von Seh-, Hör- und Schmeck-Befehlen. Die Erziehung zum unwirklichen Machwerk beginnt mit den Lehrbüchern, deren Text auf Legenden zu Graphik-Kästen zusammengeschrumpft ist, und endet mit dem Sich-Festhalten des Sterbenden an ermunternden Test-Resultaten über seinen Zustand. Erregende, seelisch besetzende Abstrakta haben sich wie plastische Polsterüberzüge auf die Wahrnehmung von Welt und Selbst gelegt. Ich merke es, wenn ich zu jungen Leuten über die Auferstehung vom Tode spreche: Ihre Schwierigkeit besteht nicht in einem Mangel an Vertrauen, sondern in der Entkörperung ihrer Wahrnehmung, ihr Leben in konstanter Ablenkung vom Fleisch.

Du und ich bereiten uns vor, in einer dem Tode feindlichen Welt nicht mehr „zu Tode zu kommen“, sondern intransitiv zu sterben. Lass uns zu Deinem achtzigsten Geburtstag die Freundschaft feiern, in der wir Gott für die sinnhafte Wirklichkeit der Welt, durch unseren Abschied von ihr, loben wollen!

Innig Dein
Ivan Illich

EPIPHANIA

16 Ivan ILLICH, Kirche ohne Macht. Beiträge zur Feier des Wandels. Aus dem Englischen übersetzt, eingeleitet und hg. von Barbara Hallensleben. Mit einem Vorwort von Giorgio Agamben. XX + 202 S., 2023.

15 Maria BRUN, Damaskinos Papandreou. Erster Metropolit der Schweiz 1969-2003. Ebook PDF. 767 S., 2022.

14 Sergij BULGAKOV, Die zwei Städte. Studien zur Natur gesellschaftlicher Ideale, hg. von Barbara Hallensleben und Regula M. Zwahlen (Sergij Bulgakov, Werke, Band 5). XXI + 780 S., 2020.

14a Barbara HALLENSLEBEN / Regula M. ZWAHLEN (Hg.), Sergij Bulgakovs „Die zwei Städte" im interdisziplinären Gespräch (Begleitband zu: Sergij Bulgakov, Die zwei Städte). IV + 167 S., 2020.

13 Erzbischof ANASTASIOS (Yannoulatos), Mission auf dem Weg Jesu Christi. Eine orthodoxe Sicht. II + 278 S., 2020.

12 Sergii BULGAKOV, The Apocalypse of John. An Essay in Dogmatic Interpretation. Translated by Mike Whitton. Edited by Barbara Hallensleben and Regula M. Zwahlen (Sergij Bulgakov, Werke, Band 4). XVIII + 382 pages, 2019.

11 Sergij BULGAKOV, Bibliographie. Werke, Briefwechsel und Übersetzungen. Mit ausgewählter Sekundärliteratur und einem tabellarischen Lebenslauf, hg. von Barbara Hallensleben und Regula M. Zwahlen (Sergij Bulgakov, Werke, Band 3). II + 151 S., 2017.

10 Sergij BULGAKOV, Aus meinem Leben. Autobiographische Zeugnisse, hg. von Barbara Hallensleben und Regula M. Zwahlen (Sergij Bulgakov, Werke, Band 2). VI + 280 S., 2017.

9 Metropolit HILARION (Alfeyev), Katechismus. Kleine Wegbegleitung im orthodoxen Glauben. 179 S., 2017; 2. Auflage 2022.

8 Uwe WOLFF, Walter Nigg. Das Jahrhundert der Heiligen. Eine Biografie. 204 S., 2017.

7 Guido VERGAUWEN, *Homo homini amicus.* Anreden eines Rektors an die Universitätsgemeinschaft / Propos d'un recteur à la communauté universitaire. 2007-2015. 192 S., 2015.

6 Gudrun SAILER, Monsignorina. Die deutsche Jüdin Hermine Speier im Vatikan. 384 S., 2014.

5 Sergij BULGAKOV, Philosophie der Wirtschaft. Die Welt als Wirtschaftsgeschehen [Moskau 1912], hg. von Barbara Hallensleben und Regula M. Zwahlen (Sergij Bulgakov, Werke, Band 1). XXVII + 350 S., 2014.

5a Barbara HALLENSLEBEN / Regula M. ZWAHLEN (Hg.), Sergij Bulgakovs „Philosophie der Wirtschaft" im interdisziplinären Gespräch (Begleitband zu: Sergij Bulgakov, Werke, Band 1). 106 S., 2014.

4 Pierre EMONET / Barbara HALLENSLEBEN (Hg.), Ignace de Loyola. Une vie en vingt tableaux. Collège Saint-Michel, Fribourg Suisse / Ignatius von Loyola. Ein Leben in zwanzig Bildern. Kolleg St. Michael, Freiburg Schweiz. 72 S., 2014.

3 Uwe WOLFF, Der vierte König lebt! Edzard Schaper – Dichter des 20. Jahrhunderts. 407 S., 2012; zweite überarbeitete Auflage 2021.

2 Nikolaus WYRWOLL, Politischer oder petrinischer Primat? Zwei Zeugnisse zur Primatsauffassung im 9. Jahrhundert. Mit einem Vorwort der Herausgeber. 147 S., 2010.

1 KYRILL, Patriarch von Moskau und der ganzen Rus', Freiheit und Verantwortung im Einklang. Zeugnisse für den Aufbruch zu einer neuen Weltgemeinschaft. Aus dem Russischen übersetzt von Xenia Werner. Mit einem Geleitwort der Herausgeber. XIV + 239 S., 2009.